Wesen und Voraussetzungen

der

Widerspruchsklage.

Wesen und Voraussetzungen

der

Widerspruchsklage.

Von

Dr. Rudolf Sohm,
Referendar in Leipzig.

Leipzig,
Verlag von Duncker & Humblot.
1908.

Meinem Vater.

Vorwort.

Der folgende Versuch will nicht das ganze Thema der Widerspruchsklage erschöpfen. Er will nur das Wesen und die Voraussetzungen der Widerspruchsklage nach dem heutigen Rechte in den Grundzügen zur Anschauung bringen. Insbesondere ist daher auf jede historische Untersuchung und auf eine Darstellung der zahlreichen prozeßrechtlichen Einzelfragen verzichtet worden.

Der erste Teil (bis S. 51) ist bereits als Dissertation gedruckt worden.

Leipzig, im November 1908.

Der Verfasser.

Inhaltsverzeichnis.

Literaturverzeichnis.

I. Systeme und Monographien außerhalb der Spezialliteratur.

1. Allgemeinen Inhalts.

Thöl, Einleitung in das deutsche Privatrecht. Göttingen 1851.

2. Materielles Recht.

Rudolph Sohm, Der Gegenstand. Ein Grundbegriff des bürgerlichen Gesetzbuches. Aus: „Drei Beiträge zum bürgerlichen Recht". Heinrich Degenkolb zum fünfzigjährigen Doktorjubiläum im Auftrage der Leipziger Juristenfakultät dargebracht von R. Sohm, E. Hölder, E. Strohal. Leipzig 1905. (Zitiert: Sohm I.)

—, Vermögensrecht. Gegenstand. Verfügung. Im Archiv für bürgerliches Recht Bd. 28, S. 173 ff. 1906. (Zitiert: Sohm II.)

—, Noch einmal der Gegenstand. Jherings Jahrb. Bd. 53, S. 373 ff. 1908. (Zitiert: Sohm III.)

Binder, Der Gegenstand. In der Zeitschrift für das gesamte Handelsrecht Bd. 59, S. 1 ff.

3. Prozeßrecht.

Wetzell, System des ordentlichen Zivilprozesses. 3. Aufl., 1878.

Wach, Handbuch des deutschen Zivilprozeßrechts 1. Bd., 1885.

—, Der Feststellungsanspruch. Ein Beitrag zur Lehre vom Rechtsschutzanspruch. In der Festgabe der Leipziger Juristenfakultät für Dr. Bernhard Windscheid. 1888.

—, Vorträge über die Reichs-Zivilprozeßordnung. 3. Aufl., 1896.

Degenkolb, Der Streit über den Klagrechtsbegriff; in seinen Beiträgen zum Zivilprozeß. 1905.

Hellwig, Anspruch und Klagrecht. Beiträge zum bürgerlichen und zum Prozeßrecht. 1900.

—, Lehrbuch des deutschen Zivilprozeßrechts. 1. Bd., 1903; 2. Bd., 1907.

—, Klagrecht und Klagmöglichkeit. Eine Auseinandersetzung über die Grundfragen des heutigen Zivilprozeßrechts. 1905.

—, Grenzen der Rückwirkung. 1907.

—, Anfechtungsrecht und Anfechtungsanspruch nach der neuen Konkursordnung. ZZ. Bd. 26, S. 474 ff.

Langheineken, Der Urteilsanspruch. Ein Beitrag zur Lehre vom Klagrecht. 1899.

Rocholl, Rechtsfälle aus der Praxis des Reichsgerichts. 1890.

Oetker, Konkursrechtliche Grundbegriffe. 1891.

Kisch, Beiträge zur Urteilslehre. 1903.

Planck, Lehrbuch des deutschen Zivilprozeßrechts. 2 Bde., 1887—1896.

Richard Schmidt, Lehrbuch des deutschen Zivilprozeßrechts. 2. Aufl., 1906.

Weismann, Lehrbuch des deutschen Zivilprozeßrechtes. 2 Bde., 1903 bis 1905.

Fitting, Der Reichszivilprozeß. 12. u. 13. Aufl., 1907.

Bunsen, Die Lehre von der Zwangsvollstreckung. 1884. (Vgl. Bunsen in der „Mecklenburgischen Zeitschrift für Rechtspflege und Rechtswissenschaft" Bd. 3, S. 274 ff.)

Falkmann, Die Zwangsvollstreckung. 2. Aufl. 1.—4. Lieferung. 1899 bis 1908.

Richter, Die Zwangsvollstreckung in das bewegliche Vermögen. Düsseldorf (ohne Jahresangabe, etwa 1894).

II. Die Spezialliteratur zur Widerspruchsklage.

Olshausen, Die Einsprüche dritter Personen in der Exekutionsinstanz nach preußischem und gemeinem Rechte, sowie vom Standpunkte der Gesetzgebung. 1874.

Voß, Über die zivilrechtliche Natur der Einsprüche Dritter in der Exekutionsinstanz. Gruchot, Bd. 23, S. 232 ff. (1879).

—, Die Umbildung des dinglichen Rechts im sog. Interventionsanspruche. Gruch., Bd. 25, S. 349 ff. (1881).

—, Condictio possessionis und Vollstreckungspfändung. Arch. f. ziv. Pr. Bd. 66, S. 161 ff. (1883).

—, Negatorienklage und Vollstreckungspfändung, Jherings Jahrb. Bd. 23, S. 43 ff. (1885).

—, Die materiellen Gegensätze zwischen den einstweiligen Anordnungen und den einstweiligen Verfügungen der Z.P.O. Arch. f. ziv. Praxis Bd. 71, S. 227 ff. (1887).

—, Hauptintervention, Widerspruchsklage (§ 690 der Z.P.O.) und Vorzugsklage (§ 710 der Z.P.O). eod. Bd. 76, S. 284 ff. (1890).

—, Forderungspfändung und Widerspruchsklage. eod. Bd. 83, S. 369 ff.

Kühne, Berechtigt nach gemeinem Rechte juristischer Besitz zur Intervention in der Exekutionsinstanz oder infolge der Vollstreckung eines Sicherheitsarrestes? Gruch. Bd. 23, S. 497 ff. (1879).

Westerburg, Einige Bemerkungen über die Natur der Interventionsklagen in der Exekutionsinstanz. Gruch. Bd. 23, S. 870 ff. (1879).

von Glasenapp, Die Begründung der Interventionsklage auf Herausgabe abgepfändeter Mobilien. Gruch. Bd. 24, S. 245 ff. (1880).

Frese, Die Exekutionsintervention. 1880.

Nessel, Der Interventionsprozeß in der Zwangsvollstreckungsinstanz im Geltungsbereiche des preußischen Allgemeinen Landrechts. Gruch. Bd. 28, S. 83 ff. (1884). (Zitiert: Nessel I.)
—, Das Pfändungspfandrecht und der Interventionsprozeß nach preußischem Recht (1897). (Zitiert: Nessel II.)
Francke, Widerspruch Dritter gegen die Zwangsvollstreckungen der deutschen Z.P.O. ZZ. Bd. 5, S. 203 ff. (1883).
Kahn, Die Natur der Interventionsklage nach der Z.P.O., und deren Anwendung auf die Mobiliarexekution im Gebiete des französischen Rechts. Arch. f. ziv. Praxis Bd. 70, S. 409 ff. (1886).
Staub, Klage und Einrede im Interventionsprozesse. J. W. 1887, S. 407 ff.
—, Die preußische Besitzrechtsklage. eod. S. 421 ff.
—, Die Klage auf Rückzahlung des Erlöses. eod. 1888, S. 201 ff.
—, Die obligatorische Interventionsklage. eod. S. 265 ff.
—, Einzelfragen. eod. S. 296 ff.
—, Die Verteidigung des Interventionsbeklagten. eod. 1889, S. 127 ff.
Frantz, Abhandlungen zur Lehre von der Exekutionsintervention. 1889.
Edler von Schrutka-Rechtenstamm, Zur Analyse der Exscindierungsklage. Grünhuts Zeitschrift Bd. 13, S. 298 ff. (1886).
—, Zur Dogmengeschichte und Dogmatik der Freigebung fremder Sachen. 1. Teil, 1888. 2. Teil, 1893. (Zitiert: v. Schrutka.)
Frommhold, Die Widerspruchsklage in der Zwangsvollstreckung. 1891.
—, Literatur über die Widerspruchsklage in der Zwangsvollstreckung. ZZ. Bd. 23, S. 354 ff. (1897).
Landsberger, Die Sachen Dritter und ihr Schutz gegen unrechtmäßige Zwangsvollstreckung. 1892 (Diss.).
Richard Schmidt, Über von Schrutkas Dogmengeschichte usw. ZZ. Bd. 14, S. 161 ff. (1890).
— Über Frommholds Widerspruchsklage in der Zwangsvollstreckung. ZZ. Bd. 17, S. 401 ff. (1892).
—, Über von Schrutkas Dogmatik usw. ZZ. Bd. 19, S. 326 ff. (1894).
Schmid, Über die gegen eine nach § 690 der Z.P.O. erhobene Eigentumsklage zulässigen Einwendungen. Blätter f. Rechtspflege in Thür. u. Anhalt Bd. 39, S. 125 ff. (1892).
Thiele, Die Widerspruchsklage des § 690 Z.P.O. in Theorie und Praxis. Arch. f. ziv. Pr. Bd. 84, S. 50 ff. (1895).
Gütermann, Die rechtl. Grundlagen der Widerspruchsklage (Diss.). 1896.
Du Chesne, Die Klage aus § 771 der Z.P.O. Sächs. Arch. f. bürgerl. Recht usw. Bd. 13, S. 616 ff.
Kunze, Das die Veräußerung hindernde Recht im Sinne des § 771 R.Z.P.O. (Greifswalder Diss.). 1905.
Pretsch, Die Begründung der Interventionsklage nach geltendem Recht. Arch. f. ziv. Pr. Bd. 99, S. 445 ff. (1906).
Goldmann, Die rechtliche Natur der Interventionsklage. Gruch. Bd. 50, S. 805 ff. (1906).

III. Kommentare.

1. Zivilprozeßordnung.

Gaupp-Stein, 8. u. 9. Aufl. 1906/08.
Seuffert, 9. Aufl. 1905.
Petersen-Anger-Remelé, 5. Aufl. 1906.
Struckmann-Koch, 8. Aufl. 1901.

2. Konkursordnung.

Jaeger, 2. Aufl. 1904.

IV. Entscheidungen und Zeitschriften.

Entscheidungen des Reichsgerichts in Zivilsachen.
J. A. Seufferts Archiv für Entscheidungen der obersten Gerichte in den deutschen Staaten.
Juristische Wochenschrift. Organ des deutschen Anwaltvereins. (Zitiert: J. W.)
Zeitschrift für deutschen Zivilprozeß und das Verfahren in Angelegenheiten der freiwilligen Gerichtsbarkeit; begründet von Busch, herausgegeben von Schultzenstein und Vierhaus. (Zitiert: ZZ.)
Beiträge zur Erläuterung des deutschen Rechts, begründet von Gruchot, herausgegeben von Rassow, Küntzel, Eccius. (Zitiert: Gruch.)
Archiv für die zivilistische Praxis. Herausgegeben von Heck, Rümelin, Wendt, Bülow, von Kohlhaas.
Jahrbücher für Dogmatik, begründet von Jhering, herausgegeben von Regelsberger und Ehrenberg.
Das Recht, Rundschau für den deutschen Juristenstand. Herausgegeben von Soergel.
Soergel, Rechtsprechung.
Sächsisches Archiv für bürgerliches Recht und Prozeß. Herausgegeben von Hoffmann, Sommerlatt und Wulfert.
Sächsisches Archiv für Rechtspflege. Herausgeber: Lessing.

Erster Teil.

Das Wesen der Widerspruchsklage.

§ 1.

Der Stand der Wissenschaft.

Vorbemerkung.

Jede wissenschaftliche Arbeit beruht auf einer ganz bestimmten Grundanschauung. Und mag auch die Frage, die sie behandelt, noch so spezieller Natur sein: die Antwort wird doch zum wesentlichen Teile bestimmt durch die Auffassung, die der Verfasser gerade von den tiefsten und letzten Problemen seiner Wissenschaft hat. Es ist dabei gar nicht notwendig, daß der Autor diese Grundfragen in seiner Arbeit berührt. Ja, es ist sogar möglich, daß er sich selbst verstandesgemäß garnicht darüber klar ist, was er intuitiv empfindet und was ihn im letzten Grunde zu seinen Schlüssen geführt hat.

Und dennoch kann ein aufmerksamer Beobachter überall des Verfassers bewußte oder unbewußte Vorstellung von den Grundfragen zwischen den Zeilen erkennen.

Wie mit dem einzelnen Werke, so kann es sich mit der ganzen Literatur über eine Spezialfrage verhalten: Ausgesprochen oder unausgesprochen, bewußt oder unbewußt beruht der Gegensatz der Meinungen meist auf einem Gegensatz der Grundanschauungen. Erst wenn dies dem Bearbeiter der Literatur klar geworden ist, wird er den Streit in seiner wahren Bedeutung ermessen; er wird in der Spezialliteratur den großen Kampf der Geister um die höchsten Probleme wie in einem Spiegel vor sich sehen und wird den Streit um die Einzelfrage verstehen nicht mehr als eine bedeutungslose zuffa zweier condottieri, sondern als einen Ausschnitt aus einer großen entscheidungsvollen Kaiserschlacht.

Von diesem Standpunkte aus, glaube ich, ist es möglich, eine Übersicht über die reiche Literatur zu unserer Aufgabe zu gewinnen. — Allgemein werden sonst die über das Wesen der Widerspruchsklage vorgebrachten Meinungen in zwei Gruppen zerlegt: in eine „materiellrechtliche" und in eine „prozeßrechtliche". Nach der „materiellrechtlichen" Auffassung entspringe die Widerspruchsklage dem einzelnen durch die Zwangsvollstreckung verletzten Rechte des Dritten, nach der „prozeßrechtlichen" dagegen habe sie mit dem verletzten Privatrechte unmittelbar nichts zu schaffen, sondern sei ein eigenartiger, vom Prozeßrecht verliehener Rechtsbehelf [1]. Wir glauben aber, dass diese Gruppierung, so einfach und übersichtlich sie sich auch darstellt, den Gegensatz der Meinungen in seiner ganzen fundamentalen Bedeutung nicht klar zur Anschauung gelangen läßt.

Uns will es scheinen, als handle es sich im Grunde um einen versteckten Kampf der Anschauungen über das Wesen vom Klagrecht und seine Arten.

Auf die Bedeutung der Frage nach dem Wesen und den Arten des Klagrechts und der sie behandelnden Literatur brauchen wir nicht erst hinzuweisen. Die starke wissenschaftliche Entwicklung, die sich gerade in den letzten Jahrzehnten an der Hand dieses Problems vollzogen hat, ist bekannt. Eine tiefe Kluft trennt das abschließende klassische Werk über den gemeinen Zivilprozeß von Wetzell (3. Aufl., 1878) und das die moderne Entwicklung zusammenfassende und kritisierende Werk Degenkolbs: „Der Streit über den Klagrechtsbegriff" [2].

Die actio ist für Wetzell ein „obligationsähnlicher" [3], also ein zivilrechtlicher, vom materiellen Recht gegebener Anspruch, der sich gegen den Gegner richtet. Der Inhalt der „actio (im formellen Sinne) oder intentio" bestimmt sich nach Wetzell [4] je nach dem streitigen Recht. Und danach unterscheidet Wetzell: Statusklagen, Klagen aus Obligationen und

---

[1] Vgl. die ausführlichen Darstellungen der streitenden Meinungen bei Frommhold S. 1—6, 177—200; Gütermann S. 57 ff.; Frantz S. 16 ff.; Frommhold, ZZ. 23 S. 354 ff.; Nessel II, S. 22 ff.; Goldmann S. 807 ff. (Über die Titel der angeführten Arbeiten vgl. das Literaturverzeichnis.) (ZZ. Zitierweise für „Zeitschrift für deutschen Zivilprozeß")

[2] In seinen „Beiträgen zum Zivilprozeß". Leipzig 1905.

[3] Wetzell, a. a. O. S. 39.

[4] a. a. O. S. 115.

dingliche Klagen. Also prinzipiell eine Einteilung nach materiellrechtlichen Gesichtspunkten[1].

In allen Punkten gerade das Gegenteil ist der Standpunkt der Modernen: das Klagrecht (der Urteilsanspruch) ist ein publizistischer[2], gegen den Staat[3] gerichteter, von dem materiellen Recht durchaus verschiedener Anspruch. Seine Arten bestimmen sich nach prozessualischen Gesichtspunkten. Und danach unterscheidet Wach[4] die Feststellungs- und die Verurteilungs- (Leistungs-)klage, zu denen u. a. von Schrutka-Rechtenstamm[5], Langheineken[6] und Hellwig[7] als dritte Art die Rechtsgestaltungsklage (bzw. Bewirkungsklage, Klage auf Rechtsänderung) hinzugefügt haben[8].

So erscheint die gemeinrechtliche Klageneinteilung in die actiones in personam und in rem als eine Einteilung der modernen Leistungsklage, während die Status- und Präjudizialklagen zwar außerhalb beider Gruppen stehen, in ihrer prozessualen Eigentümlichkeit aber noch nicht scharf genug erfaßt werden, um den Begriff der Leistungsklage im Gegensatz zur Feststellungsklage zur klaren Erkenntnis zu bringen[9] [10].

---

[1] Daher erscheint auch im gemeinen Recht als die sedes materiae für die Arten der actio das Zivilrecht.

[2] Ich zitiere nur: Wach, Handbuch S. 19; Hellwig, Anspruch und Klagrecht S. 145. Näheres über den Stand der Frage bei Langheineken, Urteilsanspruch S. 2 ff.; Hellwig, Klagrecht und Klagmöglichkeit S. 1 ff.; Degenkolb, a. a. O.

[3] Nach Wach, Feststellungsanspruch S. 15 und 31 auch gegen den Gegner. Dagegen Hellwig, Anspruch u. Klagr. S. 149; Langheineken, Urteilsanspruch S. 42 ff. und 50.

[4] Handbuch S. 13; vgl. auch Feststellungsanspr. S. 23 f. u. S. 36.

[5] Grünhut 16, S. 616.

[6] a. a. O. S. 93 ff.

[7] Anspr. u. Kl. S. 151; Lehrbuch Bd. 1, S. 393 ff., Klagrecht und Klagmöglichkeit S. 39.

[8] Vgl. auch Rocholls „Konfliktsklagen“ (Rechtsfälle aus der Praxis des Reichsgerichts 2. Bd., S. 114).

[9] Wurde doch selbst die Feststellungsklage der Z.P.O. noch lange als eine Klage aufgefaßt, durch die der privatrechtliche „Anspruch auf Feststellung“ geltend gemacht wurde! S. darüber Wach, Feststellungsanspr. S. 4 ff.

[10] Vgl. hierzu Wetzell, a. a. O. S. 553 a. E. und Kisch, Beiträge zur Urteilslehre (1903) S. 8.

Der Grund zu dieser Eigentümlichkeit der älteren Lehre war die Abhängigkeit des Klagensystems vom Anspruchssystem. Denn da jeder Anspruch auf eine Leistung, ein Tun oder Unterlassen, gerichtet ist, so mußte grundsätzlich jede Klage als das erscheinen, was wir heute als Leistungsklage bezeichnen[1]. Die allgemeine Grundanschauung war: Keine Klage ohne einen entsprechenden privatrechtlichen Anspruch! Jede neue Klage bedeutet einen neuen privatrechtlichen Anspruch. Und jeder privatrechtliche Anspruch äußert sich im Prozesse als eine ganz bestimmte Klage.

I. Konstruktionsversuche auf dem Boden der älteren Lehre vom Klagrecht.

A. Diese rein materiellrechtliche Auffassung des Klagrechts ist die Grundanschauung, aus der heraus die Mehrzahl namentlich der älteren Bearbeitungen der Widerspruchsklage zu verstehen ist. Der leitende Gedanke war: das Klagrecht entspringt dem Privatrecht; und da mit der Widerspruchsklage kein neuer privatrechtlicher Anspruch gegeben ist, so kann auch keine neue Klage gegeben sein. Die Widerspruchsklage muß vielmehr, je nach der Art des durch die Zwangsvollstreckung verletzten Rechts oder Rechtsgutes, eine rei vindicatio bzw. actio negatoria, oder ein possessorisches Interdikt und dergl. sein. Dieser Gedankengang findet sich am deutlichsten ausgesprochen bei Kühne[2]. Er führt aus, daß es „kein besonderes Interventionsklagerecht" gäbe, „welches man etwa actio interventionis nennen könne. . . . Die von dem Intervenienten geltend zu machenden Rechte müssen mit den für sie gegebenen Klagen verfolgt werden, z. B. mit der rei vindicatio, der actio Pauliana, der actio hypothecaria, der actio confessoria. Die Intervention ist kein Klagrecht . . . sie ist ein lediglich prozessualisches Institut. Sie läßt daher die Grundsätze des materiellen Rechts über

---

[1] Die praejudicia und konstitutiven Urteile bleiben dabei tatsächlich ausserhalb des Systems. Vgl. Hellwig, Klagrecht und Klagmöglichkeit S. 41 unter IV.

[2] Gruch 23 S. 503.

die Klagen unberührt." Also: Nach Kühne entspringen die Klagen dem materiellen Recht, und da die Intervention kein eigentümliches Klagrecht bedeutet, ist sie ein „lediglich prozessualisches Institut"; d. h. die Eigentümlichkeit der Interventionsklage liegt lediglich auf prozessualem Gebiete (man denke vielleicht an die Zuständigkeit) und nicht auf materiellrechtlichem Gebiete. Und das letztere würde für Kühne der Fall sein, wenn die Intervention ein eigentümliches Klagrecht bedeutete. Daher sagt Kühne auch am Schlusse seiner Abhandlung[1]: Es „muß aber daran festgehalten werden, daß der im Wege der Interventionsklage geltend gemachte Anspruch nur nach denjenigen Grundsätzen zu beurteilen ist, nach welchem er beurteilt werden muß, wenn er nicht im Wege der Exekution geltend gemacht wird."

In demselben Sinne sind zu verstehen:

Olshausen[2], v. Glasenapp[3], Nessel[4], Francke[5], Kahn[6], Frantz[7], Förster-Eccius[8], Schmid[9], Mandry[10] und Meyer[11] [12].

---

[1] a. a. O. S. 511.

[2] Olshausen S. 54: „Die auf das Eigentum .... gestützte Klage ist ... die actio negatoria."

[3] v. Glasenapp S. 251 Anm. 18: „... Die Interventionsklage ist nichts anderes als die prozessualische Geltendmachung dieses Rechts gegen den Extrahenten, den Pfandbesitzer."

[4] Nessel schließt sich in seinem Aufsatze I, S. 108 den oben angeführten Worten Kühnes S. 511 an und rechnet sich selbst (Abhandlung II, S. 31) zu denen, die „die Widerspruchsklage nicht aus dem Prozeßrechte, sondern aus dem materiellen Rechte herleiten."

[5] Francke S. 208: „Der § 690 (ä. F.) Z.P.O. weist nur den Weg zur prozessualischen Geltendmachung bestimmter Rechte gegen die Zwangsvollstreckung und enthält keinerlei sachliche Vorschriften."

[6] Kahn S. 415: Die Interventionsklage muß „entweder nach Zivilrecht begründet sein, oder sie ist überhaupt nicht begründet". Vgl. S. 420 Anm. 14: Die Klage sei die negatoria.

[7] Frantz S. 22: „Es ist also die (Widerspruchs-)Klage kein prozessualer Rechtsbehelf; es fundiert dieselbe vielmehr im materiellen Rechte." S. 21: die Klage in § 690 (ä. F.) „ist die negatorische Klage".

[8] Preußisches Privatrecht, 6. Aufl., 1892, S. 250: Das Klagrecht sei „etwas aus dem Recht selbst hervorgehendes" usw., dazu S. 761 a. E.: „Die Klage des Widersprechenden ist die Klage aus dem die Veräußerung

Staub hat in mehreren Aufsätzen in der „Juristischen Wochenschrift“ [1] über die Widerspruchsklage gehandelt. Auch er steht auf dem Boden der Lehre vom materiellen Klagrecht [2] und muß deshalb annehmen, daß die Widerspruchsklage die „gewöhnliche Eigentumsklage, die gewöhnliche Besitzrechtsklage“ [3] sei. Dennoch kann er diesen letzten Gedanken nicht ganz konsequent durchführen. Das zeigt sich schon daran, daß er sich nicht darüber entscheidet, ob die rei vindicatio oder die actio negatoria vorliegt, wenn der Widerspruch auf das Eigentum gegründet wird [4], besonders aber darin, daß er den Klagantrag richten läßt nicht nur auf Freigabe, sondern auch auf Anerkennung des verletzten dinglichen Rechts [5]. Das ist doch sicher nicht die „gewöhnliche Eigentumsklage“!

Noch deutlicher wird dieser Unterschied zwischen der „gewöhnlichen Eigentumsklage“ und der Widerspruchsklage bei Frommhold. Den ersten Teil seiner Schrift [6] bildet eine historische Untersuchung der Widerspruchsklage, als deren Er-

---

hindernden Rechte, sie hat, wenn sie sich auf Eigentum gründet, den Charakter der Eigentumsfreiheitsklage.“

[9] Schmid S. 126: „Der § 690 (ä. F.) erteilt dem Eigentümer kein besonderes neues Klagrecht, sondern er regelt nur die prozessuale Form der Geltendmachung der ihm nach materiellem Rechte zustehenden Eigentumsklage.“

[10] Mandry, Der zivilrechtliche Inhalt der Reichsgesetze, 4. Aufl., besorgt von Geib, 1898, S. 313 wird der Begriff: „eine materiellrechtliche Bestimmung“ definiert als „eine Bestimmung, auf Grund deren Klagrechte zur Existenz kommen können“. Dazu S. 329 Anm. 49: Die Klage aus § 690 (ä. F.) sei die Eigentums-, superfiziarische, Hinterlegungsklage usw.

[11] Meyer, Anleitung zur Prozeßpraxis, 5. Aufl., 1899, S. 322 Anm. 7. „Die Exekutionsintervention ist die auf materieller Grundlage des Zivilrechts beruhende Klage, hier z. B. die Eigentumsklage.“

[12] Vgl. auch Jacobi in der Berliner Festgabe für Gneist, 1888, S. 161 f. Anm. 1 u. 2; Struckmann-Koch, 8. Aufl. (1901) zu § 771 No. 2.

[1] S. das Literaturverzeichnis.

[2] Seine Ausführungen auf S. 408 J.W. 1887 sind nur auf dieser Grundlage zu verstehen.

[3] J.W. 1887, S. 409.

[4] J.W. 1887, S. 409.

[5] J.W. 1888, S. 296. — Ganz ähnlich übrigens schon Olshausen S. 55.

[6] S. das Literaturverzeichnis.

gebnis er (S. 177)) hinstellt, „daß die Ansicht derer, welche in der Widerspruchsklage eine Funktion des materiellen Rechts erblicken, in der natürlichen Entwicklung . . . begründet ist". Daß dies auch tatsächlich im geltenden Recht der Fall sei, sucht Frommhold im zweiten Teile nachzuweisen.

Zwar entspringt für Frommhold nicht mehr die fertige Klage dem Zivilrecht, sondern nur das, was man etwa ganz allgemein Recht auf Rechtsschutz nennen könnte[1]. In welcher Form dieser Rechtsschutz gewährt wird, ob durch Klage, Beschwerde usw., diese reine Formfrage regelt sich nach dem Prozeßrecht. Über die Form allein hat dieses Macht und nicht über das Recht[2].

Deshalb wehrt sich auch Frommhold gegen den Gedanken, die Widerspruchsklage könne eine „prozeßrechtliche" Klage sein, „eine prozeßrechtliche nicht in dem Sinne, wie jede Klage, jede Beschwerde, jedes Rechtsmittel eine prozeßrechtliche Einrichtung ist, sondern in dem prägnanten Sinne einer vom

---

[1] Vgl. den „zivilrechtlichen Begriff des Klagrechts" bei Planck, Lehrb. II. Bd., S. 4. Frommhold S. 189: Die Quelle des Widerspruchsrechts ist .... der privatrechtliche Grundsatz, daß der Eigentümer .... gegenüber Eingriffen fremder Personen . . . geschützt werden müsse." So zeigt sich Frommhold als Vertreter der älteren Lehre vom Klagrecht. Er sucht deshalb (S. 178 ff.) auch die Wachsche Theorie vom Rechtsschutzanspruch zu widerlegen, tut dies aber lediglich in Anlehnung an die rein dialektischen, und deshalb durchaus nicht überzeugenden Ausführungen Schuppes (Der Begriff des subjektiven Rechts, Breslau 1887), gegen den sich Wach selbst (Feststellungsanspr. S. 30 f.) mit durchschlagenden Gründen wendet.

[2] Vgl. S. 222: „Die Prozeßordnung (hat) die Widerspruchsklage nicht geschaffen, sondern nur einem materiellrechtlichen Gedanken prozessualen Ausdruck verliehen, ihn vor Zweifeln nicht an seiner Existenz überhaupt, sondern nur in bezug auf die Form seiner Geltendmachung sichergestellt. Die Widerspruchsklage ist in Wahrheit nichts anderes als die prozessuale Form, in welcher das materielle Widerspruchsrecht des Dritten sich geltend macht." S. 223: „Wie die Prozeßordnung die positive Rechtsquelle ist für alle hinsichtlich dieser Schutzmittel (Berufung, Revision, Beschwerde etc.) geltenden prozeßrechtlichen Grundsätze, so ist sie in gleichem Sinne Quelle der Widerspruchsklage; nicht aber ist sie Quelle derselben in dem Sinne, daß aus ihr allein auch das Widerspruchsrecht, welches mit dieser Klage geltend gemacht wird, fließt."

Prozeßrecht zum Zwecke der Ausfüllung einer Lücke des Privatrechts geschaffenen und lediglich auf Beseitigung einer prozessualen Maßregel gerichteten Klage" (S. 185).

Damit will Frommhold sagen, daß das in der Widerspruchsklage geltend gemachte Recht auf Rechtsschutz nicht von dem Prozeßrecht geschaffen sei (das würde nach seiner Ansicht „die Ausfüllung einer Lücke des Privatrechts" bedeuten), sondern als materielles „Widerspruchsrecht" sich rein aus materiellen Grundsätzen ergäbe[1].

Dieses materielle Widerspruchsrecht ist nach Frommholds Meinung „das (private) Recht des Dritten in seiner gegen die Vollstreckung gerichteten Funktion" (S. 200). Und zur Geltendmachung dieses Widerspruchsrechts zeige § 690 nur den Weg: Der Dritte solle der Zwangsvollstrekung widersprechen nicht wie im römischen Recht durch Beschwerde oder Einstellungsgesuch, sondern im Wege der Klage (S. 230). Das Wesen dieser Klage bestimmt Frommhold dahin (S. 235): „Ist die Widerspruchsklage . . . nur die Form, in welcher das subjektive Privatrecht sich geltend macht, so ist der Anspruch des Dritten gerichtet auf Feststellung des von ihm behaupteten materiellen Rechts. Die Aufhebung der Vollstrekungsmaßregel . . . bildet dann nur die gesetzmäßige Folge dieser Feststellung." Da um dieses Erfolges willen die Feststellung des Widerspruchsrechts begehrt werde (S. 240 oben), so sei die Klage „keine Feststellungs-, sondern eine wahre Leistungsklage" (S. 239 a. E.). Die Wirkungen des Interventionsurteils sind: „rechtskräftige Feststellung des materiellen Rechts" und „Unzulässigerklärung des eingeleiteten Vollstreckungsverfahrens" (S. 240).

So ist auch nach Frommhold die Klage keineswegs mehr die „gewöhnliche" Klage.

Als ein Anhänger Frommholds stellt sich Gütermann dar: „Die Widerspruchsklage ist durchaus ein Ausfluß des materiellen Rechts. . . . Wenn sie sonach auch dem Prozeßrecht ihre Entstehung nicht verdankt, ist sie doch pro-

[1] Den Beweis dafür, daß auch ohne die Bestimmung des § 690 der dritte Berechtigte schon nach privatrechtlichen Grundsätzen ein Widerspruchsrecht haben würde, sucht Frommhold auf S. 200—222 zu führen.

zessual in besonderer Weise, z. B. in bezug auf den Gerichtsstand geregelt."[1] Die Klage sei eine Leistungsklage, der Klagantrag auf Verurteilung zur Freigabe zu richten[2].

Ganz ähnliche Gedanken finden sich bei Falkmann, der sich gegen die Auffassung wendet, daß die Widerspruchsklage „erst durch das Prozeßrecht geschaffen worden" sei[3], und weiter ausführt, daß der Widerspruch „kein selbständiges Recht, sondern nur die Form" sei, „in der ein behauptetes materielles Recht geltend gemacht" werde[4]. Die Widerspruchsklage sei eine Leistungsklage, mit der der Dritte „die Herbeiführung der Freigabe, also eine Leistung", verlange[5].

Die Ausführungen von Pretsch[6] ruhen vollkommen auf denen Frommholds.

Zum Schluß sei Kohler[7] genannt. Er verwirft die „unhaltbaren Ausführungen von Neueren" (Langheineken und Hellwig) und betont den Ursprung des Klagrechts aus dem Zivilrecht (S. 5), daher ist für ihn die Klage aus 771 Z.P.O. eine „vindikatorische Aussonderungsklage", die allerdings, wie im Konkurse, eine actio depositi und commodati vertreten könne. Sie wirke insofern prozessualisch, als durch die Feststellung, daß die betreffende Sache außerhalb der Vollstreckungssphäre liegt, zu gleicher Zeit gesagt werde, „daß ein Weiterführen der Vollstreckungsorgane bestimmungswidrig wäre".

B. Ein leichter publizistischer Anflug charakterisiert im Gegensatz zu den bisher behandelten Theorien das Klagrecht von Westerburg und Hellmann. Diese beiden Schriftsteller entfernen sich aber von der älteren, rein materiellrechtlichen Lehre nur in so geringem Maße, daß sie von dem

---

[1] Gütermann S. 90 f.

[2] S. 119.

[3] Falkmann (vgl. das Literaturverzeichnis) S. 410 a. E.

[4] S. 411.

[5] S. 412.

[6] Ziv.Arch. Bd. 99 S. 445 ff.: „Die Begründung der Interventionsklage nach geltendem Recht."

[7] Kohler, Prozeßhandlungen mit Privatrechtswirkungen. ZZ. 29 S. 1 ff.

Wesen der Widerspruchsklage im Grunde dieselbe Auffassung haben, wie die bereits genannten Schriftsteller.

Westerburg[1] nennt neben dem mit dem materiellen Anspruch identischen „materiellen Klagrecht“ ein bloß formales, prozessualisches Recht auf „Prozeßbegründung“. Durch diesen Zusatz des „bloß Formalen“ erscheint das prozessualische Klagrecht von vornherein als eine leere Befugnis ohne innere Kraft. Siegende Kraft aber — und darin liegt die Wesenheit des Rechts! — hat bei Westerburg nur das „materielle“ Klagrecht. So erklärt es sich auch, wenn Westerburg ausführt[2]: Damit, daß man die Klage als Interventionsklage bezeichne, sei nichts gewonnen. „Es entscheidet lediglich der materiellrechtliche Charakter des erhobenen Anspruchs, der „actio“ in diesem Sinne. Das andere ist nur Form . . . der materiellrechtliche Charakter des Anspruchs wird dadurch ebensowenig bestimmt, wie die rechtliche Natur des etwa im Urkundenprozeß erhobenen Anspruchs durch diese Prozeßart.“[3]

Hellmann[4] unterscheidet:

1. Die actio des Privatrechts, das Recht, „gerichtliche Entscheidung über einen bestehenden (nicht bloß behaupteten) Anspruch gegenüber einer bestimmten Person zugunsten des Berechtigten zu verlangen“. Dieses privatrechtliche Klagrecht besteht für Hellmann überall, bei jeder Klagart. Er muß deshalb auch für die Feststellungsklage das aus einem „Privatrechtssatz“ entspringende „Recht die Existenz des Rechtsverhältnisses gegenüber dem Verpflichteten in unbestreitbarer Weise (und zwar durch rechtskräftiges Urteil) festgestellt zu verlangen“[5], konstruieren, und würde, wenn § 690 (ä. F.) eine „condictio ex lege“ enthielte, hierin eine „zivilrechtliche Bestimmung“[6] erblicken.

---

[1] Gruch. 26 S. 450 ff.

[2] Gruch. 23 S. 872.

[3] S. 871 eod. stimmt überdies Westerburg den Ausführungen von Kühne „im großen und ganzen“ bei und bezeichnet S. 872 den Interventionsanspruch „als dinglichen Anspruch und zwar als Eigentumsanspruch“ (wenn der Dritte als Eigentümer klagt).

[4] Hellmann, Lehrbuch, 1886, S. 372.

[5] a. a. O. S. 375.

[6] a. a. O. S. 834.

2. Das „prozessuale Klagrecht", „ein subjektives Recht des Staatsrechts", „das Recht, gerichtliche Entscheidung über einen behaupteten privatrechtlichen Anspruch gegenüber einer bestimmten Person zu verlangen".

So erscheint die Hellmannsche Theorie ganz als die alte materiellrechtliche Lehre, allerdings mit einer kleinen prozessualen Maske: die „actio des Privatrechts" ist ganz und gar das alte, materiellrechtliche Klagrecht, das nur der wirklich Berechtigte hat und das sich gegen den Beklagten richtet, und das „prozessuale" Klagrecht erscheint, wenn auch zum subjektiven Recht des Staatsrechts erklärt, dennoch im Zusammenhang mit einem (behaupteten) Privatrecht; und daher muß Hellmann auch, da er in § 690 eine „zivilrechtliche Bestimmung" nicht finden kann, die auf das Eigentum gestützte Widerspruchsklage für die actio negatoria erklären[1] und muß, wenn durch die Vollstreckung der juristische Besitz eines Dritten verletzt wird, sich mit der Frage auseinandersetzen, ob in der Vollstrekungshandlung Eigenmacht vorliege, also die Voraussetzungen des Interdiktenschutzes gegeben seien oder nicht[2].

C. So haben wir gesehen, daß alle, für die das Klagrecht, oder wenigstens das Recht auf Rechtsschutz im allgemeinen, dem materiellen Privatrecht entspringt, notwendig die Widerspruchsklage für die Verfolgung des durch die Zwangsvollstreckung verletzten materiellen Rechts oder Rechtsgutes mit der „gewöhnlichen" (höchstens in „prozessualer" Beziehung etwas modifizierten) „durch das materielle Recht an die Hand gegebenen"[3] Klage ausgeben mußten, — wenn sie nicht den einzigen anderen, noch denkbaren Weg einschlagen wollten: wenn sie nicht behaupten wollten, daß die Widerspruchsklage einen ganz eigenartigen und selbständigen privatrechtlichen Anspruch geltend macht. Dieser Weg ist auch tatsächlich beschritten worden, und zwar von Voss.

Voss[4] war auf Grund eindringender Forschung zu dem

---

[1] a. a. O. S. 834.

[2] a. a. O. S. 833 f.

[3] R.G. VI, C.S. 10. März 1887. (Seufferts Archiv 42 No. 187.)

[4] Über seine zahlreichen Arbeiten über die Widerspruchsklage, von

Ergebnis gelangt, daß die auf das Eigentum gestützte Interventionsklage keine rei vindicatio und auch keine actio negatoria sei. Sie war aber zweifellos vorhanden und mußte deshalb nach der Lehre vom materiellen Klagrecht einem, bisher unentdeckten, privatrechtlichen Verhältnis entspringen. Dies konstruierte Voss folgendermaßen[1]: Durch den Übergriff der Vollstreckung in das Vermögen des Dritten entsteht „zwischen dem Exekutionssucher und dem Einspruchsberechtigten . . . ein ex re wirkendes Berührungsverhältnis . . . welches die Lösung durch richterlichen Ausspruch fordert." Dieses Verhältnis sei ähnlich der communio; der auf die Auflöung des Verhältnisses gerichtete Anspruch sei daher verwandt mit der actio communi dividundo, und dieser Anspruch werde mit der Widerspruchsklage, einer actio in factum, geltend gemacht. Man sieht, Voss steht noch ganz auf dem Boden der älteren Lehre vom Klagrecht: Da die Klagen, mit denen die Ansprüche aus dem Eigentum geltend gemacht werden, hier nicht eingreifen (nach seiner Meinung), so muß, wie er glaubt, die Widerspruchsklage einen anderen privatrechtlichen Anspruch geltend machen. Daß ein solcher, wie er annimmt, in der ganzen Literatur bisher niemals bekannt gewesen ist, macht ihn nicht irre: nur ein Beweis dafür, wie fest in ihm anfangs die ältere Lehre wurzelte: jede Klage setzt einen bestimmten privatrechtlichen Anspruch voraus. S'il n'existe pas, il faut l'inventer!

II. Theorien des Übergangs.

Allmählich aber vollzieht sich in Voss ein höchst bedeutsamer Umschwung der Anschauung[2], so daß er unter den Ersten genannt werden muß, bei denen in der Bestimmung des Wesens der Widerspruchsklage der Gedanke eines publizistischen Klagrechts anklingt. Dies äußert sich einmal darin, daß das künstlich konstruierte, der communio ähnliche Rechts-

---

denen die erste (Gruch. 23, S. 232 ff.) die Frage nach dem Wesen der Widerspruchsklage ins Rollen gebracht hat, vgl. das Literaturverzeichnis.

[1] S. seinen Aufsatz in Gruch. 23, S. 273.

[2] Vgl. hierzu die Darstellungen von der Entwicklung der Vossschen Theorie bei Frommhold S. 1 ff. u. S. 186, sowie bei Gütermann S. 57 ff.

verhältnis mehr und mehr von seiner ursprünglichen Bedeutung verliert und verblaßt[1], namentlich aber in dem allmählichen Hervortreten des Gedankens, daß die Widerspruchsklage eine Schöpfung des Prozeßrechts sei. Voss entwickelt folgende Gedanken: Die Prozeßordnung hat eine Zwangsvollstreckung geschaffen, bei der möglicherweise die Rechte Dritter verletzt werden können; aber diese Verletzung geschieht in einer Weise, daß (wie Voss des näheren ausführt) keiner der gewöhnlichen privatrechtlichen Ansprüche dagegen klagweise geltend gemacht werden könnte. Die Prozeßordnung hat also „in den Schutz der dritten Personen zustehenden Rechte eine wirkliche Lücke gerissen". Aber die Prozeßordnung hat „von sich aus diese Lücke alsbald wieder ausgefüllt"[2], und zwar durch die Widerspruchsklage.

So ist Voss zwar noch weit davon entfernt, ein bewußter Vertreter der Lehre vom publizistischen Klagrecht zu sein, aber andererseits weicht er doch von der alten Lehre ganz erheblich dadurch ab, daß er hier ein von der Prozeßordnung verliehenes Klagrecht annimmt, also ein Klagrecht, das nicht mehr als ein „vom materiellen Recht verliehenes" Klagrecht aufgefaßt werden kann.

Eine ähnliche Mittelstellung zwischen der alten und neuen Lehre vom Klagrecht charakterisiert eine Reihe anderer Versuche, das Wesen der Widerspruchsklage zu bestimmen.

Bunsen[3] sagt: „Nicht die Frage, ob dem Widersprechenden jenes materielle Recht zusteht, wird im Prozesse entschieden, sondern die Frage, ob wegen jenes materiellen Rechts der Akt der Zwangsvollstrekung für voll und wirksam zu halten ist. Jenes materielle Recht ist nur die conditio sine qua non, nicht die causa efficiens des Widerspruchsrechts." „Die Klage ist ...

---

[1] So spricht Voß im Ziv.Arch. 71 S. 288 nur noch ganz allgemein von einem Rechtsverhältnis, welches die Innehaltung der Vollstreckungsgrenzen Letzterem (dem Dritten) als Rechtsanspruch, ersterem (dem Gläubiger) als Pflicht zuweist."

[2] Jherings Jahrb. 23, S. 105 (1885).

[3] Die Lehre von der Zwangsvollstreckung, 1884, S. 62 f., sowie in der Mecklenburgischen Zeitschrift für Rechtspflege und Rechtswissenschaft Bd. 3, S. 277 f.

nicht die rei vindicatio, die actio negatoria, das possessorische Interdikt ..., sondern ein eigner gegen den Gläubiger im Zwangsvollstreckungsverfahren gegebener Anspruch desjenigen, in dessen Rechtssphäre das Vollstreckungsorgan auf Antrag des Gläubigers eingedrungen ist; mit anderen Worten die Widerspruchsklage hat ihre causa im Zivilprozeß, sie entnimmt dieselbe nicht dem Zivilrecht, sondern dem Prozeßrechte." So entspringt für Bunsen ein Teil der Klagen dem Zivilrecht, ein anderer Teil dem Prozeßrecht. Zu der letzteren Art rechnet er die Widerspruchsklage.

Auf ähnlicher Basis bestimmt Thiele[1] das Wesen der Widerspruchsklage dahin[2]: Die Widerspruchsklage beschäftige sich nur mit der Frage: „War die Zwangsvollstrekung in das Pfandobjekt zulässig oder nicht? und das ist eine rein prozessuale Frage. Sie ist daher ein durchaus prozessuales Institut, ein lediglich durch die Zivilprozeßordnung gegebener Rechtsbehelf." Gegen Frommhold führt Thiele[3] weiter aus, daß der Dritte zwar, wenn § 690 (ä. F.) nicht vorhanden wäre, ein aus dem materiellen Recht hergeleitetes subjektives Recht geltend machen könnte. Das sei dann aber eine ganz andere Klage als die Widerspruchsklage. Deren Voraussetzungen regele einzig und allein die Z.P.O., denn auch nur sie entscheide über die Zulässigkeit oder Unzulässigkeit der Pfändung. „Sie (die Z.P.O.) setzt demgemäß auch die Voraussetzungen für die Widerspruchsklage fest. Bei den anderen obengenannten Arten der Klagen werden die Voraussetzungen der Klage durch das materielle Recht gegeben. Bei der Eigentumsklage z. B. sagt das materielle Recht: wenn die und die Voraussetzungen vorliegen, ist der Kläger berechtigt, sein Eigentumsrecht im Wege der Klage geltend zu machen. Anders bei der Widerspruchsklage." Hierin spricht Thiele klar und deutlich aus, daß die materiellen Rechte nur geltend gemacht werden in den „vom

---

1 Arch. f. ziv. Pr. 84, S. 50 ff.: „Die Widerspruchsklage des § 690 der Z.P.O. in Theorie und Praxis" (1895).

2 a. a. O. S. 67 f.

3 a. a. O.

materiellen Recht gegebenen Klagen". Bei den vom Prozeßrecht gegebenen Klagen dagegen wird gar nicht irgend ein Recht[1], sondern nur ein rein prozessualer Zweck verfolgt.

Planck[2] unterscheidet:

1. Das prozessuale, publizistische Klagrecht, demgegenüber das Gericht als der Verpflichtete erscheint, und das ein formelles und materielles Klagrecht (jenes den Einlassungs-, dieses den Verurteilungszwang begründend) in sich schließt.

2. Den „zivilrechtlichen Begriff des Klagrechts als des gerichtlich im Wege des Angriffs erzwingbaren Rechts des Klägers gegen den Beklagten auf eine gewisse privatrechtliche Leistung".

„Aber die Frage, wie die von der Rechtsordnung dem Kläger im allgemeinen in Aussicht gestellte gerichtliche Hilfe zu gewähren sei ... diese Frage läßt das Zivilrecht ... außen vor. Gerade diese Frage aber, und nur sie ist es, mit der sich das Prozeßrecht beschäftigt und aus deren Beantwortung der obige prozeßrechtliche Begriff des Klagrechts sich ergibt."

Auf dieser Grundlage bestimmt Planck das Wesen der Widerspruchsklage dahin[3]: „Die ... Widerspruchsklage ist ... keine Zivilrechtsklage, sondern eine Prozeßrechtsklage ... damit hat die Z.P.O. ein neues, dem Zivilrecht unbekanntes, lediglich für die Regelung des Prozeßganges bestimmtes ..., also prozessuales Klagrecht gewährt." So steht dem Kläger nach der Planckschen Auffassung bei der Widerspruchsklage lediglich das prozessualische Klagrecht zu, während im Regelfalle (z. B. bei der Eigentumsklage) neben dem prozessualen das zivilrechtliche Klagrecht gegeben ist.

---

[1] Deshalb wendet sich Thiele S. 69 auch gegen Rocholls Auffassung, die Klage sei eine „Konfliktsklage" (s. u.), mit der der Kläger sein mit dem andern Rechte kollidierendes Recht verfolge. Thiele sagt: „der Kläger verfolgt nicht, er wehrt ab, er will nicht seinem Anspruch Geltung verschaffen; er will nur unbehelligt bleiben, die Feststellung seines Anspruchs ist nur Mittel zum Zweck, nicht Zweck selbst."

[2] Planck, Lehrbuch des deutschen Zivilprozeßrechts, II. Bd., 1896, S. 3 ff.

[3] a. a. O. S. 707 f.

In diese Reihe sind endlich zu rechnen:

Goldmann[1], der sich „der immer siegreicher vordringenden prozessualen Theorie“ ausdrücklich anschließt[2] und die Widerspruchsklage als eine „actio sui generis“ bezeichnet[3], und

Petersen-Anger-Remelé[4], nach deren Auffassung die Widerspruchsklage zwar zum Schutze des die Veräußerung hindernden Rechts gegeben ist, deshalb aber nicht mit der Klage zusammenfällt, „die daraus nach dem bürgerlichen Rechte dem Schuldner gegenüber gegeben ist. Denn das Begehren des Klägers geht nur dahin, daß die . . . Zwangsvollstreckung für unstatthaft erklärt werde“[5].

III. Die Theorien auf dem Boden der Lehre vom publizistischen Klagrecht.

Als Vorläufer dieser Gruppe erscheint Rocholl[6], der neben dem „formalen“ Klagrecht (einer „prozeßgesetzlichen“ Ladungsbefugnis) ein „materielles“ Klagrecht kennt, welches zwar noch in enger Beziehung zum subjektiven Privatrechte steht, aber nicht „als das subjektive Recht in seiner Betätigung gegen den widersprechenden Willen anderer aufzufassen sei“[7]. Die Selbständigkeit Rocholls gegenüber der älteren Lehre zeigt sich besonders darin, daß er bei der Einteilung der Klagen nicht dem alten Schema verfällt: er teilt nicht ein in Eigentums-, Besitzklagen usw., sondern in Feststellungs-, Leistungs- und Konfliktsklagen. Während die beiden ersten Gruppen es immer nur mit einem Rechtsverhältnisse zu tun haben, sind die Konfliktsklagen dazu bestimmt, „die Kollision zweier neben-

[1] Goldmann, Die rechtliche Natur der Interventionsklage. Gruch. 50 S. 805 ff. (1906).

[2] a. a. O. S. 819.

[3] a. a. O. S. 824.

[4] Zu § 771 sub I, 2.

[5] Der Vollständigkeit halber erwähne ich noch: Kann, ZZ. 32 (1904) S. 490: Die Klage sei eine prozeßrechtliche“ (im Gegensatz zu den „materiellrechtlichen“ Klagen).

[6] Rocholl, Rechtsfälle aus der Praxis des Reichsgerichts, 2. Bd., 1890, S. 109 f. Vgl. auch Rocholl, Die Feststellungsklage im heutigen Klagensysteme. ZZ. 8, S. 329 ff.

[7] Rechtsfälle S. 110.

einander bestehenden Rechtsverhältnisse zu lösen" [1]. Zu diesen letzteren rechnet Rocholl auch die Widerspruchsklage [2].

Bei Wach (Feststellungsanspruch S. 21 f.) erscheint die Widerspruchsklage zum ersten Male in voller Deutlichkeit im großen systematischen Zusammenhange mit der Lehre vom publizistischen Klagrecht. Wach verfährt deduktiv. Er nimmt als gegeben an, daß der Deponent und Kommodant die Widerspruchsklage habe. Dies könne „aus dem Wesen und Inhalt ihrer Rechte an und für sich nicht abgeleitet werden. Denn würde der Schuldner die hinterlegte oder geliehene Sache veräußert oder verpfändet haben, so stände dem Deponenten oder Kommodanten als solchem gegen den Erwerber oder Pfandnehmer keine Klage zu. Aber das Prozeßrecht eröffnet sie ihm in dem eigenartigen Rechtsschutzmittel des Widerspruchs gegen die Spezial . . . Exekution." [3]

Die übrigen hier zu nennenden Theorien versuchen es, die Eigenart der Klage näher zu bestimmen. Meist wird sie als Feststellungsklage bezeichnet.

Langheineken, ein Anhänger der Wachschen Lehre vom Rechtsschutzanspruch [4] definiert die Widerspruchsklage als eine positive Feststellungsklage. Gegenstand der Feststellung ist das „die Zwangsvollstreckung hindernde" Recht des Dritten [5]. Auf seine Ausführungen werden wir weiter unten des näheren eingehen. (S. 36 f.)

Demelius [6] bekennt sich gleichfalls als Anhänger des Rechtsschutzanspruchs. Er bezeichnet [7] die Excindierungsklage

---

[1] Rechtsfälle S. 114.

[2] a. a. O. S. 178.

[3] Wenige Zeilen weiter unten spricht Wach abermals von dem „eigenartigen" Rechtsschutze der Interventionsklage und stellt dann in Anm. 28 die Widerspruchsklage in offenbaren Gegensatz zur Feststellungsklage. Wach wird also von Langheineken, Urteilsanspr. S. 153 Anm. 3 fälschlich unter denen genannt, die die Widerspruchsklage für eine Feststellungsklage erklären.

[4] Urteilsanspr. S. 2 u. 15 f.

[5] a. a. O. S. 153.

[6] Ernst Demelius, Zur Lehre von der Rechtskraft des Zivilurteils 1892, S. 31.

[7] a. a. O. S. 43.

als „eine negative Feststellungsklage; sie begehrt die Entscheidung, daß an der fraglichen Sache ein Pfandrecht nicht erworben würde".

Richard Schmidt[1] geht davon aus, daß das Wesen der Widerspruchsklage davon abhängig sei, ob sie nur auf dingliche, oder auch auf persönliche Ansprüche gestützt werden könne. Aber: „Der § 771 gibt durch seinen Wortlaut keinen Anhalt für die Beantwortung der Frage"[2], vielmehr hält Schmidt es für „sicher, daß unser Recht, wie es augenblicklich ist, sich mindestens im Zustande der Unklarheit befindet"[3]. Daher sei „die Gestaltung der Klage eine reine Zweckmäßigkeits- und Gesetzgebungsfrage"[4]. Die praktische Situation des Vorgangs erfordere, die Klage jedem Dritten zu geben, der an dem Gegenstand der Zwangsvollstreckung ein rechtliches Interesse hat, also auch dem bloß obligatorisch Berechtigten. Daher könne die Klage nicht als die gewöhnliche Klage, sondern nur als Feststellungsklage aufgefaßt werden. Gegenstand der Feststellung sei die „Nichtzugehörigkeit der Sache zum vollstreckungsunterworfenen Vermögen des Schuldners"[5].

Kleinfeller, gleichfalls ein Anhänger des Wachschen Rechtsschutzanspruchs[6], trägt einen ähnlichen Gedankengang vor, wie Schmidt[7].

Stein, der sich der Lehre vom Rechtsschutzanspruch ebenfalls anschließt[8], erklärt in seinem Kommentar und in Birkmeyers Enzyklopädie die Widerspruchsklage für eine

---

[1] Über seine Stellung zum Rechtsschutzanspruch s. sein Lehrbuch S. 16 ff.

[2] a. a. O. S. 1029.

[3] ZZ. 17 S. 409.

[4] Lehrb. S. 1029.

[5] Lehrb. S. 1031. Vgl. ZZ. 17 S. 416: Die Klage sei „zu denken als eine Klage auf Feststellung des Nichtbestehens des Schuldnereigentums, eine negative Feststellungsklage".

[6] Kleinfeller, Lehrbuch des deutschen Zivilprozeßrechts, 1905, S. 262 f.

[7] Kleinfeller, a. a. O. S. 628 f.

[8] Stein, Urkundenprozeß S. 45 f., bindende Kraft S. 11 Anm. 9. Gaupp-Stein vor § 253 III.

Feststellungsklage; das Urteil entscheide über die Rechtmäßigkeit des konkreten Vollstreckungsaktes[1].

Seuffert hatte schon in seiner Antrittsvorlesung[2] (1885) betont, „daß das Klagrecht nicht zum Inhalt des subjektiven Privatrechts gehört". Er bezeichnet in seinem Kommentar[3] die Widerspruchsklage als eine „negative Feststellungsklage", gerichtet auf „Feststellung der Unzulässigkeit der konkreten, in die Rechtssphäre des Klägers übergreifenden Zwangsvollstreckung".

Dieselben Gedanken finden sich bei Rohs[4].

Endlich wird die Widerspruchsklage von einigen Schriftstellern unter den „Bewirkungsklagen" genannt.

Zuerst hat, soweit ich sehe, Oetker diesen Gedanken ausgesprochen[5], wenn auch noch, ohne der von ihm gesehenen und in ihrer juristischen Wesenheit erfaßten Klagenspezies einen besonderen Namen gegeben zu haben. Er stellt sie in Gegensatz zur Leistungs- und Feststellungsklage, bei denen die Tatbestandsnormierung das Rechtsschutzinteresse befriedige. Bei dieser dritten Klagart dagegen involviere die Tatbestandsnormierung eine Änderung der Rechtslage: die Richterhandlung solle „eine rechtliche Situation beseitigen, begründen oder wandeln". Als Beispiel nennt Oetker[6] die Widerspruchsklage; diese gehe auf einen Ausspruch des Richters, daß die Vollstreckung unstatthaft sei. Inwiefern in diesem Ausspruch des Richters ein konstitutives Element zu erblicken sei, sagt Oetker nicht. Er scheint aber anzunehmen, daß die Vollstreckung erst durch das Urteil unstatthaft werde, und erblickt vermutlich hierin das konstitutive Element. (Vgl. unten die Darstellung über Hellwig.)

---

[1] Gaupp-Stein zu § 771 sub I; Birkmeyer, Enzyklopädie der Rechtswissenschaft, 1904, S. 997 f.

[2] Grünhut 12 S. 617 ff., bes. S. 628.

[3] Zu § 771 sub 1b.

[4] Rohs, Das System des deutschen Zivilprozesses. Breslau 1907. Auf S. 76 vertritt er die Lehre vom publizistischen Klagrecht. S. 186: Die Widerspruchsklage ist „eine prozeßrechtliche Feststellungsklage, gerichtet auf Feststellung der Unrechtmäßigkeit der konkreten Vollstreckungshandlung".

[5] Klagrechtliche Grundbegriffe, 1891, S. 579 ff.

[6] a. a. O. S. 581.

Trotz seiner eigenartigen Terminologie ist auch von Schrutka-Rechtenstamm[1] hier zu nennen. Die bei Oetker noch namenlose Klagenspezies hat er schon zwei Jahre vorher, soweit ich sehe, als erster[2], erkannt und benannt[3]. Er bezeichnet sie als „Rechtsgestaltungsklagen" und charakterisiert sie folgendermaßen: Der Richter „konstruiert neues Recht. Ich denke hier nicht an Fälle, in denen der Richter den rechtsgeschäftlichen Willen einer Partei suppliert, sondern an Fälle, in denen die Neugestaltung der rechtlichen Situation niemals durch die Partei, sondern nur durch das Gericht erfolgen kann". Als Beispiel führt v. Schrutka nur die Ehescheidungsklage an.

Die Priorität in der Einreihung der Widerspruchsklage in die „Rechtsgestaltungsklage" hat aber Oetker[4]; deshalb muß v. Schrutka nach ihm genannt werden. Außerdem fehlt bei v. Schrutka die ausdrückliche Hervorhebung des Zusammenhanges der Widerspruchsklage mit der Rechtsgestaltungsklage. Aber: man muß die Ausführungen v. Schrutkas in diesem Zusammenhange verstehen, wenn man ihre ganze Bedeutung würdigen will[5]. Er bestimmt das Wesen der Widerspruchsklage folgendermaßen: „Der Anspruchsverpflichtete" sei der Staat (S. 77 ff.), „die dem Dritten gebührende Leistung" die „Rückgängigmachung der Exekution in das dem Exequendus nicht gehörige Vermögensstück, also die Aufhebung der auf dasselbe übergegangenen obrigkeitlichen Verfügung" (S. 75). Daher sei die Exscindierungsklage[6] auch „mehr als eine Feststellungs-

---

[1] Zur Dogmengeschichte und Dogmatik der Freigebung fremder Sachen. Berlin 1889/93.

[2] Als einen Vorläufer v. Schrutkas könnte man vielleicht Rocholl („Konfliktsklagen") bezeichnen. Vgl. auch Wach, Handb. I, S. 12.

[3] In der Besprechung von Wach, Feststellungsanspr. Grünhut 16 S. 617 ff. (1889). Hier akzeptiert v. Schrutka auch in der Hauptsache die Lehre vom Rechtsschutzanspruch (ebenso im Juristischen Literaturblatt 1903, No. 147).

[4] Oetker, Klagrechtl. Grundbegriffe, 1891; 2. Bd. von Schrutkas Dogmengesch. und Dogmatik, 1893.

[5] So auch besonders Stein, Über die bindende Kraft der richterlichen Entscheidungen nach der neuen österreichischen Zivilprozeßordnung, Wien 1897, S. 17. Vgl. Hellwig, Anspr. u. Kl. S. 513.

[6] So bezeichnet die österreichische Rechtslehre die Widerspruchsklage.

klage" (S. 74). Vielmehr richtet sich der Exscindierungsanspruch „wider eine von der Obrigkeit getroffene (exekutorische) Verfügung, bezweckt deren Aufhebung auf Grund erneuter Prüfung ihrer Voraussetzungen, und kann von dem Beeinträchtigten nur innerhalb einer bestimmten Zeit erhoben werden. Diese Merkmale konstituieren aber den juristisch-technischen Begriff des Rechtsmittels im materiellen Sinne. Also ist der Exscindierungsanspruch ein Rechtsmittel, das Wort im materiellen Sinne genommen[1], und der Exscindierungsprozeß ein Rechtsmittelverfahren" (S. 98).

Schon früher[2] hatte v. Schrutka das Wesen der Widerspruchsklage in negativer Richtung dahin bestimmt, daß sie, wenn sie auf das Eigentum gestützt werde, weder als rei vindicatio, noch als actio negatoria aufgefaßt werden könne, daß sie also keine Leistungsklage sei[3]. Jetzt erklärt er sie für „mehr als eine Feststellungsklage (s. oben) und reiht sie unter die „Rechtsmittel" in seinem Sinne ein. Zu diesen wird von v. Schrutka gezählt (S. 104): Berufung, Revision, Beschwerde, Nichtigkeits- und Restitutionsklage, die Klage zur Anfechtung des die Entmündigung aussprechenden Beschlusses des Amtsgerichts im Falle der Geisteskrankheit und im Falle der Verschwendung, die Klage zur Anfechtung des Ausschlußurteils im Aufgebotsverfahren, „und gewissermaßen auch die Klage auf Aufhebung eines Schiedsspruchs", ferner der Einspruch gegen Versäumnisurteil und Vollstreckungsbefehl, der Widerspruch gegen den Arrestbefehl und die einstweilige Verfügung, die Einwendungen gegen die Zulässigkeit der Vollstreckungsklausel, Anträge usw. nach 685 (ä. F.). Die Einwendungen nach 686 (ä. F.), Widerspruch gegen den Teilungsplan und die Widerspruchsklage Dritter (690 u. 710 ä. F.). Wir werden nicht fehlgehen, wenn wir in dieser Aufzählung, soweit es sich um Klagen handelt, einen Ausbau des bei Grünhut 16, S. 617 ff. angedeuteten Klagensystems erkennen und wenn wir diese Klagen

---

[1] Den gesetzlichen Rechtsmittelbegriff lehnt v. Schrutka ab: „Aber die Theorie ist an die Auffassung des Gesetzes nicht gebunden" (S. 103).

[2] „Zur Analyse der Exscindierungsklage" Grünhut 13 S. 298 ff. (1885).

[3] v. Schrutka selbst bedient sich in dem zitierten Aufsatze dieses Ausdruckes allerdings noch nicht.

unter den „Rechtsmitteln“ als eine Unter- oder Schwesterart der „Rechtsgestaltungsklagen“ auffassen. Denn auch hier liegt eine „Neugestaltung der rechtlichen Situation“ vor, die „niemals durch die Partei, sondern nur durch das Gericht erfolgen kann“ (s. oben). „Infolge der Entscheidung“ werden die Pfandstücke frei[1]. Diese Aufhebung der exekutorischen Verfügung (s. oben) ist die „Neugestaltung“.

In demselben Sinne versteht Stein[2] die Schrutkaschen Ausführungen und sieht, im Gegensatz zu seiner jetzigen Auffassung (s. oben.), noch im Jahre 1897 die Widerspruchsklage für eine „Rechtsgestaltungsklage“ an, und zwar für einen Fall derjenigen Unterart derselben, die eine „Ausgestaltung des Prozeßrechts“ (und nicht des Privatrechts) bezwecken und die einen „Prozeßprozeß“ (im Gegensatz zum Privatrechtsprozeß) herbeiführen. Die Widerspruchsklage mache die Unzulässigkeit des staatlichen Vollstreckungsaktes geltend und verlange seine Aufhebung durch Richterakt.

Auch für Kisch[3] ist das auf die Widerspruchsklage ergehende Urteil ein „Konstitutivurteil mit prozeßrechtlichem Gegenstande“. „Nach seinem Erlaß ist“ die Pfändung, „was den rechtlichen Bestand betrifft, aus der Welt geschafft.“[4]

Du Chesne[5] führt aus, daß die Klage aus § 771 „zur Geltendmachung eines öffentlichen prozessualen Anspruchs gegen den Staat bestimmt“ sei, und daß dieser Anspruch sich richte auf „Aufhebung des unzulässigen Eingriffs.“

Ähnlich Balog[6]: „Durch das Urteil wird hier ein Exekutionsakt aufgehoben“.

Hellwig bezeichnet die drei Klagarten als: „Klagen auf Fesstellung, Verurteilung, Rechtsänderung.“[7] Die letztere Klag-

---

[1] v. Schrutka S. 76.

[2] Bindende Kraft S. 11 ff., bes. S. 17.

[3] Beiträge zur Urteilslehre, Leipzig 1903, S. 175 ff.

[4] S. 176.

[5] Die Klage aus § 771 der Z.P.O. Sächsisches Archiv f. bürgerl. R. Bd. 13, S. 616 ff., bes. S. 620.

[6] Balog, Über das konstitutive Urteil. Grünhut 34, S. 123 ff., bes. S. 165.

[7] Hellwig, Klagrecht und Klagmöglichkeit S. 39 a. E. Vgl. Anspr.

art teilt Hellwig wiederum ein in „Klagen auf richterliche Änderung des materiellen Rechtszustandes“ [1] und „in Klagen auf Änderung von Prozeßmaßnahmen“ [2]. Zu dieser letzten Gruppe rechnet Hellwig die Widerspruchsklage [3]. Es ist zu bedauern, daß Hellwig ein näheres Eingehen auf diese Materie ausdrücklich ablehnt [4] und daß er uns deshalb nicht deutlich sagt, worin eigentlich die in dem Urteil enthaltene Rechtsgestaltung liegen soll: Einerseits schließt Hellwig sich ausdrücklich an v. Schrutka und Stein an [5], so daß man glauben möchte, auch nach Hellwig sei die mit der Rechtskraft eintretende Rechtsänderung in der Aufhebung der Vollstreckungsmaßregel zu erblicken, andererseits aber führt Hellwig aus: Der Inhalt des Urteils sei „die Anordnung ihrer (nämlich der Vollstreckungsmaßregel) Aufhebung, welche dann gemäß dieser Entscheidung durch den Gerichtsvollzieher auszuführen ist“ [6]. Also doch keine Aufhebung der Vollstreckungsmaßregel durch das Urteil selbst! Worin liegt dann die „Rechtsgestaltung“? Ich glaube, Hellwig sieht sie darin, daß die zuerst zulässige Vollstreckung „für unzulässig erklärt“ wird. Jedenfalls erklärt Hellwig dies für „die Realisierung des Widerspruchsrechts durch Aufhebung des Rechtszustandes, der durch die staatliche Vollstrekungsmaßregel geschaffen wurde, nicht etwa eine Feststellung . . . noch weniger eine Verurteilung“ [7].

---

u. Kl. S. 151. — Daß Hellwig einer der Hauptvertreter der Lehre vom sog. konkreten publizistischen Klagrecht ist, kann ich als bekannt voraussetzen.

[1] Anspr. u. Kl. S. 443 ff. Lehrb. Bd. 1, S. 393 ff.

[2] Anspr. u. Kl. S. 485 ff. Lehrb. Bd. 1, S. 396 ff.

[3] Anspr. u. Kl. S. 511 ff. Lehrb. Bd. 1, S. 398 ff.

[4] Anspr. u. Kl. S. 513 a. E.

[5] Ebenda.

[6] Anspr. u. Kl. S. 512, Zeile 5 ff.

[7] Lehrb. 1. Bd., S. 398, Text bei Anm. 19 und diese Anm. In Anm. 19 verweist Hellwig überdies auf den Text bei Note 11 (S. 397 a. E.): dort führt Hellwig aus, daß bei der Vollstreckungsgegenklage die Z.V. „für unzulässig erklärt und dadurch unzulässig gemacht“ werde. In Note 11 selbst betont Hellwig außerdem, daß die Aufhebung von etwa stattgehabten Vollstreckungsmaßregeln sekundär sei.

Ähnliche Gedanken spricht Kunze[1] aus: der Dritte „widerspricht der Zwangsvollstreckung, d. h. er begehrt eine gerichtliche Entscheidung, durch welche die Ermächtigung zur Zwangsvollstreckung aufgehoben wird, zwar nicht generell, wohl aber hinsichtlich des Gegenstandes, an welchem ihm das die Veräußerung hindernde Recht zusteht". Eine solche „Ermächtigung" erblickt Kunze in der Vorschrift des § 808[2].

R. v. Mayr[3] bezeichnet, im Anschluß an v. Schrutka, Stein und Hellwig die Widerspruchsklage als einen „Prozeßprozeß", eine „Klage auf Änderung von Prozeßmaßnahmen", eine „Rechtsmittelklage". Worin die Rechtsänderung liegt, sagt v. Mayr nicht,

Anhang.

Die Praxis.

Wenn selbst die Rechtslehre zu einer einheitlichen Auffassung vom Wesen der Widerspruchsklage nicht hat gelangen können, so darf es nicht Wunder nehmen, wenn der Zustand der Rechtsprechung über diese Frage als ein geradezu chaotischer bezeichnet werden muß.

Selbst das Reichsgericht widerspricht sich in seinen Entscheidungen[4]. In einigen Entscheidungen steht der höchste Gerichtshof durchaus auf dem Boden der Lehre vom „materiellen" Klagrecht. Ich nehme zum Beispiel die Entscheidung des VI. C.S. vom 10. 3. 1887[5]. Hier handelt es sich um eine Forderungspfändung. Der Dritte widerspricht, da er der wahre Gläubiger sei. Nachdem das R.G. die Zulässigkeit der Klage auch in solchem Falle ausgesprochen hat, fährt es fort: „Aber

[1] Kunze, Das die Veräußerung hindernde Recht im Sinne des § 771 R.C.P.O., 1905 (Greifswalder Diss.), bes. S. 12.

[2] Worin allerdings die „Ermächtigung" liegen soll, wenn unter Verletzung der Vorschriften §§ 808, 809 eine der Widerspruchsklage unterliegende Zwangsvollstreckung vorgenommen wird, verrät uns Kunze nicht.

[3] Die Bereicherungsansprüche des deutschen bürgerlichen Rechts, 1903, S. 298 f.

[4] Hierauf weist auch Goldmann, Gruch. 50, S. 810 hin.

[5] In Seufferts Archiv 42, No. 187 und in der Jur. W. 1887, S. 113, No. 13.

durch den § 690 ist nicht etwa eine Klage von ganz besonderer Art mit prozeßrechtlicher Grundlage eingeführt, welche von den verschiedenen, durch das materielle Recht gegebenen Klagen völlig zu trennen wäre." Den Beweis erbringt das R.G. durch Berufung auf den Absatz 2 von § 690: „Die besondere Widerspruchsklage wäre doch immer nur gegen den Gläubiger denkbar; der Schuldner kann jedenfalls nur mit der sonstigen, durch das materielle Recht an die Hand gegebenen Klage belangt werden. Hieraus ergibt sich, daß, wenn man davon ausgeht, daß die Feststellungsklage des § 231 (ä. F.) zwischen zwei Forderungsprätendenten überhaupt Platz greife, dann gerade diese Klage auch als Widerspruchsklage nach § 690 verwandt werden kann, daß dann also die erhobene Klage sich ebensowohl als die Klage des § 690, wie als die des § 231, welche beide eben gar nicht in Gegensatz zu bringen sind, auffassen läßt." Man sieht: Für das Reichsgericht besteht gar kein Zweifel, daß selbst die Feststellungsklage „durch das materielle Recht an die Hand gegeben ist". Und wie die Feststellungsklage, so ist für das Reichsgericht auch die Widerspruchsklage als durch das materielle Recht gegeben anzusehen, da beide ausdrücklich miteinander identifiziert werden. Aber nur in diesem einen Falle erscheint die Widerspruchsklage als Feststellungsklage. In anderen Fällen bezeichnet das Reichsgericht die Klage als Eigentumsklage [1] oder als Anfechtungsklage [2]. Die Widerspruchsklage ist eben „von den verschiedenen [3], durch das materielle Recht an die Hand gegebenen Klagen" gar nicht zu trennen.

---

[1] Entsch. Bd. 54, S. 44 ff. II. C.S. 20. Febr. 1903: „Die Klage ist nur auf das ... Eigentum begründet und verfolgt darnach in der Form der Widerspruchsklage nach § 771 Z.P.O. aus dem Eigentum einen Anspruch auf Herausgabe nach § 985 B.G.B. oder auf Beseitigung einer Beeinträchtigung nach § 1004 B.G.B." — Vgl. auch die Entsch. des V.C.S. vom 4. Dezember 1889 in der J. W. 1890, S. 9 und das Urteil des II. Hilfssenats vom 10. Januar 1881, Entsch. Bd. 3 S. 189 ff.: die Widerspruchsklage sei „unzweifelhaft die Eigentumsklage".

[2] Vgl. z. B. Urteil des V.C.S. vom 3. November 1880 in Seufferts Archiv Bd. 36 No. 169. — Zahlreiche weitere Beispiele s. unten im zweiten Teil (§ 4).

[3] Das Reichsgericht erklärt die Widerspruchsklage also keines-

In diesem Sinne ist zwar durchaus die Mehrzahl der Reichsgerichtsentscheidungen über die Widerspruchsklage zu verstehen. Dennoch stehen einige Urteile auf einem anderen Boden: Hierher zählt Goldmann a. a. O. mit Recht schon die Entscheidungen, nach denen zur Begründung der Widerspruchsklage der Nachweis eines bloßen obligatorischen Verhältnisses genügt [1]. Denn die Klage gegen den Gläubiger, der hinsichtlich des Schuldverhältnisses Dritter ist, kann dann unmöglich als die „vom materiellen Recht an die Hand gegebene Klage" aufgefaßt werden. Noch deutlicher tritt dies hervor in dem Urteil des VII. C.S. vom 7. 11. 1905 [2]. Im Gegensatz zum Berufungsrichter, der davon ausgegangen war, daß der Kläger die Eigentumsklage auf Herausgabe angestrengt habe, betont das Reichsgericht, daß der Kläger die Widerspruchsklage nach § 771 Z.P.O. erhoben habe, bei der es sich um die Zulässigkeit der Zwangsvollstreckung handle. „Ihr Gegenstand ist Beseitigung der Pfändung; der Pfändungsgläubiger soll nicht sowohl die Sache als Besitzer dem Eigentümer zurückgeben, wie sein äußerlich bestehendes Pfandrecht . . . aufgeben; er soll die Sache freigeben und damit die Unwirksamkeit der Pfändung anerkennen." [3]

Während diese Entscheidung des Reichsgerichts noch eine

---

wegs grundsätzlich für eine Feststellungsklage, wie es bei Langheineken a. a. O. S. 153 Anm. 5 scheinen möchte.

[1] Z. B. III. C.S. 18. März 1887. Entscheidungen Bd. 18 S. 365 ff.

[2] Entsch. Bd. 61 S. 430 ff.

[3] Vgl. auch alle diejenigen Entscheidungen, bei denen das Reichsgericht sich dahin ausspricht, daß den Streitgegenstand nicht das Eigentum bilde, sondern das Pfandrecht; und daß die Wertberechnung daher nach § 6 Z.P.O. zu erfolgen habe:

II. C.S. 16. Septbr. 1890: J. W. 1890, S. 333, No. 7 (die Klage sei „keine Eigentumsklage, sondern eine solche, mit welcher Widerspruch gegen die Zwangsvollstreckung erhoben wird".)

II. C.S. 30. Januar 1891: J. W. 1891, S. 130 f.

IV. C.S. 3. Juli 1893: J. W. 1893, S. 381 f.

II. C.S. 80. Mai 1899: J. W. 1899, S. 423 f.

II. C.S. 30. Oktober 1883: Entsch. Bd. 10, S. 393 f.

(Weitere Entscheidungen zitiert der Beschluß des I. C.S. vom 25. Juni 1890, Entsch. Bd. 26, S. 412 ff.)

Pflicht des Pfandgläubigers zur Freigabe annimmt, und die Klage insofern als Leistungsklage erscheint, geht die Entscheidung des IV. C.-S. vom 21. 9. 1905 (J. W. 1905, S. 730, Nr. 26)[1] noch einen Schritt weiter: Hier wird nicht nur ausgeführt, daß das Wesen und das Ziel der Widerspruchsklage dahin gehe, daß die Zwangsvollstreckung für unzulässig erklärt werde, sondern auch, daß das Urteil dem obsiegenden Widerspruchskläger nicht ein Recht auf eine von dem beklagten Gläubiger zu erwirkende Leistung (Pfandentlassung) gewähre, „mag auch im einzelnen Fall ein Urteil in nicht zutreffender Weise dahin gefaßt sein, der Beklagte werde zur Freigabe verurteilt".

In demselben Sinne ist das Urteil des VII. C.S. vom 10. 1. 1908[2] zu verstehen: Der Antrag auf Verurteilung der Beklagten zur Einwilligung in die Auszahlung des hinterlegten Betrages (es handelt sich um eine Forderungspfändung) sei überflüssig neben dem Antrage, die Zwangsvollstreckung für unzulässig zu erklären. Denn die Klage erstrebe „nichts weiter als die Beseitigung der Pfändung[3]". Das Gericht unterscheidet scharf zwischen der Widerspruchsklage und der „lediglich materiellrechtlichen Klage" wegen Verletzung des Eigentums[4].

Von den Entscheidungen der übrigen Gerichte können im engen Rahmen dieser Arbeit natürlich nur einzelne wenige genannt werden.

Das L.G. Bückeburg erklärt in einem Beschlusse[5] die auf das Eigentum gestützte Widerspruchsklage für die rei vindicatio.

Nach einem Urteil[6] des O.L.G. Frankfurt a. M. regelt der § 690 Z.P.O. wesentlich nur die Gerichtszuständigkeit. . . . „Das Widerspruchsrecht selbst, welches in anerkannt nicht erschöpfendem Ausdruck als „ein die Veräußerung hinderndes

[1] Teilweise auch bei Soergel 1906, S. 598 und im „Recht" 1906, S. 61.

[2] Entsch. Bd. 67 S. 310 ff. (Auch J. W. 1908, S. 112 f., No. 12.)

[3] S. 313.

[4] S. 312.

[5] Vom 4. März 1899. Abgedruckt in ZZ. 26, S. 519 ff.

[6] Vom 29. März 1892. Abgedruckt in ZZ. 19, S. 301.

Recht" bezeichnet wird, ist nach sonstigen Rechtsnormen, zumeist denen des materiellen Rechts, zu beurteilen. In einem solchen Widerspruchsrechte müssen zwei Elemente unterschieden werden, einerseits die Frage, ob auf Seiten des Gläubigers die Zwangsvollstreckung überhaupt rechtsmäßig eingeleitet ist, . . . ferner aber, ob auf Seiten des Widersprechenden die Befugnis vorhanden ist, die etwaige Ungültigkeit der eingeleiteten Zwangsvollstreckung . . . zu rügen."

Das O.L.G. Stuttgart[1] steht auf dem Standpunkte, daß im Wege des § 690 eine „Feststellungsklage" angestrengt werde, „welche dahin zu richten ist, daß die Pfändung nicht zu Recht bestehe und die Sache daher frei zu geben sei". Ähnlich aufgefaßt erscheint die Widersprucksklage in einem Urteil des bayr. Obersten Landesgerichts vom 27. 5. 1882[2]: „Das Klagegesuch ist dahin zu richten, daß der betreffende Gegenstand nicht als Gegenstand der Exekution gegen den Schuldner zu behandeln, sondern von der Exekution auszunehmen sei."

In diesem Sinne wird auch das O.L.G. Hamburg zu verstehen sein, wenn es sagt[3]: „Die Entscheidung über die auf das Eigentum gestützte Interventionsklage, welche Entlassung der Sachen aus dem Pfandverbande forderte, schafft nicht res indicata in bezug auf das Eigentum des klagenden Dritten."

Eine ganz hervorragende Ausnahmestellung nimmt das Urteil des O.L.G. Stuttgart vom 16. 2. 1905 ein[4]: „Das . . . auf die die Widerspruchsklage . . . ergehende Urteil ist, wenn die Widerspruchsklage als prozeßrechtliche Klage angesehen wird, welche nur die Frage der Rechtmäßigkeit des konkreten Vollstrekungsaktes zur Entscheidung bringen will . . . . ein konstitutives, es wird für und gegen jedermann, insbesondere auch für und gegen den Schuldner, rechtskräftig festgestellt, ob die Vollstreckungsmaßregel gegenüber dem Widerspruchskläger rechtmäßig ist".

---

[1] Urteil vom 28. Juni 1888 (in Seufferts Archiv 45, No. 152).

[2] In Seufferts Archiv 38, No. 192.

[3] Urteil vom 8. Oktober 1902 bei Soergel 1903, S. 452, No. 1.

[4] Im „Recht" 1905, S. 198 und bei Soergel 1905, S. 511.

§ 2.

Das Wesen der Widerspruchsklage.

I. Die Grundbegriffe.

A. Die Natur des Klagrechts. Wir haben im vorigen Paragraphen versucht, die einzelnen Theorien über das Wesen der Widerspruchsklage im Zusammenhange mit der Anschauung zu verstehen, die der betreffende Verfasser vom Wesen des Klagrechts hatte. Wir müssen daher zu dieser letzten Frage Stellung nehmen, ehe wir dazu übergehen können, das Wesen der Widerspruchsklage zu behandeln. Es versteht sich von selbst, daß die Darlegung unseres Standpunktes zu der erwähnten Grundfrage ohne eine weitere Begründung erfolgen wird, und daß sie bloß geschieht, um den Ausgangspunkt festzulegen, von dem aus wir hoffen, vorwärts schreiten zu können.

Das Klagrecht ist eine Unterart des Rechtsschutzanspruchs und daher, wie dieser, ein publizistischer, gegen den Staat gerichteter Anspruch, durchaus verschieden von dem subjektiven Privatrecht und gerichtet auf ein bestimmtes, dem Klagberechtigten günstiges Urteil. Man kann daher das Klagrecht auch als Urteilsanspruch bezeichnen[1] [2].

B. Die Arten der Klage. Über den Einteilungsgrund, nach dem die Arten der Klagen zu bilden sind, besteht Streit. Wach[3] nimmt als Kriterium der Unterscheidung den Rechtsschutzgrund. Dagegen teilen Langheineken[4] und Hellwig[5] nach dem Inhalte der begehrten Entscheidung. Wir werden gleichfalls diesen Weg einschlagen, also einteilen nach dem Inhalte der dem Kläger günstigen Entscheidung.

---

[1] Wach, Handbuch I, S. 19 ff. Feststellungsanspr. S. 15 ff., S. 27 ff.; Hellwig, Anspruch u. Kl. S. 145 ff. Lehrb. Bd. 1, S. 146 f.; Langheineken, Urteilsanspruch S. 44 ff. — Die Frage, ob der Rechtsschutzanspruch sich auch gegen den Beklagten richte, braucht hier nicht berührt zu werden.

[2] Hellwig selbst (Lehrb. Bd. 1, S. 146 Anm. 10 a. E.) identifiziert sein „Klagrecht" mit dem „Urteilsanspruch Langheinekens".

[3] Feststellungsanspr. S. 36 ff.

[4] Urteilsanspr. S. 93 ff.

[5] Klagrecht und Klagmöglichkeit S. 39.

Für eine Einteilung der Klagen ist davon auszugehen, daß jedes Urteil, und nicht nur das sogenannte Feststellungsurteil, eine Feststellung enthält[1]. Außerdem aber bewirkt jedes dem Kläger günstige Urteil (und dies ist die begehrte Entscheidung, in deren Inhalt wir den Einteilungsgrund erblicken) eine Änderung des Rechtszustandes (im weitesten Sinne des Wortes): die Vernichtung des durch das Urteil befriedigten Urteilsanspruchs[2].

1. Diejenigen Klagen nun, bei denen der Inhalt der begehrten Entscheidung nicht über dies denkbare Minimum hinausgeht (Feststellung plus Befriedigung, d. h. Vernichtung des Urteilsanspruchs), diejenigen Klagen also, bei denen es sich in diesem Sinne einzig und allein handelt um „die autoritative richterliche Feststellung der Wirklichkeit oder Nichtwirklichkeit eines konkreten Rechtszustandes oder Rechtsvorganges, nicht mehr und nicht weniger“[3], — diese Klagen bezeichnen wir als Feststellungsklagen und die ihnen entsprechenden Urteile als Feststellungsurteile[4].

2. Außerhalb der Feststellungsklage pflegt man Leistungsklagen und Gestaltungsklagen zu unterscheiden[5]. Auch wir werden diese termini beibehalten. Aber wir werden[6] diese beiden Klagarten als Typen einer Klagart im Gegensatze zur

---

[1] Dies führen aus: für die sogenannten Leistungsklagen: Wach, Feststellungsanspr. S. 34; Hellwig, Anspr. u. Kl. S. 117 Anm. 6; für die Gestaltungsklagen: Hellwig eod. S. 479. Vgl. Gaupp-Stein vor § 253 II, 1.

[2] S. Langheineken, Urteilsanspruch S. 54.

[3] Langheineken, a. a. O. S. 101.

[4] Insofern diese Feststellungsurteile den Urteilsanspruch vernichten, enthalten selbst sie ein konstitutives Element. Dieses fällt vollständig fort bei denjenigen Urteilen, die die Klage als unbegründet abweisen: hier wird das Nichtvorhandensein des Urteilsanspruchs autoritativ festgestellt — weiter geschieht aber gar nichts (vgl. Hellwig, Lehrb. Bd. 1, S. 46). Durch diese absolute Beschränkung auf die bloße Feststellung unterscheidet sich also das abweisende Urteil vom günstigen. Aber nur das günstige ist das begehrte Urteil, nach dessen Inhalt wir die Klagen einteilen.

[5] Z. B. v. Schrutka, bei Grünhut 16, S. 616; Hellwig, Klagrecht und Klagmöglichkeit S. 39.

[6] Im Anschluß an Hellwig, Grenzen der Rückwirkung (1907) S. 22.

Feststellungsklage auffassen. Das für diese Klagart charakteristische — also der Leistungs- und Gestaltungsklage gemeinsame — Merkmel erblicken wir mit Hellwig darin, daß — abgesehen von der Befriedigung (Vernichtung) des Urteilsanspruchs — über die bloße Feststellung hinaus eine Änderung des Rechtszustandes (im weitesten Sinne des Wortes, so daß nicht nur privatrechtliche, sondern auch publizistische Rechtsverhältnisse hier zu berücksichtigen sind) angestrebt wird. Insofern könnte man diese Klagart als die Gestaltungsklage im weiteren Sinne bezeichnen.

a) Für die Gestaltungsklage im engeren Sinne bin ich einer weiteren Ausführung über die durch sie verfolgte Rechtsänderung enthoben[1]. Die Gestaltungsklagen im engeren Sinne zerfallen in die Klagen auf Änderung des materiellen Rechtszustandes und in die Klagen auf Änderung des prozeßrechtlichen Zustandes[2].

b) Daß auch mit der Leistungsklage ein konstitutives Urteil begehrt wird, hat schon Hellwig unter Entwicklung der entscheidenden Gedanken ausgeführt[3]. Ich könnte mich mit dieser Berufung auf Hellwig begnügen; für unsere Aufgabe erscheint mir dieser Gedanke aber so bedeutsam, daß wir des näheren auf ihn eingehen müssen. —

Daß die mit der Leistungsklage angestrebte Rechtsänderung die privatrechtlichen Beziehungen zwischen dem Kläger und Beklagten nicht betrifft, daß insofern das erbetene Urteil lediglich feststellende Bedeutung hat, möchte man als zweifelsfrei bezeichnen können[4]. Ebenso kann ich der Ansicht von Langheineken[5], der die „konstitutive" Natur des Leistungsurteils in einer durch den Urteilsbefehl geschaffenen öffentlichrechtlichen Verpflichtung des Beklagten erblickt, nicht beitreten. Denn einmal fehlt jeder Anhalt zu dieser Annahme im Gesetz, und dann würde man diese Verpflichtung des Beklagten gegen den Staat nur dann annehmen müssen, wenn

---

[1] Ich verweise nur auf Hellwig, Anspr. u. Kl. S. 443 ff.

[2] Vgl. Hellwig, Anspr. u. Kl. S. 443 ff., 485 ff.; Lehrb. Bd. 1, S. 393 ff., 396 ff.

[3] Hellwig, Lehrb. Bd. 1, S. 47; Grenzen der Rückwirkung S. 22.

[4] Vgl. Wach, Feststellungsanspr. S. 34.

[5] und anderen. S. Langheineken, Urteilsanspr. S. 203 ff.

auch der Staat auf die Erfüllung dieser Pflicht mit Zwangsmaßregeln hinwirken könnte. Daß dies nicht der Fall ist, bedarf keines Beweises.

Wohl aber liegt ein konstitutives Element insofern im Leistungsurteil, als es dem siegreichen Kläger den Vollstreckungsanspruch verleiht[1]. Dieser Anspruch ist „ein publizistischer, durch die Exekutivorgane des Staates nach Maßgabe der Prozeßordnung zu befriedigender Anspruch auf Anwendung der Zwangsgewalt“[2]. Er ist gerichtet auf eine Zwangsvollstreckung „im engeren Sinne“, die nach den Vorschriften der §§ 803 ff. zu erfolgen hat[3].

Durch die Erzeugung des Vollstreckungsanspruchs für den siegreichen Kläger wird dessen Rechtslage erheblich verändert: Ohne ihn stand er dem renitenten Schuldner mit gebundenen Händen gegenüber: Das Verbot der Selbsthilfe hielt ihn gefesselt. Als einziges Mittel hatte er das mit den Gefahren des Prozesses verknüpfte Klagrecht: jetzt steht ihm der ganze Organismus der Vollstreckungsbehörden, ja in letzter Linie, und dem Vorgehen der Gerichtsbeamten erst den gehörigen Nachdruck verleihend, die ganze Wucht des modernen Militärstaates (§ 758, 3 Z.P.O.) gegen den Schuldner zur Verfügung.

In dieser Änderung der Rechtslage des Klägers, dem an Stelle des durch das Urteil befriedigten und zum Untergang gebrachten Urteilsanspruchs (Klagrechts) der Vollstreckungsanspruch gegeben wird, erblicken wir die rechtsgestaltende Wirkung des Leistungsurteils[4].

---

[1] Vgl. Hellwig, a. a. O.; Wach, Handbuch I, S. 12; Vorträge S. 300.

[2] Wach, Vorträge a. a. O.

[3] Über die Vollstreckung im engeren und im weiteren Sinne vgl. Hellwig, Lehrb. Bd. 1, S. 54 f.; Gaupp-Stein vor § 704 sub III.

[4] Allerdings bestreitet Wach (Feststellungsanspr. S. 35 f. Anders Handbuch I, S. 12), daß die Verurteilung stets einen Vollstreckungstitel gäbe. Dagegen möchte ich hier nur erwähnen, daß in den meisten von den Fällen, die Wach zum Beweise des Gegenteils anführt (unter Bezugnahme auf sein Handbuch I, S. 12), nach unserer Auffassung gar keine Leistungs-, sondern eine Gestaltungsklage vorliegt. Im übrigen würde eine eingehende Polemik zu weit führen. Für unsere Arbeit ist es unmittelbar auch nur von Bedeutung, daß der Vollstreckungsanspruch, wenn auch vielleicht nicht immer, so doch, wenn durch ein Urteil, nur durch ein Leistungsurteil erzeugt

Das Ergebnis, zu dem wir gelangen, ist daher: Es gibt zwei Klagarten:

1. die Feststellungsklagen,
2. die Gestaltungsklagen im weiteren Sinne.

Diese letzteren umfassen die Gestaltungsklagen im engeren Sinne und die Leistungsklagen. Die in der Leistungsklage angestrebte Rechtsgestaltung ist die Erzeugung des Vollstreckungsanspruchs für den Kläger[1].

II. Das Wesen der Widerspruchsklage.

Wir versuchen zunächst, zu den Theorien über das Wesen der Widerspruchsklage (oben § 1) Stellung zu nehmen.

Wenn die Theorien gemeinhin in „materiellrechtliche" und „prozeßrechtliche" eingeteilt werden (oben § 1 am Anfang), so paßt dieser Gegensatz eigentlich nur auf die beiden sub I und II in § 1 besprochenen Theorien: die Anhänger der materiellrechtlichen Auffassung vom Wesen des Klagrechts erklärten die Widerspruchsklage für die gewöhnliche vom materiellen Recht an die Hand gegebene Klage, während ihre Gegner, die ein bald materiellrechtliches, bald prozeßrechtliches Klagrecht annehmen, die Widerspruchsklage unter die letztere Kategorie rechneten.

Aus der Doppelstellung, die diese „prozeßrechtliche" Gruppe zu der Frage nach dem Wesen des Klagrechts einnimmt, erklärt sich zum guten Teile, weshalb der Streit zwischen beiden Parteien tatsächlich nicht zu schlichten war: Denn nach der Auffassung jener Gruppe wird das materielle Privatrecht *nur* durch die vom *materiellen Recht* gegebenen Klagen geschützt. Die prozeßrechtlichen Klagen stehen so außer allem Zusammenhange mit dem materiellen Recht, daß dieses bei ihnen gar nicht in Betracht kommt. So kann *Thiele* auch von dem

---

wird (auch hierin a. M. *Wach*, Feststellungsanspr. S. 36. Für unsere Ansicht: *Hellwig*, Anspruch und Klagrecht S. 368 u. *Gaupp-Stein* vor § 704 sub III) und daß insofern das Dasein eines Vollstreckungsanspruchs mit Gewißheit darauf schließen läßt, daß das Urteil, dem er entsprang, ein *Leistungsurteil* ist.

[1] Daß diese anscheinend etwas weitläufigen Ausführungen nicht überflüssig waren, wird sich weiter unten ergeben.

Widerspruchskläger sagen[1]: „Der Kläger verfolgt nicht (nämlich sein Recht), er wehrt ab, er will nicht seinem Anspruch Geltung verschaffen.“

Wenn dennoch Bunsen und Thiele die Antwort auf die Frage, was ein die Veräußerung hinderndes Recht sei, aus dem materiellen Recht zu bestimmen suchten, so hatte ein Anhänger der „materiellrechtlichen“ Auffassung[2] leichtes Spiel, wenn er darauf hinwies, daß Bunsen damit materiell auf die zivilrechtlichen Schutzklagen zurückgreife, welche er doch für nicht anwendbar erklärt habe und daß Thiele für die erwähnte Frage nur auf das materielle Recht verweisen könne, mit welchem die Widerspruchsklage doch nichts gemein haben solle.

Alle diese Schwierigkeiten verschwinden, wenn man mit uns davon ausgeht, daß es überhaupt kein „materielles“ Klagrecht gibt, sondern daß jedes Klagrecht publizistischer Natur ist. Damit ist die allzu enge Verbindung der „materiellrechtlichen“ Klagen der Übergangstheorie mit dem subjektiven Privatrecht aufgehoben, und wir können erkennen, daß eine „prozeßrechtliche“ Klage ebensogut ein Rechtsschutzmittel für ein subjektives Privatrecht sein kann wie eine „materiellrechtliche“ Klage.

Aber in dem Streit um die „materiellrechtliche“ oder „prozeßrechtliche“ Natur der Widerspruchsklage verbarg sich noch ein anderer Gegensatz: Die „materiellrechtliche Klage ist, wie oben[3] ausgeführt, stets eine Leistungsklage; und wenn die gegnerische Theorie die Widerspruchsklage als einen „eigenartigen, vom Prozeß verliehenen Rechtsbehelf“ zu charakterisieren versuchte, so soll damit auch gesagt sein: die Widerspruckskläge ist keine Leistungsklage!

Insofern ist der Gegensatz zwischen der materiell- und prozeßrechtlichen Theorie nicht einfach abgetan mit der Annahme des konkreten publizistischen Klagrechts. Denn auch, wenn man diesen Standpunkt einnimmt, bleibt immer noch die Frage offen: Ist die Widerspruchsklage eine Feststellungs-, Leistungs- oder Gestaltungsklage?

---

[1] a. a. O. S. 69.

[2] Nessel II, S. 23 u. 26.

[3] S. 3 a. E.

Zu dieser Frage haben wir Stellung zu nehmen. In erster Linie gilt es zu prüfen: begnügt sich das Urteil lediglich mit einer Feststellung? — Wenn ja, so ist die Widerspruchsklage eine Feststellungsklage. Wenn nein, so muß die Frage beantwortet werden: worin besteht das über die Feststellung hinausgehende „Mehr“ des Urteils auf die Widerspruchsklage? Ist es die Erzeugung eines auf die Zwangsvollstreckung im engeren Sinne gerichteten Vollstreckungsanspruchs, so ist die Widerspruchsklage eine Leistungsklage. Ist es etwas anderes, so ist sie eine Gestaltungsklage.

Es gilt daher, festzustellen, was der Inhalt des auf die Widerspruchsklage ergehenden, dem Klagantrag entsprechenden Urteils ist. Hierüber geben Aufschluß die §§ 775 und 776 der Z.P.O.[1]. Soweit diese Paragraphen für unsere Frage in Betracht kommen, charakterisiert sich die von ihnen vorausgesetzte Rechtslage durch zweierlei:

1. Eine Zwangsvollstreckung ist im Gange (775, Nr. 1), ja es sind vielleicht schon Vollstreckungsmaßregeln erfolgt (776).

2. Es ist eine vollstreckbare Entscheidung ergangen, durch welche die Zwangsvollstreckung für unzulässig erklärt oder deren Einstellung angeordnet ist (775, Nr. 1).

Dann soll (wenn die eben genannte Entscheidung vorgelegt wird) die Zwangsvollstrekung eingestellt (775), und es sollen die bereits erfolgten Vollstrekungsmaßregeln aufgehoben werden (776).

Diese Bestimmung setzt mit Notwendigkeit voraus, daß, trotz Eintritts der Vollstreckbarkeit oder gar der Rechtskraft der erwähnten Entscheidung, dennoch die Zwangsvollstreckung ungestört hat weiter laufen können, und daß die bereits erfolgten Vollstreckungsmaßregeln in ihrem Dasein nicht berührt worden sind. Denn wozu hätte es sonst noch der Bestimmungen der §§ 775 und 776 bedurft? Wir müssen daher alle diejenigen Theorien ablehnen, nach denen das Urteil selbst die Aufhebung der Vollstreckungsmaßregeln herbeiführt, und die auf dieser

---

[1] Vgl. v. Schrutka S. 79, Thiele S. 69 f., Gaupp-Stein zu 771 Note I a. E. u. zu 775 Note II, 1 a. E., Weismann, Lehrb. S. 108, O.L.G. Hamburg am 7. Januar 1899 (Seufferts Archiv 54 No. 198).

Grundlage die Widerspruchsklage als eine „prozeßgestaltende" oder „Rechtsmittelklage" bezeichnet haben[1]. Wäre diese Auffassung zutreffend, so müßte man die Bestimmungen der §§ 775 und 776, soweit sie sich auf § 771 beziehen, für gegenstandslos erklären.

Nur für, nicht gegen unsere Ansicht spricht die dem Kläger gegebene Möglichkeit, „Anordnungen" des erkennenden Gerichts zu erwirken, durch welche die Einstellung der Zwangsvollstreckung und die Aufhebung der bereits erfolgten Vollstreckungsmaßregeln befohlen wird. Diese Anordnungen, die selbst dann, wenn sie in dem Urteil enthalten sind (771 mit 770), von dem eigentlichen Urteilsinhalt unterschieden werden müssen[2], beweisen vielmehr gerade durch ihr Dasein, daß das Urteil selbst die Aufhebung der Vollstreckungsmaßregeln nicht unmtttelbar bewirkt.

Daher ist auch Langheineken nur beizustimmen, wenn er die „unmittelbare" Wirksamkeit eines Urteils scharf scheidet von der „mittelbaren" Wirksamkeit: der Verwendbarkeit, Verwertbarkeit, wenn er ausführt, daß nur die unmittelbare Wirksamkeit den „begrifflich wesentlichen" Urteilsinhalt und damit den Charakter der Klage bestimmt, und wenn er bei unserer Frage die erwähnten Anordnungen als nicht „begrifflich wesentliche" Urteilsbestandteile charakterisiert. So ist auch für Langheineken die nach 691, 692 (775, 776) erwirkte Aufhebung der Vollstreckungsmaßregeln nur ein Resultat der Verwertbarkeit des Urteils, seiner mittelbaren, und nicht seiner unmittelbaren Wirksamkeit[3].

Aber übereilt scheint es mir zu sein, wenn Langheineken aus der Tatsache, daß das Urteil selbst die Vollstreckungsmaßregeln nicht aufhebt, schon schließt, daß das Urteil deshalb ein Feststellungsurteil sei. Als ein solches kann das Urteil nur dann erscheinen, wenn man beweist, daß das Urteil tatsächlich nur die „richterliche Feststellung der Wirklichkeit oder der Nichtwirklichkeit eines konkreten Rechtszustandes oder

---

[1] Also die Theorien von v. Schrutka, Stein (nach dessen früherer Auffassung), Kisch, Du Chesne und Balog: oben § 1 III.

[2] Hellwig, Anspr. u. Kl. S. 487.

[3] Vgl. Urteilsanspruch S. 102, 106 (sub d a. E.), 152 f., 155.

Rechtsvorganges, nicht mehr und nicht weniger,"[1] enthält. Dazu aber genügte es nicht, nachzuweisen, daß nur eine bestimmte von den Gegnern behauptete Rechtsänderung durch das Urteil nicht herbeigeführt wird, sondern es mußte bewiesen werden, daß überhaupt keine Veränderung in dem rechtlichen Zustande als Folge des Urteils genannt werden kann. Und diesen Beweis ist uns Langheineken schuldig geblieben[2].

So ist auch die Auffassung, die wir oben[3] als die von Hellwig und Kunze[4] vertretene hinstellten, nicht von vornherein durch die Ausführungen von Langheineken unmöglich gemacht. Wir haben daher noch zu ihr Stellung zu nehmen. Hellwig (wenn ich ihn recht verstehe) und Kunze gehen davon aus, daß die Zwangsvollstreckung vor der Rechtskraft des dem Dritten günstigen Urteils zulässig sei und erst mit Eintritt der Rechtskraft des Urteils unzulässig werde. Hellwig führt dies allerdings ex professo nur bei der Vollstreckungsgegenklage aus (und insoweit will ich die Frage gar nicht berühren), er will aber diesen Gedanken offenbar auch bei der Widerspruchsklage gelten lassen[5]. Da die Zwangsvollstreckung nach Eintritt der Rechtskraft des auf die Widerspruchsklage ergehenden Urteils zweifellos unzulässig ist, so haben wir die Frage zu beantworten: ist sie vorher zulässig? Können wir mit ja antworten, so müssen wir Hellwig Recht geben. Ich glaube aber, wir müssen die Frage verneinen. Und zwar aus folgenden Gründen:

Es fehlt allerdings an einem Rechtssatze, der ausdrücklich bestimmt: Die Zwangsvollstreckung ist in denjenigen Fällen, in denen die Widerspruchsklage eingreift, unzulässig.

---

[1] So die eigenen Worte Langheinekens (a. a. O. S. 101).

[2] Schmidt (der überhaupt die „Kategorie der »prozeßgestaltenden« oder »prozeßändernden« Klagen" ablehnt — Lehrb. S. 1030 f.) beweist den Satz, daß die Widerspruchsklage eine Feststellungsklage sei, damit, daß er beweist, daß die Widerspruchsklage keine Leistungsklage sei. Da wir außer der Feststellungs- und Leistungsklage die Gestaltungsklage kennen, so können wir uns auch dieser Beweisführung nicht anschließen.

[3] S. 22 ff.

[4] Und wohl auch von Oetker: oben S. 19.

[5] S. oben S. 23 Anm. 7.

Im Gegenteil, man könnte sich sogar[1] auf die §§ 808, 809 berufen und daraus den Satz ableiten: Jede Zwangsvollstreckung ist zulässig, die an Sachen im Gewahrsam des Schuldners, des Gläubigers oder eines zur Herausgabe bereiten Dritten vorgenommen wird: Darauf aber, ob im Einzelfalle ein Dritter die Widerspruchsklage erheben kann, kommt es hierbei gar nicht an. Es kann also eine der Widerspruchsklage unterliegende, und doch zulässige Pfändung stattfinden. Ist dieser Schluß zutreffend?

Daß eine solche Deduktion falsch ist, ergibt sich aus den §§ 737, 739, 743 und 748, 2 Z.P.O. Danach ist die Vollstreckung in bestimmte Vermögensmassen „zulässig", wenn der in den Paragraphen näher bezeichnete Doppeltitel vorliegt. 739, 743 und 748, 2 sagen sogar (und so wird man in 737 auch lesen können): „nur zulässig". Daraus folgt: wenn die Zwangsvollstreckung ohne den Duldungstitel (bezw. einen zweiten Leistungstitel: 743) erfolgt, so ist sie unzulässig von vornherein. Daß aber in solchen Fällen die Widerspruchsklage gegeben ist, darf wohl als herrschende Meinung bezeichnet werden[2].

Ebenso ist die Zwangsvollstreckung von vornherein unzulässig, wenn Grundstückszubehör gepfändet wird. § 865, 2 verba: „Diese Gegenstände können, soweit sie Zubehör sind, nicht gepfändet werden." Diese Unmöglichkeit ist aber nur eine rechtliche, keine tatsächliche. In Wirklichkeit hat sich oft die Pfändung von Grundstückszubehör vollzogen, und es ist dann mit Recht die Widerspruchsklage als zulässig erkannt worden[3]. Es liegt also auch hier eine Widerspruchsklage gegen eine von vornherein „unzulässige" Pfändung vor.

So hat sich ergeben, daß die Pfändung von Anfang an unzulässig ist in beispielsweise folgenden Fällen:

Wenn entgegen der Vorschrift des § 737 Gegenstände gepfändet werden, die im Eigentume des Nießbrauchbestellers —

---

[1] Ähnlich wie Kunze S. 12. S. oben S. 24.

[2] Näheres darüber unten im zweiten Teil. Ich zitiere an dieser Stelle nur Hellwig, Anspruch und Klagrecht S. 511: hier nimmt auch Hellwig offenbar von vornherein Unzulässigkeit der Zwangsvollstreckung an.

[1] Näheres darüber siehe im zweiten Teil.

des Schuldners — stehen, und wenn es nur an dem Duldungstitel gegen den Nießbraucher fehlt.

Wenn entgegen der Vorschrift des § 739 Gegenstände gepfändet werden, die im Eigentume der Frau — des Schuldners — stehen, und wenn es nur an dem Duldungstitel gegen den Ehemann fehlt.

Wenn entgegen der Vorschrift des § 748, 2 bestimmte Nachlaßgegenstände gepfändet werden, die im Eigentume des Erben — des Schuldners stehen, und wenn es nur an dem Duldungstitel gegen den Testamentsvollstrecker fehlt.

Und wenn entgegen der Vorschrift des § 865, 2, Satz 1 Gegenstände gepfändet werden, die gleichfalls im Eigentume des Schuldners stehen.

Und doch ist es möglich, und oft auch tatsächlich vorgekommen, daß eine solche „unzulässige" Pfändung nach den Vorschriften der §§ 808, 809 korrekt vorgenommen ist. Daß sie dadurch eine „zulässige" Pfändung geworden sei, wird niemand behaupten wollen. So ist eine nach den §§ 808, 809 ordnungsmäßig vorgenommene Zwangsvollstreckung deshalb nicht schon „zulässig".

Hierzu treten auch die Fälle der Widerspruchsklage in den §§ 772, 773 Z.P.O. Zwar behauptet Gaupp-Stein[1], die Pfändung sei hier zulässig. Zum Beweise dieser Ansicht soll der Wortlaut des Gesetzes dienen, das an den zitierten Stellen nur eine Veräußerung und Überweisung untersagt. Eine Pfändung aber sei nicht untersagt — also zulässig. Demgegenüber möchten wir hervorheben, daß eine Pfändung doch nur zum Zwecke und im Dienste der Zwangsveräußerung erfolgt und daß es unverständlich wäre, wenn die Pfändung erlaubt, die Veräußerung aber verboten sein sollte. Wir halten daher dafür, daß mit der Veräußerung auch alles das, was zu ihrer unmittelbaren Vorbereitung geschehen soll, in Sonderheit die Pfändung, unzulässig ist. Was soll denn der Gläubiger mit der zulässigen Pfändung anfangen, wenn nicht versteigert werden darf? Würde man ihm nicht wie einem Tantalus die Früchte der Pfändung vom Munde fortnehmen, in dem Augenblicke, in

[1] Zu § 772 sub I Abs. 2.

dem er sie genießen will? Darf man zu ihm sagen: Du kannst pfänden, aber nicht versteigern lassen?

Außerdem beruft sich aber Gaupp-Stein darauf, daß „das Bestehen und der Rang des Verbotes nicht vorher erhoben werden kann“. Es ist dabei, wie der beigefügte Hinweis auf die Bemerkung zu § 771 sub I andeutet, daran gedacht, daß die Prüfungspflicht des Gerichtsvollziehers nach den §§ 808 f. sich nur auf Äußerlichkeiten bezieht. Daß aber eine nach diesen Paragraphen korrekt vorgenommene Pfändung deshalb nicht zulässig ist, haben wir oben ausgeführt. Und wie verträgt sich überdies die Ansicht mit der Bestimmung des § 28 Z.V.G.?

Danach müssen wir auch in den §§ 772 und 773 die Pfändung für von vornherein unzulässig ansehen.

Wieviel mehr aber als in den eben genannten Fällen, in denen die „unzulässige“ Pfändung Gegenstände ergriff, die im Eigentum des Schuldners stehen, werden wir eine von vornherein „unzulässige“ Zwangsvollstreckung — auch bei Befolgung der §§ 808 und 809 — anzunehmen haben, wenn der Gegenstand der Zwangsvollstreckung gar nicht einmal im Eigentum des Schuldners steht! — und dies ist doch anerkanntermaßen der Hauptfall des § 771.

So kommen wir zu dem Schluß, daß das dem Dritten günstige Urteil, das die Zwangsvollstreckung für unzulässig erklärt, die Vollstreckung nicht erst unzulässig macht, sondern sich hinsichtlich der Unzulässigkeit der Zwangsvollstreckung lediglich auf die Feststellung beschränkt.

Wir müssen also auch diesen Versuch, die konstitutive Natur des Urteils zu beweisen, für mißlungen erachten.

Auch insofern bleibt die Rechtslage durch das Urteil unberührt, als nach wie vor, trotz eingetretener Rechtskraft, solange der Dritte nicht das Urteil nach 775, 776 „verwertet“ hat, eine Versteigerung der gepfändeten Sachen vorgenommen werden kann, und ein gutgläubiger Erwerb Dritter durchaus möglich ist. (cf. B.G.B. 1244, 935) Denn der gutgläubige Erwerb hängt hier, bei formrichtiger Versteigerung und gutem Glauben des Erwerbes nur noch von dem Vorhandensein der

Legitimation ab[1]. Diese ist hier, wie überall, etwas rein Äußerliches, sinnlich Wahrnehmbares, und an der äußeren, sinnlich wahrnehmbaren Welt bewirkt ein bloßes Urteil niemals eine Änderung.

Enthält aber das Urteil wirklich lediglich eine Feststellung? Auf den ersten Blick könnte es wohl so scheinen, zumal da das Gesetz in § 775, No. 1 selbst davon spricht, daß durch die Entscheidung „die Zwangsvollstreckung für unzulässig erklärt" werde. Trotzdem aber — und trotz aller anderen sonstigen Gründe — ist die Widerspruchsklage keine Feststellungsklage: Denn durch das dem Dritten günstige Urteil wird diesem eine Rechtsstellung verliehen, die sich fundamental von seiner bisherigen Rechtsstellung unterscheidet: Noch eben stand er der ihn verletzenden staatlichen Vollstreckungsgewalt ohnmächtig gegenüber, und wenn er widersprechen wollte, so war ihm als einziges Mittel die Klage gegeben. Er mußte das Risiko eines Prozesses auf sich nehmen, wenn er sein Hab und Gut wieder erlangen wollte. Jetzt aber — mit dem vollstreckbaren Urteile in der Hand — löst er spielend ein pflichtmäßiges Funktionieren der Vollstreckungsorgane aus, als dessen Resultat die Befreiung der widerrechtlich gepfändeten Gegenstände aus der Pfandhaft erscheint. Die eben noch ihm drohend und finster gegenüberstehenden Träger der Staatsgewalt beugen sich jetzt leicht und willig.

Diesen Wandel zu erklären gibt es nur einen Weg: Das dem Dritten günstige Urteil schafft dem Dritten ein Recht, das er vorher nicht besaß, und das ihm die Macht verleiht, die Vollstreckungsorgane nach seinem Wunsche arbeiten zu lassen.

Dieses dem Dritten verliehene Recht ist das über die bloße Feststellung hinausgehende „Mehr" des Urteilsinhalts. Seine Erzeugung für den Dritten gehört zu dem „begrifflich wesentlichen" Urteilsinhalt im Sinne Langheinekens. Denn die bloße Feststellung der Unzulässigkeit der Zwangsvollstreckung genügt dem Dritten nicht: Er will auch, daß etwas geschehe,

---

[1] Daß die Sache eine res habilis sei, ist hier nicht erforderlich: vgl. Sohm, Gegenstand S. 54 f.

daß die unzulässige Zwangsvollstreckung eingestellt, die bereits erfolgten Vollstreckungsmaßregeln beseitigt werden. Und um ihm dies zu ermöglichen, verleiht das Urteil ihm das Recht, den gewünschten Erfolg durch entsprechende Anweisung an die Vollstreckungsorgane selbst herbeizuführen. Die Erzeugung dieses Rechts des Dritten hindert uns aber, die Widerspruchsklage für eine Feststellungsklage anzusehen[1].

Ist sie nun eine Leistungs- oder eine Gestaltungsklage? Auf diese Frage wird uns die Natur des Rechts die Antwort geben (vgl. oben S. 35). Und die Natur des Rechts erkennen wir aus seinem Inhalt. Das Recht ist gerichtet auf Aufhebung der Vollstreckungsmaßregeln, also auf eine „Vollstreckung im weiteren Sinne“[2]. Ein solches Recht kann aber nur als ein publizistischer, gegen den Staat gerichteter Anspruch gedacht werden. Da dieser Anspruch zum Schutze der Rechte des Dritten gegen eine widerrechtliche Zwangsvollstreckung verliehen ist, so ist er eine Art des Rechtsschutzanspruchs, und da dieser Rechtsschutzanspruch auf eine Vollstreckung im weiteren Sinne gerichtet ist (denn die Vollstreckung erfolgt nicht nach §§ 803 ff., sondern nach den §§ 775, 776), so ergibt sich, daß er kein „Vollstreckungsanspruch“ in dem Sinne ist, in dem ihn die Literatur bisher kennt (und in dem wir ihn bis hierher gebraucht haben), daß also die Widerspruchsklage keine Leistungsklage ist[3].

---

[1] Mit uns erklären sich gegen die Auffassung der Widerspruchsklage als einer Feststellungsklage: Wach, Feststellungsanspr. S. 21 f.; Thiele S. 78 f., v. Schrutka S. 74 und wenn auch nicht immer expressis verbis, die übrigen Vertreter der Lehre von der rechtsgestaltenden Natur der Widerspruchsklage (s. oben).

[2] Vgl. oben S. 32 und die dort Zitierten, bes. Hellwig, Lehrb. 1. Bd., S. 55 bei Anm. 69 und Gaupp-Stein zu § 771 Note I a. E.

[3] Daß die Widerspruchsklage keine Leistungsklage ist, dürfte heute wohl allgemein anerkannt sein (vgl. Thiele S. 66 ff., bes. S. 70). Man müßte sie dann, wenn sie auf das Eigentum des Dritten gestützt wird, als eine der Klagen auffassen, durch die die Ansprüche B.G.B. §§ 985—1007 geltend gemacht werden. Zu welch unannehmbaren Ergebnissen diese Auffassung führen müßte, hat Goldmann bei Gruchot 50 S. 812 ff. überzeugend ausgeführt. Du Chesne (Sächs. Archiv 13 S. 616 ff.) verteidigt

So kommen wir zu dem notwendigen Schluß (da die Widerspruchsklage weder eine Feststellungs- noch eine Leistungsklage ist):

Die Widerspruchsklage ist eine Gestaltungsklage, und zwar, da eine Änderung des materiellrechtlichen Zustandes in der Erzeugung eines Rechtsschutzanspruchs nicht zu erblicknn ist, eine Gestaltungsklage, die auf die Änderung des prozeßrechtlichen Zustandes gerichtet ist. Die Änderung des prozeßrechtlichen Zustandes erblicken wir in der Erzeugung des auf eine Vollstreckung im weiteren Sinne gerichteten Rechtsschutzanspruchs. Wir werden ihn als einen „Vollstreckungsanspruch im weiteren Sinne" bezeichnen im Gegensatz zu dem bisher bekannten „Vollstreckungsanspruch im engeren Sinne".

Man könnte gegen die Konstruktion dieses „Vollstreckungsanspruchs im weiteren Sinne" einwenden, daß das Vollstreckungsorgan doch nur pflichtmäßig handle, wenn es bei Vorlegung einer der in § 775 genannten Entscheidungen die Vollstreckung aufhebe[1], und daß das Vollstreckungsorgan damit nur eine Pflicht gegen den Staat, seine Dienstpflicht in diesem Einzelfalle erfülle[2], und nicht eine Verpflichtung gegen den Dritten. Das ist auch unbestreitbar. Aber der Rechtsschutzanspruch richtet sich gegen den Staat und nicht gegen die Organe des Staates. Der Gerichtsvollzieher erfüllt bei Aufhebung der Pfändung gerade so eine ihm obliegende Pflicht gegen den Staat, wie es der Richter tut, wenn er Recht spricht. Aber

---

mit Erfolg den Gedanken, daß ein privatrechtlicher Anspruch des Dritten gegen den pfändenden Gläubiger auf Freigabe nicht anzunehmen sei und daß deshalb die Klage keine Leistungsklage sei. — Schließlich muß man von dem abgelehnten Standpunkte aus die Freigabeerklärung des Gläubigers als mit dem Eintritt der Rechtskraft abgegeben ansehen (894). Daß dieses aber den Bestimmungen der §§ 775 u. 776 zuwiderlaufen würde, führen v. Schrutka S. 79 und das O.L.G. Hamburg (am 7. Jan. 1899: Seuff. Arch. 54, No. 198) treffend aus. Das O.L.G. Hamburg weist überdies auf die großen Schwierigkeiten hin, die bei vorläufiger Vollstreckbarkeit des Urteils sich vom gegnerischen Standpunkt aus ergeben müßten. — Vgl. auch Oetker, Konkursrechtliche Grundbegriffe S. 581.

[1] Auf diesem Standpunkte steht Thiele S. 63 ff.

[2] S. z. B. Schmidt, Lehrb. S. 1031.

diese Pflicht besteht, vom Standpunkte des rechtsschutzsuchenden Klägers, nur im Innenverhältnis, zwischen Staat und Organ. Für den Kläger ist das Pflichtverhältnis zwischen Staat und Organ gänzlich nebensächlieh, ja für ihn erscheint der Staat selbst im Organ, und gegen diesen, den im Organ erscheinenden Staat, richtet sich sein Rechtsschutzanspruch[1].

Von diesem Standpunkte aus versuchen wir es, den Widerspruchsprozeß in seiner rechtlichen Eigentümlichkeit zu erfassen. Die Widerspruchsklage, die ihn eröffnet, ist, wie wir gesehen haben, eine Gestaltungsklage im engeren Sinne. Sie ist gerichtet auf die Erzeugung des Vollstreckungsanspruchs im weiteren Sinne, also auf eine Änderung des prozeßrechtlichen Zustandes.

Als den „Gegenstand der Aburteilung“ bei solchen Prozessen bezeichnet Hellwig[2] das „prozessuale Widerspruchsrecht“[3]. Wir nehmen dieses Wort gern an und versuchen nur noch, sein Wesen zu bestimmen. Hierzu müssen wir etwas weiter ausholen.

Hellwig unterscheidet bei den Klagen auf Änderung des materiellrechtlichen Zustandes scharf zwischen dem „materiellen“[4] oder „privaten“[5] Recht auf Rechtsänderung und dem (prozessualen) Klagrecht. Wie weit die Aufstellung des „materiellen“ Rechts auf Rechtsänderung begründet ist, bedarf an dieser Stelle keiner Erörterung. Jedenfalls aber müssen wir für die Klagen auf Änderung des prozeßrechtlichen (also eines publizistischen) Zustandes jede Konstruktion eines solchen doppelten Rechts auf Rechtsänderung ablehnen[6]. Wir werden

---

[1] Es läßt sich daher für und gegen den „Vollstreckungsanspruch im weiteren Sinne“ nur dasselbe sagen, wie für und gegen den Rechtsschutzanspruch überhaupt.

[2] Lehrb. 1. Bd. S. 396.

[3] Hellwig verweist hier mit Recht auf B.G.B. 1407 No. 4 (Anm. 2 a. a. O.) (Vgl. auch Voss bei Gruchot 25, S. 395, Thiele S. 70 f. und Goldmann S. 824 ff.: mit der Klage werde der Widerspruch gegen die Zwangsvollstrekung geltend gemacht. Ähnlich Planck, 2. Bd., S. 707 bei Anm. 1. R.G. in J. W. 1890, S. 333, No. 7.)

[4] Anspr. u. Kl. S. 460.

[5] Lehrb. 1. Bd., S. 393.

[6] Eine Konstruktion dieser Art bringt auch Hellwig nicht.

daher, wenn wir mit Hellwig[1] das Widerspruchsrecht definieren als „das vom Prozeßrecht verliehene Recht auf Erlaß einer aufhebenden oder ändernden Entscheidung", und wenn die „ändernde Entscheidung" das den Vollstreckungsanspruch im weiteren Sinne erzeugende Urteil ist, erkennen, daß das Widerspruchsrecht in diesen Fällen weiter nichts ist als der Urteilsanspruch, das Klagrecht.

Denn wenn man einmal davon ausgeht, daß das Klagrecht (der Urteilsanspruch) publizistischer Natur und auf eine bestimmte Entscheidung gerichtet ist, so fällt der Begriff des Widerspruchsrechts in den Fällen, in denen es klagweise geltend zu machen ist, vollständig mit dem des Klagrechts (Urteilsanspruchs) zusammen: Beide sind publizistisch, prozessual[2], beide entstehen gleichzeitig[3] und vergehen gleichzeitig[4] und beide haben den gleichen Inhalt: sie geben dem Berechtigten den Anspruch auf ein Urteil bestimmten Inhalts. Einen anderen Inhalt würde man, auch wenn man das Widerspruchsrecht vom Urteilsanspruch trennen wollte, für das Widerspruchsrecht nicht finden können. Deshalb betonen wir nochmals: das im Wege der Klage geltend zu machende Widerspruchsrecht ist ein Fall des Klagrechts, des Urteilsanspruchs[5].

Dieses Klagrecht, das Widerspruchsrecht, entsteht im Augenblicke der durch die Zwangsvollstreckung vorgenommenen Rechtsverletzung. Es ist das einzige Mittel, das dem Dritten von der Rechtsordnung dagegen gewährt ist. Das günstige Urteil befriedigt und vernichtet dieses Klagrecht (das Widerspruchsrecht): wie jedes günstige Urteil den geltend gemachten Urteilsanspruch vernichtet, und schafft dafür dem siegreichen Dritten als Ersatz für sein untergegangenes

---

[1] Anspr. u. Kl. S. 486.

[2] Hellwig, Lehrb. 1. Bd., S. 396 a. E.

[3] Vgl. (für die Klagen auf Änderung des materiellen Rechtszustandes) Hellwig, Lehrb. 1. Bd. S. 395.

[4] Vgl. Hellwig, a. a. O. S. 237 u. Langheineken, Urteilsanspruch S. 54.

[5] Von diesem Standpunkte aus könnte man auch B.G.B. 1407 No. 4 zum Beweise der Behauptung heranziehen, daß unser Gesetz den Begriff des Rechtsschutzanspruchs kennt.

Widerspruchsrecht den Vollstreckungsanspruch im weiteren Sinne: Gerade so, wie das Leistungsurteil, indem es den Urteilsanspruch vernichtet, den Vollstreckungsanspruch im engeren Sinne erzeugt.

III. Gegensätze.

Noch deutlicher wird die Widerspruchsklage in ihrer Eigenart gesehen werden können, wenn wir sie mit anderen von der Rechtsordnung verliehenen Rechtsbehelfen vergleichen, die einen ähnlichen Zweck verfolgen[1].

1. Die Vollstreckungsgegenklage (Z.P.O. §§ 767, 768). Ein nur äußerlicher Unterschied liegt in der Person des Klagberechtigten: hier ist es der Schuldner, bei der Widerspruchsklage des § 771 ein Dritter. Das Wesen der Klage wird hierdurch aber nicht berührt[2]: Der Unterschied im Wesen liegt im Inhalt der begehrten Entscheidung. Dieser ist in beiden Fällen sehr ähnlich: Auch die Vollstreckungsgegenklage ist eine Gestaltungsklage, gerichtet auf Änderung des prozeßrechtlichen Zustandes. Auch hier ist das Klagrecht ein „Widerspruchsrecht".

Auch hier ist die Klage gerichtet auf Erzeugung des Vollstreckungsanspruchs im weiteren Sinne (denn auch hier greifen die Vorschriften der §§ 775, 776 Platz. — Es gilt hier dasselbe, was oben bei der Widerspruchsklage über diesen Punkt gesagt ist). Aber darüber hinaus (und darin liegt der Wesensunterschied zur Widerspruchsklage) erstrebt die Vollstreckungsgegenklage stets noch eine Rechtsänderung: Die Aufhebung des für den Gläubiger durch das ihm günstige Urteil erzeugten Vollstreckungsanspruchs (767) oder die Aufhebung der Vollstreckungsklausel (768)[3]. Im letzteren Falle wird die Aufhebung oder eine Entscheidung über das Vorhandensein des Vollstreckungsanspruchs garnicht begehrt. Es wird nur der „bei

---

[1] Das Wesen dieser einzelnen Institute kann natürlich nicht erschöpfend behandelt werden.

[2] Ebensowenig, wie durch die verschiedene Gerichtsstandsvorschrift.

[3] Vgl. Hellwig, Lehrb. 1. Bd., S. 397, Anspruch u. Klagrecht S. 492; Gaupp-Stein zu § 767 sub I; a. M.: Langheineken, Urteilsanspr. S. 179 ff.

der Erteilung der Vollstreckungsklausel als bewiesen angenommene Eintritt der Voraussetzung für die Erteilung der Vollstreckungsklausel" bestritten (768). Dem Gläubiger bleibt es unbenommen, mit Berufung auf den späteren Eintritt dieser Voraussetzung oder auf den Eintritt einer anderen Voraussetzung die Erteilung der Klausel abermals zu verlangen[1]: denn sein Vollstreckungsanspruch — wenn er ihn hatte — wird durch die Klage des § 768 nicht berührt. Insofern ist die Klage des § 768 mit der Widerspruchsklage vergleichbar: Denn auch die Widerspruchsklage berührt den Vollstreckungstitel und den aus ihm entspringenden Vollstreckungsanspruch nicht. Aber auch von der Klage des § 768 unterscheidet sich die Widerspruchsklage: Mag nun eine besondere Voraussetzung für die Erteilung der Vollstreckungsklausel eingetreten sein oder nicht: Über diesen Punkt begehrt der Widerspruchskläger gar keine Entscheidung: Er will in allen Fällen nur die Feststellung der Unzulässigkeit der Zwangsvollstreckung, ohne Berührung des Vollstreckungsanspruchs und ohne die Frage nach der Zulässigkeit der Erteilung der Vollstreckungsklausel aufzuwerfen, — aber: er will die Feststellung der Unzulässigkeit der Zwangsvollstreckung, damit ihm das Urteil in dem bezeichneten „Vollstreckungsanspruch im weiteren Sinne" eine Waffe gegen die unzulässige Zwangsvollstreckung gäbe.

2. Die Klage auf vorzugsweise Befriedigung (§ 805 Z.P.O.). Diese Klage ist ihrem Wesen nach von der Widerspruchsklage mehr verschieden als die Vollstreckungsgegenklage. Denn schon das in ihr geltend gemachte Klagrecht ist kein Widerspruchsrecht, wie der Wortlaut von 805 ergibt. So hat auch der Dritte auf den Fortgang der Vollstreckung gar keinen Einfluß. Diese wird vielmehr regelrecht zu Ende geführt. Aber: Kraft des Urteils kann der Dritte von dem Vollstreckungsorgan verlangen, daß von dem Reinerlös er vorweg befriedigt werde, daß also das Vollstreckungsorgan eine „Vollstreckung im weiteren Sinne"[2] vornehme: So wird auch durch dies Urteil dem Kläger ein „Vollstreckungsanspruch im

---

[1] Vgl. Hellwig, Anspruch und Klagrecht S. 494.

[2] Gaupp-Stein, 6. u. 7. Aufl., zu § 805 sub II.

weiteren Sinne" verliehen. Die Klage ist also, wie die Widerspruchsklage, eine Gestaltungsklage, gerichtet auf die Änderung des prozeßrechtlichen Zustandes; und diese Änderung liegt in der Erzeugung des Vollstreckungsanspruchs im weiteren Sinne[1]. Aber: und hierin liegt der Unterschied von der Widerspruchsklage, der Inhalt dieses Vollstreckungsanspruchs ist ein ganz anderer als bei der Widerspruchsklage, denn es wird eine ganz andere Art von „Vollstreckung" gefordert: hier die vorzugsweise Befriedigung aus dem Erlöse, dort die Aufhebung der Vollstreckungsmaßregeln. Wir gelangen daher zu dem Ergebnis: Auch der Vollstreckungsanspruch im weiteren Sinne ist nicht stets gleichen Inhalts: Je nach der Art der mit der Klage bezweckten Vollstreckung im weiteren Sinne sind verschiedene Arten von „Vollstreckungsansprüchen im weiteren Sinne" zu unterscheiden: Die eine Art derselben erzeugen die auf die Widerspruchs- und Vollstreckungsgegenklage ergehenden günstigen Urteile; eine andere Art das Urteil nach § 805 Z.P.O.

3. Gar keine Klage, ja nicht einmal eine Beschwerde[2], und deshalb fundamental verschieden von der Widerspruchsklage, sind die „Anträge, Einwendungen und Erinnerungen" des § 766, die auch dem Dritten zustehen[3].

Mit ihnen werden Mängel in der „Art und Weise der Zwangsvollstreckung" oder in dem „bei derselben vom Gerichtsvollzieher beobachtenden Verfahren" geltend gemacht. Im Gegensatz dazu ist es für die Erhebung der Widerspruchsklage gleichgültig, ob diese äußerlichen Formmängel vorliegen oder nicht.

4. Während die Widerspruchsklage ein Klagrecht ganz bestimmmnter Art, nämlich das Widerspruchsrecht, geltend macht, ist dies bei der Hauptintervention (§ 64 f. Z.P.O.)

---

[1] Vgl. dagegen die durchaus abweichenden Ausführungen bei Langheineken, Urteilsanspruch S. 152, der die Klage für eine Feststellungsklage erklärt (wie auch Gaupp-Stein, a. a. O., trotz der Möglichkeit der „Vollstreckung im weiteren Sinne").

[2] Hellwig, Lehrb. 1. Bd. S. 397 (Weismann, Lehrbuch 2. Bd., S. 87 „Vollstreckungsbeschwerde").

[3] So mit Recht jetzt die herrschende Lehre. Vgl. Gaupp-Stein zu § 766 sub I 3.

gerade nicht der Fall. Die Hauptintervention bedeutet überhaupt gar keine besondere Art der Klage. Es wird damit gar kein Klagrecht besonderen Inhalts geltend gemacht. Dies ergibt sich aus dem Inhalt der erbetenen Entscheidung[1]: Diese soll dem Erstkläger gegenüber eine Feststellung, dem Erstbeklagten gegenüber gleichfalls eine Feststellung oder eine Verurteilung enthalten. So ist die Hauptintervention dem Erstkläger gegenüber stets Feststellungs-, dem Erstbeklagten gegenüber Feststellungs- oder Leistungsklage. Also liegt das Eigentümliche bei der Hauptintervention gar nicht in dem Wesen der geltend gemachten Klagrechte, sondern in der Form, in der deren Geltendmachung erfolgt[2], und in der Beschränkung ihrer Zulässigkeit auf ganz bestimmte äußere Umstände. Das Hauptinterventionsrecht ist also nur das Recht zu besonders gearteter Ausübung zweier (dadurch in ihrem Wesen gar nicht beeinflußter) Klagerechte[3].

5. Das oft und gern für die Erläuterung der Widerspruchsklage angezogene konkursrechtliche Gegenstück derselben, die Aussonderungsklage (43 ff. K.O.), ist doch dem Wesen nach grundverschieden von der Widerspruchsklage: Sie bestimmt sich, wie das Gesetz ausdrücklich sagt, nach den außerhalb des Konkursverfahrens geltenden Gesetzen: Der Konkurs ist daher für den Aussonderungsberechtigten gar nicht vorhanden. Also klagt dieser gegen den Konkursverwalter auch nur als gegen einen Vertreter des Gemeinschuldners[4] und macht die Ansprüche, die ihm gegen diesen zustehen, geltend, ohne daß die Form der Geltendmachung durch den Konkurs beeinträchtigt wird. Daher ist die Aussonderungsklage Leistungsklage[5]: Sie

[1] Vgl. Langheineken, Urteilsanspruch S. 152.

[2] Langheineken, a. a. O. bezeichnet sie als Doppelklage.

[3] Gegen die Auffassung, die Widerspruchsklage sei eine Abart der Hauptintervention, wendet sich ebenfalls Thiele S. 83. Dort zitiert Thiele auch die Vertreter der bekämpften Auffassung.

[4] Jaeger, K.O. zu § 43 Anm. 5.

[5] Wenigstens in weitaus den meisten Fällen: Vgl. Jaeger, K.O. zu § 43 Anm. 34; Wilmowski-Kurlbaum zu § 43 Anm. 7 a. E. — Jedenfalls ist die Aussonderungsklage nie Gestaltungsklage i. e. S., und stets Leistungsklage bei der Erhebung persönlicher Ansprüche auf Herausgabe. Und für diesen Fall wird ihre Analogie mit der Widerspruchsklage wichtig

ist je nach dem rei vindicatio, actio locati, depositi, mandati usw. Nie aber ist sie eine Gestaltungsklage im engeren Sinne auf Änderung des prozeßrechtlichen Zustandes. Darin liegt ihr Unterschied von der Widerspruchsklage.

Schlußbemerkung. So verdanken wir der Betrachtung des Gegensatzes, in dem verwandte Erscheinungen zur Widerspruchsklage stehen, noch eine Vertiefung in der Erkenntnis ihres Wesens: Wir sehen jetzt[1], daß der durch das Urteil erzeugte Vollstreckungsanspruch im weiteren Sinne nur eine Unterart des Vollstreckungsanspruchs im weiteren Sinne überhaupt ist. Wenn wir einen Namen für diese Unterart suchen, so schlage ich vor, ihn als Befreiungsanspruch zu bezeichnen, da er auf Befreiung der von der unzulässigen Zwangsvollstreckung ergriffenen Gegenstände gerichtet ist[2]. —

Wir streifen endlich noch eine Einzelfrage: Passiv legitimiert ist naturgemäß in erster Linie des Gläubiger[3].

Aber auch der Schuldner ist für die Widerspruchsklage passiv legitimiert. Dies ergibt sich aus § 771, Abs. 2. Nach der herrschenden Lehre ist die Klage gegen den Schuldner zwar als Leistungs- oder Feststellungsklage (bezw. als „die Klage aus dem privatrechtlichen Verhältnisse") zu denken[4]. Nur Thiele erklärt die Klage gegen den Schuldner für wesensgleich mit der gegen den Gläubiger[5]. Wir tragen kein Bedenken,

---

(s. unten im zweiten Teil § 4 IV A 2 b). — Vgl. auch R.G. V. C.S. 7. März 1894 (J. W. 1894 S. 181 f. No. 11): „der Anspruch auf Herausgabe eines Gegenstandes wird nicht dadurch ein anderer, daß er als Aussonderungsanspruch gegen eine Konkursmasse gerichtet ist".

[1] An dem Gegensatz zu der Klage auf vorzugsweise Befriedigung: oben sub 2.

[2] Daß dieser Befreiungsanspruch (ebenso wie der Vollstreckungsanspruch i. e. S.: § 794) nicht nur aus einem Urteil, sondern auch aus anderer Quelle entspringen kann, ergibt sich aus den §§ 775 und 776.

[3] Voss, Arch. f. ziv. Praxis 76 S. 304; Planck, Lehrb. 2. Bd. S. 709; Thiele S. 110.

[4] v. Schrutka S. 165; Voss, Gruch. 23 S. 261; Weismann, Hauptintervention S. 101; Hellwig, Anspr. u. Kl. S. 513; Gaupp-Stein zu § 771 sub IV; Petersen-Anger-Remelé zu § 771 sub 9; Struckmann-Koch zu § 771 sub 5; das Reichsgericht in dem Urteile des VI. C.S. vom 10. März 1887 (J. W. 1887 S. 113).

[5] Thiele S. 111 ff.

uns der Ansicht von Thiele anzuschließen. Denn es ist sehr gut möglich und wird in den meisten Fällen sich so verhalten, daß der Widerspruchskläger mit der Leistungsklage gegen den Schuldner gar nicht durchdringt: so z. B., wenn dem Schuldner eine Einrede aus einem obligatorischen Verhältnisse zusteht. Auch wird das für die Feststellungsklage erforderliche Interesse „an der alsbaldigen Feststellung" dem Schuldner gegenüber sich nicht unter allen Umständen leicht nachweisen lassen.

Stellt man sich dagegen mit uns auf den Standpunkt, daß die Widerspruchsklage gar keine Leistungsklage ist, daß mit ihr gar kein persönlicher Anspruch gegen den Gläubiger geltend gemacht wird (also gar kein Anspruch, dessen Geltendmachung gegen den Schuldner undenkbar wäre), so erkennen wir den Grund für die Passivlegitimation des Gläubigers in dessen Interesse an der Aufrechterhaltung der bekämpften Vollstreckung. Daß dieses Interesse aber auch beim Schuldner vorhanden ist, der bei Aufrechterhaltung der Vollstreckung befreit wird, ohne daß er ein Vermögensstück einbüßt, diesen Gedanken hat Thiele a. a. O. überzeugend ausgeführt. — So erscheint auch der Abs. 2 des § 771 gar nicht als eine Ausnahmebestimmung im Verhältnis zu den §§ 59, 60 Z.P.O., wie dies die Gegner annehmen müssen[1].

[1] Bei denen ich übrigens einen Grund für ihre Auffassung, daß die Klage gegen den Schuldner die Klage „aus dem privatrechtlichen Verhältnis" sei, nicht habe finden können.

Zweiter Teil.

Die Voraussetzungen der Widerspruchsklage.

§ 3.

Überblick.

Wenn man fragt, worauf sich die Widerspruchsklage gründe, so antwortet Theorie und Praxis in fast völliger Harmonie: Nur auf ein die Veräußerung hinderndes Recht! So sagt ja das Gesetz selbst in § 771. — Nur schade, daß die Einhelligkeit sich nicht auch auf den Sinn dieser Worte erstreckt. Schon Viele sind ausgezogen, die Burg dieser Worte zu stürmen, doch die Mauern hielten Stand. Manche, die vom Angriff zurückkehrten, sagten: „Es ist nichts dahinter! Es hat keinen Sinn, sich darum zu mühen!" Und sie schalten die „plumpe Wendung"[1], die „unklare Ausdrucksweise"[2] des Gesetzes, oder meinten gar, daß das Gesetz selbst „sich mindestens im Zustande der Unklarheit befindet"[3].

Und doch hat jeder, der sich überhaupt um den Sinn dieser Worte bemühte[4], eine Antwort auf die Frage.

1. Die meisten Schriftsteller behaupten, der Sinn der Worte sei: ein die Zwangsvollstreckung, bzw. die exekutionsweise Veräußerung hinderndes Recht[5].

---

[1] v. Schrutka S. 83.

[2] Gütermann S. 80.

[3] Schmidt in ZZ. 17, S. 409.

[4] Kühne berührt die Frage gar nicht, Westerburg streift sie nur oberflächlich: Die Frage ist auch für den Anhänger der materiellrechtlichen Auffassung vom Klagrecht eigentlich gar nicht vorhanden. Denn er braucht sich nur zu fragen: Liegen, wenn die Zwangsvollstreckung das Eigentum verletzt, die Voraussetzungen der rei vindicatio (bzw. actio negatoria), wenn sie den Besitz verletzt, die Voraussetzungen des Interdiktenschutzes vor?

[5] So oder mit ähnlichen Worten: Voß, Ziv.Arch. 71 S. 286; Kahn S. 413 f.; Rocholl ZZ. 8 S. 415; Frommhold S. 246; Weismann, Hauptintervention S. 101; Gütermann S. 94; Kunze S. 14; Langheineken S. 153; Seuffert zu § 771 sub 2; Petersen-Anger-Remelé zu

Wer so liest, darf aber in den Worten des Gesetzes keine Bestimmung erblicken, durch die eine bestimmte Kategorie von Rechten abgegrenzt werden sollte. Denn dann würde, wie schon Kahn (S. 414), und später v. Schrutka (S. 37 und S. 86) und Thiele (S. 87) hervorgehoben haben, der § 771 einen circulus vitiosus, ein idem per idem enthalten: „derjenige kann der Zwangsveräußerung widersprechen, welcher berechtigt ist, die Zwangsveräußerung zu hindern“ [1]. Und so mußte ein konsequenter Verfechter der erwähnten Auslegung dahin gelangen, in dem § 771 vor allem eine Gerichtsstandsvorschrift zu erblicken [2].

Damit war aber noch nicht gesagt, welche Rechte die Widerspruchsklage begründen. Zuerst hat Nessel [3] den Gedanken ausgesprochen, „daß ein Dritter ein Pfändungspfandrecht nur soweit mit der Interventionsklage anfechten kann, als er dazu bei einer freiwilligen Veräußerung seitens des Schuldners befugt gewesen wäre“. Frommhold [4] schließt sich ihm an: „Die Frage, welches Recht zur Begründung der Widerspruchsklage erforderlich sei, ist daher ebenso zu beurteilen, als wenn im Wege freiwilliger Veräußerung durch den Schuldner eine Benachteiligung des Dritten versucht würde“ [5]. Nessel und Frommhold [6] verstehen deshalb das Wort „Veräußerung“ im § 771 noch nicht als eine Veräußerung

---

§ 771 sub II 5; Struckmann-Koch sub 1. Das Reichsgericht: V. C.S. 9. Juli 1881 (J. W. 1881, S. 159 f.); IV. C.S. 29. März 1893 (Entsch. Bd. 31 S. 381 f.); V. C.S. 25. November 1893 (J. W. 1894, S. 32); V. C.S. 29. November 1893 (J. W. 1894, S. 14); V. C.S. 24. Juni 1903 (Entsch. Bd. 55 S. 207 ff.; auch in S.A. 59 No. 189). — Hierzu sind auch zu rechnen: Planck, Lehrb. 2. Bd. 713 ff., der es versucht, „einen prozeßrechtlichen Begriff“ der Veräußerung aufzustellen, und Schmidt, Lehrbuch S. 1032, der auch die Überweisung zur Einziehung oder an Zahlungsstatt als „Veräußerung“ bezeichnet.

[1] v. Schrutka S. 86.

[2] Kahn S. 413; Gütermann S. 81, 91, 94; O.L.G. Frankfurt am 23. März 1892 in ZZ. 19 S. 301.

[3] Gruch. 28 S. 108.

[4] S. 246 a. E.

[5] Ähnlich Richter, Die Zwangsvollstreckung in das bewegliche Vermögen, Düsseldorf (ohne Jahresangabe, etwa 1894) S. 134.

[6] und Richter.

durch den Schuldner. Ihre eben zitierten Ausführungen sind vielmehr im Zusammenhange mit ihrer „materiellrechtlichen“ Auffassung vom Wesen der Widerspruchsklage zu verstehen. Sie wollen nur sagen, daß die durch die Zwangsvollstreckung bewirkte Rechtsverletzung trotz der öffentlichrechtlichen Natur derselben nichts besonders an sich trage und daß unter diesem Gesichtspunkte in jedem Einzelfalle zu prüfen sei, ob die Voraussetzungen für die Eigentums- oder Besitzklagen usw. gegeben seien. Und so fragt Frommhold auch nicht: Welche Rechte hindern die Veräußerung? sondern: welche Rechte werden durch die Veräußerung verletzt oder beeinträchtigt?[1] Und das ist etwas Verschiedenes! Ebenso verfährt auch Nessel.

2. Im Gegensatz zu den bisher Genannten vertritt eine Reihe von Schriftstellern die Auffassung, daß die „Veräußerung“ des § 771 als die freiwillige rechtsgeschäftliche Veräußerung durch den Schuldner zu verstehen sei. Die hier zu nennenden Autoren sind: Bunsen, v. Schrutka, Thiele, Fitting, Hellwig und Goldmann[2]. Es ist zu bedauern, daß v. Schrutka und Hellwig eine wirkliche Durchführung dieses Gedankens bisher noch nicht vorgenommen haben. Der einzige, der auf dieser Grundlage eine erschöpfende Darstellung versucht hat, ist Bunsen. Auch Thiele und Goldmann behandeln die Frage nicht in ihrem ganzen Umfange.

Bei dieser Auffassung ist der circulus vitiosus erfolgreich vermieden und dem § 771 ein Inhalt gegeben, der weit über eine bloße Gerichtsstandsvorschrift hinausgeht.

3. Welche der beiden Ansichten ist die richtige? d. h. welche Auffassung deckt sich mit dem Inhalt des Gesetzes?[3]

---

[1] Frommhold S. 230; vgl. Richter a. a. O. S. 135.

[2] Bunsen, Die Lehre von der Zwangsvollstreckung S. 61 (ebenso in der Mecklenburgischen Zeitschrift für Rechtspflege und Rechtswissenschaft Bd. 3, S. 277); v. Schrutka S. 37; Thiele S. 87; Fitting, Der Reichszivilprozeß, 12./13. Aufl. 1907, S. 570; Hellwig, Lehrb. 1. Bd., S. 398; Goldmann, Gruch. 50, S. 820 f.

[3] Durchaus verschieden von dem Inhalt des heute geltenden Gesetzes sind die (unverbindlichen) Motive und Entwürfe. Aus diesen geht mit Deutlichkeit nur hervor, daß die Verfasser des Gesetzes unter der „Veräußerung“ die Veräußerung im Wege der Zwangsvollstreckung verstanden haben. Ich verweise besonders auf § 688 des Hannöverschen Entwurfs,

Wenn man davon ausgeht, daß die Widerspruchsklage eine Leistungsklage ist, also eine Klage, die auf die Erzeugung eines Vollstreckungsanspruchs im engeren Sinne gerichtet ist und die die Durchsetzung eines privaten Anspruchs auf Leistung zum Ziele hat, so wird man sich der ersten Auffassung anschließen müssen. Denn dann ist wirklich in jedem einzelnen Falle zu prüfen, ob durch die Zwangsvollstreckung das für die Erhebung der Leistungsklage erforderliche Rechtsschutzbedürfnis erzeugt wird, ob also durch die Zwangsvollstreckung die Voraussetzungen der Eigentums-, Besitzklagen usw. gegeben werden.

Hält man aber mit uns die Widerspruchsklage für eine Gestaltungsklage im engeren Sinne, gerichtet auf die Erzeugung des Befreiungsanspruchs (eines Vollstreckungsanspruchs im weiteren Sinne), dann wird man nicht umhin können, in dem § 771 wirklich die Abgrenzung einer bestimmten Kategorie von Rechten zu erblicken, wenn man sich nicht aufs Raten verlegen will. Dann muß man aber auch, um den circulus vitiosus zu vermeiden, unter „Veräußerung" die Veräußerung durch den Schuldner verstehen[1].

Zu diesem Schluß führt uns aber noch ein anderer Weg: Es ist schon oft[2], unter Hinweis auf die Stellung des § 771 im allgemeinen Teile des 8. Buchs der Z.P.O. betont worden, daß die Widerspruchsklage nicht nur Anwendung zu finden habe bei einer Zwangsvollstreckung wegen Geldforderungen in körperliche Sachen oder Grundstücke, wobei es ja tatsächlich zu einer Veräußerung der gepfändeten Sache (bzw. des beschlagnahmten Grundstücks) kommt, sondern daß der § 771 auch eingreife z. B. bei Pfändung von Forderungen, wo ja eine Veräußerung gar nicht stattfindet. Dieser Schwierigkeit sucht Planck[3] zu ent-

---

S. 4259 f., der Hannöverschen Protokolle, sowie auf S. 413 der Motive. — Eine ausführliche Darstellung der Entstehungsgeschichte des Gesetzes findet sich bei Frommhold.

[1] Vgl. v. Schrutka S. 86; Thiele S. 87.

[2] v. Schrutka S. 35; Frommhold S. 231; Planck, Lehrb. 2. Bd., S. 713; Thiele S. 88; Kahn S. 413; Seuffert sub 2; Petersen-Anger-Remelé sub 5. — Vgl. auch Motive S. 413.

[3] Lehrb. Bd. 2, S. 713.

gehen durch die Aufstellung eines „prozeßrechtlichen“ Begriffs der „Veräußerung“ [1], Kahn [2] durch die Behauptung, „daß der Gesetzgeber, wie man es ja toto die zu tun pflegt, anstatt alle Fälle zu umfassen, den Ausdruck von dem gewöhnlichsten Fall entlehnt hat“. Gegen diese beiden Auswege möchte ich folgende Bedenken erheben:

a) Das Wort „Veräußerung“ bezeichnet einen ganz bestimmten zivilrechtlichen Vorgang [3] — auch wenn die Veräußerung im Wege der Zwangsvollstreckung erfolgt —, es bezeichnet einen Begriff von höchster Klarheit und Schärfe. Um aber neben diesen Begriff einen zweiten, „prozeßrechtlichen“ Begriff der Veräußerung aufzustellen — im Gegensatz zu jeder bisher vertretenen Theorie — dazu bedarf es m. E. einer größeren Veranlassung, als es die bloße Schwierigkeit einer theoretisch sauberen Beantwortung einer Frage ist [4].

b) Dagegen hat die Ausführung von Kahn etwas auf den ersten Anblick Überzeugendes an sich; und jeder, der mit Kahn in der Widerspruchsklage die normale Leistungsklage erblickt, wird sich aus den oben [5] angegebenen Gründen bei dieser Auffassung beruhigen können. Wer aber mit uns in § 771 eine positive Antwort auf die Frage sucht, welche Rechte die Widerspruchsklage des § 771 begründen, der wird die Antwort sehen müssen in den Worten: „Ein die Veräußerung hinderndes Recht“. Man wird aber dann, wenn man nach dem Vorschlag von Kahn die Veräußerung nur als die Veräußerung im Wege der Zwangsvollstreckung (im Gegensatze zu der Veräußerung durch den Schuldner) betrachtet, noch zu keinem Ergebnis gelangen. Denn welches Gesetz gibt mir eine prinzipielle Antwort auf die Frage: „Welche Rechte hindern eine Veräußerung im Wege der Zwangsvollstreckung?“ Man wird auch

---

[1] Ganz ähnlich Schmidt, Lehrb. S. 1032.

[2] S. 413.

[3] Näheres weiter unten.

[4] Dafür, daß die Z.P.O. einen „prozeßrechtlichen“ Begriff der Veräußerung nicht kennt, scheint mir u. a. der § 857, besonders Absatz 5 zu sprechen; hier wird das Wort „Veräußerung“ stets im reinen zivilistischtechnischen Sinne gebraucht.

[5] Unter 3 am Anfange.

bei dem Verfahren nach dem Prinzip von Kahn schließlich dahin gedrängt werden, zu sagen: Eine Antwort darauf, welche Rechte durch § 771 betroffen werden, erhält man nur, wenn man ganz allgemein diejenigen Rechte bestimmt, die eine freiwillige Veräußerung durch den Schuldner hindern. So bietet diese Auffassung die einzige Möglichkeit, aus den Worten des Gesetzes zu positiven Ergebnissen zu gelangen. Denn, wenn man einmal zu der Annahme gezwungen ist, daß der § 771 einen bestimmten Kreis von Rechten umschreibt, so ist man bei jedem anderen Verfahren darauf angewiesen, zu raten.

Wenn wir so unter dem Worte „Veräußerung" in dem § 771 die freiwillige Veräußerung durch den Schuldner verstehen, so gewinnen wir damit zugleich einen klaren Einblick in das Verhältnis des § 771 zu den anderen Gesetzesstellen, die gleichfalls die Widerspruchsklage behandeln. Nach der gegnerischen Auffassung kann man auch z. B. im § 772 oder 773 ein „die Veräußerung hinderndes Recht" annehmen[1], weil auch in diesen Fällen der Kläger das Recht hat, die exekutionsweise Veräußerung zu hindern. Ebenso wird auch regelmäßig bei der Frage, ob der Hypothekengläubiger bei einer Pfändung entgegen der Vorschrift des § 865, 2 Satz 1 die Widerspruchsklage habe, die Frage aufgeworfen, ob dem Hypothekengläubiger ein die Veräußerung hinderndes Recht zustehe.

Dagegen werden wir sagen: Ein die Veräußerung hinderndes Recht verlangt das Gesetz selbst nur in dem § 771, im Gegensatz dazu z. B. im § 772 ein Veräußerungsverbot. So stellt auch in allen anderen Fällen das Gesetz eine besondere Voraussetzung für die Erhebung der Widerspruchsklage auf — in keinem Falle außer § 771 spricht es aber von einem „die Veräußerung hindernden" Rechte. Vgl. §§ 772, 773, 774, 810 Z.P.O. und 93 Z.V.G. Daher spricht das Gesetz auch in allen diesen Fällen nicht von der Klage des § 771, sondern davon, daß „nach Maßgabe des § 771" Widerspruch erhoben werden könne; und wir werden

---

[1] Vgl. z. B. O.L.G. Dresden im Sächs. Arch. f. Rechtspflege, 1. Jahrgang 1906, S. 55 f.

nicht fehlgehen, wenn wir unter dem Worte „nach Maßgabe" einen guten deutschen Ausdruck für den juristischen terminus „nach Analogie" zu erkennen glauben. Hiernach stellt sich das Verhältnis des § 771 zu den anderen die Widerspruchsklage verleihenden Gesetzesstellen folgendermaßen dar:

Jeder dieser Paragraphen bestimmt ganz selbständig und für sich allein einen Fall, in dem die Widerspruchsklage erhoben werden kann.

Es ist daher in keinem Falle außerhalb des § 771 danach zu fragen, ob ein die Veräußerung hinderndes Recht gegeben sei, vielmehr nur danach, ob die besonderen, in dem betreffenden Paragraphen genannten Voraussetzungen zutreffen.

Damit ist für die Fragen nach der Begründung der Widerspruchsklage eine grundlegende Antwort gefunden: die Widerspruchsklage gründet sich **nur** in dem Falle des § 771 auf ein die Veräußerung hinderndes Recht: **in allen anderen Fällen dagegen nicht auf ein solches Recht.**

Diese anderen Fälle stehen vielmehr dem § 771 durchaus selbständig gegenüber und sind nicht als gesetzliche Beispiele für das dunkle „die Veräußerung hindernde" Recht, sondern als vollwertige Parallelfälle zum § 771 zu verstehen[1].

Es ist daher grundsätzlich zu unterscheiden zwischen der Widerspruchsklage im allgemeinen und ihren in den §§ 771, 772 etc. hervorgehobenen Sonderfällen, die wir im Folgenden als die Widerspruchsklage des § 771 oder des § 772 etc. bezeichnen werden.

Auf dieser Grundlage wollen wir es versuchen, die einzelnen Fälle nacheinander sorgfältig zu prüfen, und, so genau wir es vermögen, festzustellen, wenn das Gesetz die Widerspruchsklage ausdrücklich verleiht.

Nach dieser Einzelauslegung setzen wir es uns zur Aufgabe, das in den zerstreuten Gesetzesstellen liegende Prinzip aufzusuchen, dessen Erkenntnis uns im Wege der Analogie eine Reihe, im Gesetze nicht genannter Fälle der Widerspruchsklage

[1] Dies wird bei der Besprechung der einzelnen Fälle nachgewiesen werden.

erschließen wird. Diese letzteren Fälle sind zwar meist bisher unter das „die Veräußerung hindernde Recht" eingegliedert worden. Wir werden aber im folgenden Paragraphen nachzuweisen versuchen, daß dies zu Unrecht geschehen ist.

Wenn wir so auch in der Mehrzahl der Fälle praktisch auf dasselbe Resultat kommen werden, wie die herrschende Lehre, und es sich schließlich in vielen Fällen nur um eine andere systematische Auffassung handelt, so glauben wir doch, durch dieses neue System — wenn wir so sagen dürfen — einen einfachen und klaren Ausweg in einer Anzahl von Streitfragen gefunden zu haben.

Es handelt sich demnach zunächst, wie bei jeder Gesetzesauslegung, um eine genaue Wortinterpretation. Es sei uns erlaubt, selbst die vielgescholtenen Worte des § 771 so genau zu nehmen, als wir es irgend vermögen, und zu versuchen, wohin wir bei einer möglichst scharfen Erfassung jedes einzelnen Wortes werden geführt werden. Wir werden dabei oft den Worten des Gesetzes einen Sinn unterzulegen haben, den erst die neuesten Forschungen auf dem Zivilrechtsgebiete mit diesen Worten verbunden haben. Dies macht uns aber nicht irre, selbst wenn wir bedenken, daß die Fassung des § 771 (690 ä. F.) fast ein Menschenalter vor dem Inkrafttreten des B.G.B geprägt wurde. Wir gehen vielmehr davon aus, daß durch das B.G.B. vielen Worten der älteren Reichsgesetze erst eigentlich Glanz und Leben verliehen ist. Es steht zu ihnen wie die Erfüllung zur Verheißung. Wir glauben an die Einheit unseres Rechtssystems. Und dieser Glaube sollte die Kraft unserer Theorie sein.

§ 4.

Die Widerspruchsklage des § 771.

Das Gesetz verleiht im § 771 die Widerspruchsklage jedem Dritten, der behauptet, „daß ihm an dem Gegenstande der Zwangsvollstreckung ein die Veräußerung hinderndes Recht zustehe".

Wir werden daher die Antwort auf vier Fragen suchen müssen:

I. Was heißt „Zwangsvollstreckung"?
II. Was heißt „Gegenstand der Zwangsvollstreckung"?
III. Was heißt „Die Veräußerung hindern"?
IV. Welches Recht hindert die Veräußerung des Gegenstandes der Zwangsvollstreckung?

Die Beantwortung der beiden ersten Fragen wird uns zugleich Klarheit darüber verschaffen, auf welche Arten der Zwangsvollstreckung die Widerspruchsklage des § 771 Anwendung findet.

I.

„Zwangsvollstreckung ist die Tätigkeit staatlicher Organe, welche die zwangsweise Verwirklichung von Ansprüchen auf Leistung bezweckt" — so definieren wir mit Gaupp-Stein[1]. Die Zwangsvollstreckung fehlt also überall dort, wo der Zwang fehlt. Daher liegt dort keine Zwangsvollstreckung[2] vor, wo der Gläubiger befriedigt wird durch die bloße Fiktion (also nicht die Erzwingung) einer Willenserklärung des Schuldners: § 894 Z.P.O.: also z. B. durch die Fiktion der Zessionserklärung; sowie dort, wo es außer der bloßen Fiktion noch einer weiteren Handlung bedarf, die sich aber nicht als eine Vollstreckung i. e. S. darstellt: vgl. § 896; wohl aber überall dort, wo ausser der Fiktion eine Vollstreckung i. e. S. Platz greift. Dieses Nebeneinander von Fiktion und Vollstreckung i. e. S. findet sich in den Fällen, in denen der Schuldner zur Übertragung des Eigentums an einer beweglichen Sache verpflichtet ist. Denn zur Eigentumsübertragung bedarf es in diesen Fällen der Einigung und Übergabe (§ 929 B.G.B.) die Einigung wird durch die Fiktion (§ 894 Z.P.O.), die Übergabe durch die Zwangsvollstreckung (§ 897 Z.P.O.) ersetzt. Dieses Zusammenwirken von Fiktion und Zwangsvoll-

---

[1] Vor § 704 unter I.

[2] und infolgedessen auch kein Leistungsurteil (vgl. oben im ersten Teil; über die ganze, sehr schwierige Frage vgl. besonders die abweichenden Ausführungen von Hellwig, in Anspr. u Klagr. S. 445 ff.).

streckung findet sich daher auch in den Fällen der §§ 883 und 884 Z.P.O. dann, wenn es sich um einen Anspruch auf Eigentumsübertragung (cf. B.G.B. § 812) handelt. In diese Rubrik gehört auch die Durchsetzung des Anspruchs auf Übertragung einer durch Briefhypothek gesicherten Forderung, oder einer Brief-, Grund- oder Rentenschuld: die Abtretungserklärung (§ 1154 B.G.B.) wird durch die Fiktion des § 894 Z.PO. ersetzt, und an die Stelle der Übergabe des Briefes tritt dessen zwangsweise Wegnahme (§ 897, 2 Z.P.O.).

Nur Zwangsvollstreckung liegt dagegen vor bei der zwangsweisen Durchsetzung eines Anspruchs auf Besitzüberlassung [1]. So in den Fällen des § 883, in denen der Herausgabeanspruch nicht gegen den Eigentümer gerichtet ist (also z. B. der Eigentumsanspruch: § 985 ff. B.G.B.); ferner in allen Fällen des § 885 Z.P.O.

Ferner ist nur Zwangsvollstreckung in Frage in den Fällen des § 888 Z.P.O. und last not least in allen Fällen der Zwangsvollstreckung wegen Geldforderungen.

Die praktische Folgerung, die wir aus dieser Betrachtung ziehen, geht dahin: § 771 setzt eine Zwangsvollstreckung voraus, greift also in allen denjenigen Fällen nicht ein, in denen eine Zwangsvollstreckung nicht vorliegt: also in denjenigen Fällen, in denen nur die Fiktion des § 894, oder neben der bloßen Fiktion lediglich eine Vollstreckung im weiteren Sinne Platz greift: also beispielsweise, wenn der Schuldner verpflichtet ist: entweder zur Übertragung einer Forderung: denn diese Verpflichtung erfüllt er durch die einfache Abtretungserklärung [2]; oder zur Übertragung des Eigentums an einem Kauffahrteischiffe: denn hier genügt für die Eigentumsübertragung die bloße Einigung (H.G.B. § 474); oder zur Übertragung des Eigentums an einem Grundstücke:

[1] Zwar kann bei einer Besitzüberlassung auch eine Einigung vorkommen (§ 854, 2 B.G.B.); aber diese Einigung ist von nur tatsächlicher Bedeutung: Sohm I, S. 26.

[2] so auch, wenn für die Forderung ein Pfandrecht besteht (401 B.G.B.) (die Aushändigung der Schuldurkunde [410] ist nur für die Rechtsausübung, nicht aber für die Rechtsübertragung von Bedeutung).

denn der hier außer der bloßen Willenserklärung erforderliche Buchvorgang wird auf andere Weise als durch Zwangsvollstreckung bewirkt: § 896 Z.P.O.

II.

„Gegenstand der Zwangsvollstreckung" ist das Objekt der eben behandelten staatlichen Tätigkeit. Was „Gegenstand der Zwangsvollstreckung" sein kann, ergibt sich aus den §§ 808 ff., 828 ff., 857 ff., 864 ff. und 883 ff. Ein flüchtiger Überblick über die zitierten Gesetzesstellen zeigt uns schon, daß in den meisten Fällen der „Gegenstand der Zwangsvollstreckung" ein „Gegenstand" im technischen Verstande unserer Zivilrechtslehre ist. Wir stellen uns damit auf den Boden der von Sohm[1] gewonnenen Ergebnisse.

Das Wort „Gegenstand" ist nicht so farb- und klanglos, wie es Binder[2] scheinen möchte, so daß man ebenso gut „etwas" dafür lesen könnte. Es bezeichnet vielmehr einen ganz bestimmten Begriff von höchster juristischer Wesenheit: Es bezeichnet den Begriff des Vermögensrechtes im Gegensatze

---

[1] Rudolph Sohm, Der Gegenstand. Ein Grundbegriff des Bürgerlichen Gesetzbuches, 1905 (in der Festschrift der Leipziger Juristenfakultät für Degenkolb). (Im folgenden — nach Binders Vorgang — zitiert als Sohm I.) Als Ergänzung dienen die Aufsätze: Vermögensrecht. Gegenstand. Verfügung. Im Archiv für bürgerliches Recht, Bd. 28, Heft 2, S. 173 ff. (1906), (im folgenden zitiert als Sohm II) und: Noch einmal der Gegenstand; Jher. Jahrb. Bd. 53, S. 373 ff., 1908 (zitiert: Sohm III). — Gegen Sohm hat sich bisher besonders Binder erhoben. („Der Gegenstand". In der Zeitschrift für das gesamte Handelsrecht Bd. 59, S. 1 ff., 1906.) In die Kontroverse können wir an dieser Stelle, wie sich von selbst versteht, nicht eingreifen. Wir möchten hier nur darauf hinweisen, daß Binder S. 16 ff. sich eine undankbare Aufgabe gestellt hat, wenn er die alte Lehre vom Geldwert des Vermögensrechts zu verteidigen sucht Denn der Begriff: Geldwert ist gar kein juristischer, sondern ein wirtschaftlicher Begriff. Und wenn auch wirklich alle Vermögensrechte, und nur sie, Geldwert hätten, so wäre damit für den juristischen Begriff des Vermögensrechts noch gar nichts gewonnen. Darin liegt aber gerade die Bedeutung der Sohmschen Abhandlungen, daß sie in ihrer Verfügbarkeit einen juristischen Begriff als Kriterium des Vermögensrechts aufstellen.

[2] a. a. O. S. 12.

zum Personenrecht, der anderen Art der Privatrechte. Für das Vermögensrecht, den Gegenstand, charakteristisch ist seine enge Beziehung zum Begriffe der Verfügung. Nur über „Gegenstände", aber auch über alle „Gegenstände" kann verfügt[1] werden. Überdies sind die meisten „Gegenstände" veräußerlich. Verfügbar sind aber auch die unveräußerlichen Gegenstände[2]. Ja, auch diese unveräußerlichen Rechte (Nießbrauch, Pfandrecht) gehören „dem Kreise der veräußerlichen Rechte" an, und zwar deshalb, weil sie „kraft Verfügungsgeschäfts von einem veräußerlichen Recht abstammen"[3].

Ein „Gegenstand" ist „Gegenstand der Zwangsvollstreckung" in denjenigen Fällen, die praktisch weitaus am bedeutendsten sind.

So ist bei der Pfändung einer „körperlichen Sache" im Sprachgebrauch der Z.P.O. (d. h. einer „beweglichen Sache" des B.G.B.) Gegenstand der Zwangsvollstreckung das Eigentum an der Sache[4]. Denn dieses wird durch das Pfändungspfandrecht belastet und bei der Veräußerung übertragen. Dasjenige, was an der „Sache" „Gegenstand", Vermögensrecht ist, ist nicht das sinnlich wahrnehmbare Ding der Außenwelt, sondern das Eigentum an der Sache[5]. Daher spricht auch B.G.B. § 929 von der „Übertragung des Eigentums an einer beweglichen Sache". Gegenstand der Verfügung, also „Gegenstand", ist daher das Eigentum. Und dieses Eigentum, dieser „Gegenstand", ist bei der Pfändung einer körperlichen Sache „Gegenstand der Zwangsvollstreckung".

Ebenso ist das Eigentum am Grundstück Gegenstand der Zwangsvollstreckung bei der Eintragung einer Sicherungshypothek und im Zwangsversteigerungsverfahren; hier kommt es zu einer Veräußerung, dort zu einer Belastung des Eigentums.

[1] Sohm I, S. 7: „Verfügungsgeschäft ist ein die Rechtslage ... eines bestimmten Gegenstandes unmittelbar änderndes Rechtsgeschäft".

[2] Sohm III, S. 375 ff.; Sohm I, S. 21.

[3] Sohm III, S. 377; vgl. Sohm I, S. 21, Sohm II, S. 189 ff.

[4] Daß der Sachkörper niemals „Gegenstand der Zwangsvollstreckung" ist, sondern nur die Sache „in ihrer Eigenschaft als Bestandteil des Vermögens", betont schon v. Schrutka S. 32 f.

[5] Vgl. Sohm I, S. 20.

Dasselbe gilt von der Zwangsversteigerung eines Schiffes (870, 2): auch hier ist „Gegenstand der Zwangsvollstreckung" das Eigentum.

Erfolgt die Zwangsvollstreckung in das unbewegliche Vermögen in eine „Berechtigung" (864 ff.), so ist bei der Eintragung einer Sicherungshypothek und der Zwangsversteigerung „Gegenstand der Zwangsvollstreckung diese, das Eigentum belastende Berechtigung, also z. B. das Erbbaurecht (B.G.B. 1012 ff.). Andere Beispiele enthalten die Artt. 63 u. 68 E.G. B.G.B. Bei allen diesen Berechtigungen wird vorausgesetzt, daß sie veräußert werden können: B.G.B. 1012 E.G. 63 u. 1017, 68. Sie sind also „Gegenstände" [1].

Auch Forderungsrechte sind „Gegenstände" [2] und in den §§ 829 ff. „Gegenstand der Zwangsvollstreckung". Dasselbe gilt von dem Urheberrecht, Erfinderrecht [3], der Reallast, Grundschuld und Rentenschuld (857), sowie von dem vermögensrechtlichen Bruchteil (B.G.B. 741 ff.) im Gegensatz zum personenrechtlichen Anteil [4].

Wo der personenrechtliche Anteil an einem Vermögen, d. h. die Mitgliedschaft in einer Personengemeinschaft [5], ausnahmsweise veräußerlich, und daher „Gegenstand" ist, ist auch der Anteil möglicher Gegenstand einer Zwangsvollstreckung: Z.P.O. 859, 2.

Dagegen ist in vielen einzelnen Fällen der „Gegenstand der Zwangsvollstreckung" kein „Gegenstand" [6]. So ist Gegenstand der Zwangsvollstreckung in § 888 die Person des

---

[1] Vgl. Sohm I, S. 21, 74, Anm. 1.

[2] Sohm I, S. 21.

[3] Vgl. Sohm I, S. 21 f.

[4] Vgl. Sohm I, S. 63 ff. — Hierher gehört auch die Zwangsvollstreckung in die Schiffspart. (858 Z.P.O.).

[5] Sohm I, S. 68.

[6] Daß also in der Zusammensetzung „Gegenstand der Zwangsvollstreckung" das Wort „Gegenstand" nicht im technischen Sinne erscheint, darf uns nicht irre machen. Schon Sohm (II, S. 185 Anm. 8) weist darauf hin, daß das Wort „Gegenstand" dort natürlich nicht technisch zu verstehen ist, „wo ein Zusatz (z. B. § 611 B.G.B.: „Gegenstand des Dienstvertrages") klar macht, daß das Wort nicht technisch gemeint ist". (Diese Anmerkung scheint Binder S. 77 f. zu übersehen.)

Schuldners[1], in § 810 noch nicht getrennte Früchte, also bloße Bestandteile[2] und keine „Gegenstände" (Sohm I S. 18 ff.). Auch Besitz und Anspruch sind keine „Gegenstände" (vgl. Sohm I, S. 26 ff. u. S. 30), und doch sind sie oft „Gegenstand der Zwangsvollstreckung".

Der Besitz ist es z. B. im Falle des § 883 dann, wenn der Schuldner gar nicht Eigentümer der beweglichen Sache ist, wenn er also vielleicht dem Gläubiger als dem Eigentümer (B.G.B. 985 ff.) oder auch nur als dem mittelbaren Besitzer zur Herausgabe verpflichtet ist.

Ebenso ist im § 885 Z.P.O. der Gegenstand der Zwangsvollstreckung auf Räumung, Überlassung oder Herausgabe der Besitz des Grundstücks.

Auf den ersten Blick mag es verwunderlich erscheinen, wenn wir hierher auch den Fall rechnen, in dem es sich um die Durchsetzung des Anspruchs auf Übertragung des Eigentums an einer beweglichen Sache[3] handelt. Dient doch die Zwangsvollstreckung hier gerade einem auf die Veräußerung eines „Gegenstandes" gerichteten Anspruch! Aber, wie wir oben gesehen haben, wird der beabsichtigte Rechtserfolg hier nicht durch die Zwangsvollstreckung allein herbeigeführt, sondern nur durch die Zwangsvollstreckung in Verbindung mit der Fiktion des § 894. Die Zwangsvollstreckung ist, für sich betrachtet, in diesem Falle inhaltlich vollkommen gleich derjenigen Zwangsvollstreckung, die zur Verwirklichung des Anspruchs auf Besitzüberlassung vorgenommen wird[4]: nur daß die

[1] Vgl. v. Schrutka S. 30.

[2] Daß durch § 714 (ä. F.) an den Vorschriften des materiellen Rechts über die Rechtsnatur der Früchte nichts geändert wird, betont schon das Reichsgericht, III. C.S. vom 18. März 1887: Entsch. Bd. 18, S. 367. Vgl. O.L.G. Kassel 26. Juni 1882 in Seuff. Arch. 37 Nr. 355; Franke in ZZ. 5 S. 211; Gaupp-Stein zu § 810 sub I Anm. 2.

[3] Ist der Anspruch gerichtet auf Übertragung des Eigentums an einem Grundstücke oder Kauffahrteischiffe, so liegt, wie oben ausgeführt, gar keine Zwangsvollstreckung vor. Also gibt es hier überhaupt keinen „Gegenstand der Zwangsvollstreckung".

[4] Das läßt sich schon daran erkennen, daß die Vorschrift des § 883 wie oben gezeigt, sowohl dem Anspruche auf Eigentumsübertragung wie Besitzüberlassung dienen kann.

letztere für den bezeichneten Zweck genügt, die erstere für den ihrigen aber nicht. Würde sie allein den beabsichtigten Erfolg, nämlich den Eigentumsübergang, schon herbeiführen, so bedürfte es der Bestimmung des § 894 gar nicht. So ist es auch zu verstehen, daß nach der ausdrücklichen Vorschrift des § 897 die Wegnahme nur die Übergabe der Sache, also nur die eine Hälfte des nach 929 B.G.B. für die Veräußerung notwendigen Tatbestandes, ersetzt. Wir können demnach in diesem Falle als „Gegenstand der Zwangsvollstreckung" unmöglich das Eigentum bezeichnen, sondern nur den Besitz[1].

Ein bloßer Anspruch ist „Gegenstand der Zwangsvollstreckung" in den §§ 846—849 dann, wenn der Anspruch auf Herausgabe gerichtet ist und einem dinglichen Rechte, z. B. dem Eigentum (§§ 984 ff. B.G.B.), entspringt. Ist dagegen der Anspruch gerichtet auf Herausgabe auf Grund eines obligatorischen Rechts (§§ 812 ff. B.G.B.) oder auf Leistung (hier können nur Ansprüche aus Forderungsrechten in Betracht kommen), so ist in Wahrheit (trotz des Wortlauts des Gesetzes) nicht der Anspruch, sondern das Forderungsrecht Gegenstand der Zwangsvollstreckung[2], und nur dann ist „Gegenstand der Zwangsvollstreckung" ein „Gegenstand".

Auch der Anteil eines Gesellschafters am Gesellschaftsvermögen, d. h. seine Mitgliedschaft[3] ist (wenigstens in der Regel[4]) unübertragbar, also kein „Gegenstand", und kann dennoch „Gegenstand der Zwangsvollstreckung" sein: Z.P.O. § 859.

Schließlich ist auch bei der Zwangsverwaltung (Z.V.G. §§ 146 ff.) der „Gegenstand der Zwangsvollstreckung" kein „Gegenstand". Denn der einzige „Gegenstand", an den man denken könnte, das Eigentum, wird als solches von der Zwangs-

---

[1] Im Gegensatz dazu ergreift die Zwangsvollstreckung des § 815, trotz ihrer äußerlichen Ähnlichkeit mit der Zwangsvollstreckung nach §§ 883 ff. das Eigentum am Gelde: dieses geht über, ohne daß es der Fiktion des § 894 bedürfte. Darin liegt der Unterschied im Wesen der beiden Institute.

[2] Gerade wie bei der Pfändung einer Geldforderung.

[3] Sohm I, S. 68.

[4] Sohm I, S. 68 Anm. 8.

vollstreckung nicht ergriffen [1]. Der Schuldner behält vielmehr das unveränderte Eigentum, und nur die Ausübung des Eigentums wird ihm entzogen (Z.V.G. 148, 2). Daher braucht der Schuldner auch gar nicht als Eigentümer legitimiert zu sein [2]: es genügt vielmehr sein Eigenbesitz (Z.V.G. 147). So erscheint hier als „Gegenstand der Zwangsvollstreckung“ lediglich „die Verwaltung und Benutzung des Grundstücks“, wie § 148, 2 ausdrücklich sagt.

Damit haben wir es versucht, einen Überblick über die möglichen „Gegenstände der Zwangsvollstreckung“ zu geben. Es erhebt sich die Frage: werden alle diese Gegenstände der Zwangsvollstreckung durch den § 771 getroffen? Eine kurze Überlegung wird uns zu einem verneinenden Resultate führen:

Der Wortlaut des § 771 setzt voraus, daß der „Gegenstand der Zwangsvollstreckung“ Gegenstand einer „Veräußerung“ sein kann. Wir haben oben (§ 3) versucht, den Nachweis zu führen, daß das Wort „Veräußerung“ im technischen Sinne zu verstehen ist. Das Veräußerungsgeschäft ist „das Urbild aller Verfügungsgeschäfte“ [3]. Es ist dasjenige „die Rechtslage eines bestimmten Gegenstandes unmittelbar ändernde Rechtsgeschäft“ [4], bei dem die Änderung der Rechtslage in einem Wechsel des Subjekts des Gegenstandes besteht. — Es ist ein Verfügungsgeschäft. Was folgt daraus? Gegenstand der Veräußerung kann nur ein „Gegenstand“ sein! Also ist der Gegenstand der Veräußerung des § 771 auch nur ein „Gegenstand“: also ist auch der „Gegenstand der Zwangsvollstreckung“, auf den sich der § 771 bezieht, in allen Fällen ein „Gegenstand“ im technischen Sinne.

Daraus ergibt sich: die Widerspruchsklage des § 771 greift in allen Fällen nicht ein, in denen „Gegenstand der Zwangsvollstreckung“ kein „Gegenstand“ ist,

---

[1] Bei der Eintragung einer Sicherungshypothek dagegen wird es belastet, bei der Zwangsversteigerung gar veräußert (s. oben).

[2] Wie es bei der Zwangsversteigerung erforderlich ist: Z.V.G. 17.

[3] Sohm II, S. 193.

[4] Sohm I, S. 7.

also nicht, wenn Gegenstand der Zwangsvollstreckung ist:

Die Person des Schuldners,
Früchte (d. h. Bestandteile),
der Besitz,
ein Anspruch,
der Anteil eines Gesellschafters am Gesellschaftsvermögen,
die Verwaltung und Benutzung eines Grundstücks.

Durch die Zusammenstellung dieses, sowie des oben [1] gewonnenen Ergebnisses erhalten wir ein großes und einfaches Resultat: die Widerspruchsklage des § 771 greift[2] in keinem der Fälle der §§ 883—898, also der sog. Individualvollstreckung, ein. Denn entweder liegt hier überhaupt keine Zwangsvollstreckung vor (s. o.) oder: der „Gegenstand der Zwangsvollstreckung" ist kein „Gegenstand", sondern der Besitz oder die Person des Schuldners[3]. Das ausschließliche Anwendungsgebiet der Widerspruchsklage des § 771 ist daher die Zwangsvollstreckung wegen Geldforderungen. Aber auch hier scheiden noch einzelne Fälle aus, nämlich:

1. Diejenigen Fälle, in denen der „Gegenstand der Zwangsvollstreckung" kein „Gegenstand" ist, sondern:

ungetrennte Früchte,
ein Anspruch,
der Anteil eines Gesellschafters am Gesellschaftsvermögen,
die Verwaltung und Benutzung eines Grundstücks.

2. Diejenigen Fälle, in denen der Gegenstand der Zwangsvollstreckung zwar ein „Gegenstand", aber unveräußerlich ist: § 857, 4 Z.P.O., also z. B. wenn er ein Nießbrauch ist. Denn der Wortlaut des § 771 setzt Veräußerlichkeit voraus[4].

---

[1] Unter I dieses Paragraphen.

[2] Mit einer einzigen gleich zu besprechenden Ausnahme.

[3] Eine einzige Ausnahme ergibt sich aus dem § 886 Z.P.O. für den Fall, daß es sich tatsächlich nicht um die Pfändung eines Anspruchs, sondern um die Pfändung eines Forderungsrechts (s. oben), also eines „Gegenstandes" handelt. Wir können diesen Fall aber wegen seiner großen Seltenheit künftig außer Betracht lassen.

[4] Wir sagen hier nur, daß die Widerspruchsklage des § 771 in diesen Fällen nicht eingreife. Ob hier überhaupt

Es macht uns nicht irre, daß wir mit dem Ausschlusse der Widerspruchsklage des § 771 vom Gebiete der Individualvollstreckung von der übereinstimmenden Ansicht der gesamten Literatur[1] abweichen. Zwar erkennt v. Schrutka[2] die Unzulässigkeit der Widerspruchsklage in den Fällen an, in denen die Person des Schuldners der Gegenstand der Zwangsvollstreckung ist, und nur Olshausen[3] und Frommhold[4] versuchen es, Fälle zu konstruieren, in denen doch die Widerspruchsklage des § 771 eingreifen soll; aber ohne durchgreifenden Erfolg. Es dürfte auch schwer halten, ein Recht zu nennen, das die Veräußerung der Person des Schuldners hindert.

Für die übrigen Fälle der „Individualvollstreckung" dagegen herrscht Einstimmigkeit über die Zulassung der Widerspruchsklage[5]. Nur Schmidt[6] will in denjenigen Fällen, in denen der Gläubiger „einen bloßen Besitzübergang betreibt", die Widerspruchsklage nicht zulassen.

Wir glauben dagegen, daß die Widerspruchsklage des § 771 in keinem Falle der Individualvollstreckung Platz greife, und zwar scheint es, als ob noch einige andere Umstände, als die im Text versuchte genaue Wortinterpretation dieses Resultat ergäben. Denn abgesehen davon, daß es mir nicht gelungen ist, einen Fall in der Praxis zu finden, in dem die Widerspruchsklage des § 771 sich gegen eine Individualvollstreckung gerichtet hätte, scheint mir die Widerspruchsklage in diesem Falle einfach praktisch unmöglich. Denn einmal: wenn überhaupt keine Zwangsvollstreckung stattzufinden hat (s. o.), so wäre ein Urteil, das dem Widersprechenden in dem Befreiungsanspruch doch lediglich eine Waffe gegen eine Zwangsvollstreckung an

---

eine Widerspruchsklage zuzulassen sei, ist eine andere Frage, auf die wir erst im § 6 dieser Arbeit eine endgültige Antwort zu geben suchen. (Vgl. oben § 3 a. E.)

1 Vgl. z. B. Kunze S. 14.

2 v. Schrutka S. 41 oben.

3 Olshausen S. 12.

4 Frommhold S. 221 f.

5 v. Schrutka S. 41; Frommhold S. 219 f.; Voß, Jherings Jahrb. 23, S. 101; Gaupp-Stein zu § 771 sub II, 2; Weismann, Lehrb. 2. Bd., S. 106 sub B.

6 Lehrb. 2. Bd., S. 1032 f.

die Hand gibt, praktisch ohne Bedeutung: würde deswegen z. B. die Rechtskraft des Urteils, das die Verpflichtung zur Forderungsabtretung ausspricht, nicht eintreten? Ja, kann in diesen Fällen überhaupt an eine Widerspruchsklage gedacht werden, da diese doch eine Zwangsvollstreckung voraussetzt? Und überdies kann die Widerspruchklage nur nach dem Beginn und vor dem Ende der Zwangsvollstreckung erhoben werden[1]. So würde es auch nichts nützen, wenn man in diesen Fällen statt „Zwangsvollstreckung" „Vollstreckung im weiteren Sinne" läse. Denn die bei Eintritt der Rechtskraft vor sich gehende Entstehung der Fiktion des § 894 ist das Werk eines Augenblicks, innerhalb dessen eine Klageerhebung schlechterdings ausgeschlossen ist[2].

Dasselbe gilt — jedenfalls meistens — für diejenigen Fälle der Individualvollstreckung, in denen es wirklich zu einer „Zwangsvollstreckung" kommt. Denn diese spielt sich praktisch in der Mehrzahl der Fälle in so kurzer Zeit ab, daß eine Widerspruchsklage gar nicht erhoben werden kann. Dies ergibt sich schon arg. e contr. aus der Bestimmung des § 815: Die Vollstreckung ist hier äußerlich ganz gleich der des § 883: Auch hier folgt Beschlagnahme und Ablieferung an den Gläubiger fast unmittelbar aufeinander, so daß die Erhebung einer Widerspruchsklage nie zu einem Resultate führen könnte, wenn das Gesetz nicht im § 815, 2 eine künstliche Pause in der Zwangsvollstreckung zum Schutze des Rechts des Dritten geschaffen hätte[3]. Da jede derartige Bestimmung in den §§ 883 ff. fehlt, so läßt sich daraus allein schon schließen, daß die Widerspruchsklage dort nicht Platz greifen soll.

Es führt auch gar nicht zu einem ungerechten Ergebnis, wenn wir in diesen Fällen die Widerspruchsklage nicht zulassen. Denn einmal ist der Dritte, der sein Recht auf den Besitz der Sache bei deren Wegnahme geltend gemacht hat, wenn der

---

[1] Vgl. Gaupp-Stein zu § 771 sub II, 2, 3.

[2] Daher will Voß, Jherings Jahrb. 23, S. 101, hier eine Antizipation der Widerspruchsklage eintreten lassen. Da hierfür aber jeder Anhalt im Gesetze fehlt. können wir ihm nicht folgen.

[3] Vgl. Gaupp-Stein zu § 815 zub II.

Gerichtsvollzieher über diese Erklärung einen Vermerk in das Protokoll aufgenommen hat[1], ausreichend gegen den gutgläubigen Erwerb des Gläubigers geschützt. Von ihm kann er die Sache mit der gewöhnlichen Leistungsklage[2] zurückverlangen.

Anderseits liegt der Hauptwert der Widerspruchsklage gegen die Zwangsvollstreckung wegen Geldforderung darin, daß ein durch diese Zwangsvollstreckung drohender Rechtsverlust verhindert wird. Dieser wird bei den meisten Fällen der Sachpfändung durch den gutgläubigen Erwerb des Erstehers, bei Forderungspfändung durch die Befreiung des gutgläubig zahlenden Drittschuldners, bei der Geldwegnahme (§ 815 Z.P.O.) durch die Vermischung mit dem Gelde des Gläubigers herbeigeführt. Diese Umstände kommen bei der gegen die Person gerichteten Zwangsvollstreckung nach der Natur der Sache gar nicht in Frage; aber auch dann nicht, wenn Gegenstand der Zwangsvollstreckung, der Besitz ist. Denn der Besitz ist kein „Gegenstand"[3], und die Rechtssätze vom Erwerb vom Nichtberechtigten finden nur auf „Gegenstände"[4], also nicht auf den Besitz, Anwendung. Nur in den im § 898 Z.P.O. bezeichneten Fällen ist der Erwerb kraft guten Glaubens möglich: aber dieser Erwerb wäre ebensogut eingetreten, wenn der Schuldner freiwillig seine Verpflichtung erfüllt und nicht erst den Prozeß abgewartet hätte. Denn er war ja verpflichtet, gerade diese eine Spezies zu übertragen. Daß die Erfüllung dieser Pflicht durch Zwangsvollstreckung erzwungen, bezw. nach § 894 fingiert wird, ist für den gutgläubigen Erwerb an sich gleichgültig. So erscheint in diesem Falle der durch den gutgläubigen Erwerb bewirkte Rechtsverlust auf seiten des wahrhaft Berechtigten nicht durch die Zwangsvollstreckung als solche herbeigeführt.

---

[1] Preuß. Geschäftsanw. f. Gerichtsvollz. § 79 Ziffer 3.

[2] Daß diese Klage eine Leistungsklage sein muß, geht daraus hervor, daß die Rückgewähr, wenn sie vom Gläubiger nicht freiwillig vorgenommen wird, nur durch ebenfalls eine Individualvollstreckung erzwungen werden kann. Und um diese betreiben zu können, muß der Dritte ein Urteil erbitten, das ihm einen Vollstreckungsanspruch im engeren Sinne erzeugt, d. h. er muß eine Leistungsklage erheben.

[3] Sohm I, S. 26 ff.

[4] Sohm I, S. 59.

Dagegen war bei der Zwangsvollstreckung wegen Geldforderungen der Schuldner nicht verpflichtet, gerade mit diesen Geldstücken zu zahlen (§ 815 Z.P.O), oder gerade diese bewegliche Sache (§§ 808 ff.) zu veräußern, um Geld für die Bezahlung des Gläubigers zu erhalten: hier tritt der gutgläubige Erwerb (bei der Wegnahme von Geld nach § 815 die Erschwerung oder Unmöglichkeit des Eigentumsbeweises) nur ein, weil eine Zwangsvollstreckung dazwischen gekommen war. Und diesen lediglich in der Zwangsvollstreckung begründeten Nachteil sucht die Widerspruchsklage, die insofern wirklich als ein „prozessuales Institut" erscheint, abzuwenden.

Wenn wir uns schließlich danach umsehen, worauf die gegenteilige Meinung im Grunde beruht, obgleich doch praktisch die Widerspruchsklage in diesen Fällen sich nicht nur niemals ereignet hat, sondern sogar in das System der Individualvollstreckung nicht hineinpaßt, so ergibt sich, daß die ganze Grundlage der gegenteiligen Auffassung in den Motiven zu finden ist. Dort (S. 413) wird die Zulässigkeit der Widerspruchsklage für solche Fälle ausgesprochen.

III.

Was heißt: „die Veräußerung hindern"?

Wir fragen zuerst: Was heißt: hindern? In den meisten Fällen wird dieses Wort am wenigsten beachtet und gern ohne weiteres ersetzt, indem man sagt: das Recht müsse durch die Zwangsvollstreckung verletzt werden[1]. So muß man auch verfahren, wenn man in der Widerspruchsklage eine Leistungsklage erblickt. Man wird aber dabei dem Wortlaut des Gesetzes nicht gerecht. Denn wenn etwas „verletzen" kann, dann ist sein Eintritt gerade nicht „gehindert". — Das Wort „hindern" ist bisher nur von v. Schrutka[2] und Goldmann[3] besonders beachtet worden. v. Schrutka führt aus: „In dem Begriff des Hinderns liegt das Moment der Dinglichkeit,

---

[1] Vgl. Frommhold S. 230; Weismann, Hauptintervention S. 101; Kunze S. 16; R.G.Entsch. Bd. 55, S. 207 ff.

[2] v. Schrutka S. 86.

[3] Goldmann befindet sich hier (Gruch. 50, S. 822) offenbar in Abhängigkeit von v. Schrutka.

der Absolutheit. Die rechtliche Position des Dritten muß das Hindernis sein, welches den Übergang des fraglichen Vermögensstückes auf den Käufer als eine rechtliche Unmöglichkeit erscheinen läßt.“ Wir nehmen diese Gedanken gern an und wollen nur versuchen, sie etwas eingehender zu begründen. Wenn irgend ein Vorgang gehindert wird, so heißt das: er tritt nicht ein, weil er nicht eintreten kann. Insofern liegt ein „Moment der Absolutheit“ im Begriff des Hinderns. Was in diesem Falle „gehindert“ wird, also nicht eintreten kann, ist nach § 771 die Veräußerung, die wir nach den obigen Ausführungen als die Veräußerung durch den Schuldner anzusehen haben. Auf den Begriff der „Veräußerung“ haben wir an dieser Stelle noch einmal näher einzugehen.

Es gibt zweierlei Arten der Veräußerung: je nachdem sich die Veräußerung als Verfügung des Berechtigten oder als Verfügung des Nichtberechtigten darstellt. Auch der Nichtberechtigte kann veräußern, wie sich aus dem Wortlaut des § 932 B.G.B. zweifellos ergibt. Aber: eine solche Veräußerung „begründet keinen Rechtserwerb“ [1]. Der Rechtserwerb beruht in solchen Fällen auf der Veräußerung in Verbindung mit anderen, außerhalb der Veräußerung liegenden Umständen. Die Veräußerung erscheint dann als ein für die rechtliche Lage des veräußerten Gegenstandes unmittelbar unerheblicher Vorgang, als ein Vorgang von nur tatsächlicher Bedeutung. Ebenso sind die übrigen Voraussetzungen des gutgläubigen Erwerbs [2] nur tatsächlicher Natur. Tatsächliche Vorgänge können aber in irgend einem Recht ein Hindernis, d. h. einen ihren Eintritt mit Notwendigkeit ausschließenden Grund, nie finden. Sonst wäre überhaupt das Unrecht unmöglich.

So kommt es, daß ein Recht undenkbar ist, welches diese tatsächliche Veräußerung, wie sie ein Nichtberechtigter vornehmen kann, „hindern“ könnte. Daß im Gegenteil gerade das höchste Recht, das Recht des Eigentümers, eine solche Veräußerung nicht hindert, ergibt sich aus den §§ 932 ff., 892 ff. B.G.B.

---

[1] Sohm I, S. 51.

[2] Vgl. Sohm I, S. 54 f.

Diese tatsächliche Veräußerung kann auch nur durch tatsächliche Umstände gehindert werden.

In der zweiten Bedeutung dagegen bezeichnet das Wort „Veräußerung“ in erster Linie einen rechtlichen Vorgang: Äußerlich geschieht hier ganz das Gleiche wie bei der Veräußerung des Nichtberechtigten. Aber: „Die Verfügung des Verfügungsberechtigten begründet ... den Rechtserwerb“ [1]. Hier ist die „Veräußerung“, und sie allein, von unmittelbarer, die Rechtslage eines Gegenstandes ergreifender Wirkung. Und nur bei dieser, rechtlich unmittelbar wirksamen Veräußerung ist ein Recht logisch möglich, das sie „hindern“ könnte [2].

Daraus schließen wir: das Wort „Veräußerung“, im § 771 heißt: die den abgeleiteten Erwerb herbeiführende Veräußerung durch den Schuldner als den Berechtigten.

Und eine solche „Veräußerung“ soll durch das Recht des Dritten „gehindert“ werden: d. h. also nach dem Vorhergehenden: Infolge des Rechts des Dritten soll eine solche „Veräußerung“ des Gegenstandes durch den Schuldner unmöglich sein, es soll also die in der Veräußerung liegende Verfügungswirkung nicht eintreten können. Und insofern liegt, allerdings negativ, in dem Begriffe des Hinderns das Moment der Dinglichkeit [3].

Daneben steht aber auch, wie v. Schrutka a. a. O. hervorhebt, das Moment der Absolutheit: d. h.: die Veräußerung ist infolge des Hindernisses als rechtlich unmittelbar wirksame Veräußerung in dem oben präzisierten Sinne überhaupt nicht vorhanden. Im Gegensatz dazu bewirkt ein bloßes Veräußerungsverbot (B.G.B. 135, Z.P.O. 772) nur, daß die Veräußerung ganz bestimmten Dritten gegenüber unwirksam ist. Im übrigen aber besteht die Veräußerung völlig zu Recht. So hat das Veräußerungsverbot nur eine relative, ein Veräußerungshindernis dagegen eine absolute Wirkung.

---

[1] Sohm I, S. 50.

[2] So sagt auch v. Schrutka S. 86: „Selbstverständlich ist hier nur an den derivativen Erwerb, nicht an den originären zu denken.“

[3] Vgl. v. Schrutka a. a. O.

IV.

Jetzt erst können wir zu der Beantwortung der Kernfrage übergehen: Welches Recht hindert die Veräußerung? d. h. also nach dem eben Ausgeführten: Welches Recht des Dritten hat die Wirkung, daß es eine den derivativen Erwerb begründende „Veräußerung" des Gegenstandes durch den Schuldner, und damit auch die beabsichtigte Verfügungswirkung, absolut ausschließt?

A. Die Antwort auf diese Frage werden wir mit einer Reihe von Verneinungen beginnen: Wir werden eine Anzahl von Fällen erörtern, in denen (im Gegensatz zur herrschenden Lehre) unseres Erachtens ein die Veräußerung hinderndes Recht nicht gegeben ist.

Wir verneinen im folgenden also die Zulässigkeit der Widerspruchsklage des § 771, eben wegen des Mangels der im § 771 aufgestellten Voraussetzung: des die Veräußerung hindernden Rechts. Ob aber in einzelnen Fällen überhaupt die Widerspruchsklage zulässig ist, oder nicht, das ist, wie im § 3 a. E. ausgeführt, eine ganz andere Frage, die ihre Erledigung erst in § 6 des vorliegenden Versuches findet.

Dieser Gedanke muß bei den folgenden Ausführungen fest im Auge behalten werden.

Kein „die Veräußerung hinderndes Recht" ist:

1. Der Besitz. Zu diesem Schlusse führen zwei Wege:

a) einmal die einfache Überlegung, daß der Besitz kein Recht[1], also auch kein die Veräußerung hinderndes Recht ist.

b) Für den aber, der im Besitz ein Recht sieht[2], muß folgender Gedankengang ausschlaggebend sein: Wenn der Besitz ein die Veräußerung hinderndes Recht in dem oben angegebenen prägnanten Sinne wäre, dann müßte der Schuldner, wenn er selbst Eigentümer, ein Dritter aber Besitzer der Sache wäre, nicht imstande sein, die Sache zu veräußern. Der Besitz der Sache auf seiten des Dritten müßte vielmehr die Veräußerung rechtlich unmöglich machen. Daß aber gerade das Gegenteil

[1] Über diese Frage brauche ich mich hier nicht zu verbreiten. Ich zitiere nur Sohm I, S. 28 Anm. 10.

[2] Vgl. Gaupp-Stein zu § 771 sub II, 1, b.

der Fall ist, ergibt sich aus § 931 B.G.B. Denn hier wird vorausgesetzt, daß nicht der Eigentümer, sondern ein Dritter Besitzer der beweglichen Sache ist, und doch steht einer Veräußerung nichts im Wege. Der Eigentümer ist vielmehr durchaus imstande, eine vollkommen wirksame Veräußerung im eigentlichen Sinne vorzunehmen[1]. Daß sich dies bei Grundstücken ebenso verhält, bedarf keines Beweises[2], zumal hier zur Eigentumsübertragung niemals (im Gegensatze zum Regelfalle bei beweglichen Sachen: § 929 B.G.B.) eine Besitzübergabe erforderlich ist: § 925 B.G.B. Daraus folgt: Der Besitz ist kein die Veräußerung hinderndes Recht[3].

Wenn bisher die überwiegende Meinung in der Literatur dahin ging, daß der Besitz ein die Veräußerung hinderndes Recht sei, so erklärt sich dies einmal aus dem Glauben an die Notwendigkeit eines „die Veräußerung hindernden Rechts" zur Begründung der Widerspruchsklage in Verbindung mit dem Umstande, daß das Rechtsgefühl in vielen Fällen die Widerspruchsklage für den Besitzer fordert. So mußte, wenn anders dem Rechtsgefühl genüge geschehen sollte, der Besitz zu einem „die Veräußerung hindernden Rechte" gestempelt werden. (Auch wir werden dem Besitzer unter Umständen die Widerspruchsklage zubilligen, nur eben nicht gerade die Widerspruchsklage des § 771! — Vgl. unten § 6 II B 1).

Anderseits aber war der Grund der gegnerischen Anschauung in vielen Fällen die Auffassung, daß die Widerspruchsklage die normale Leistungsklage sei, diese also Platz zu greifen habe, wenn die Voraussetzungen der Leistungsklage gegeben seien. Wer daher in der den Besitz eines Dritten verletzenden Zwangsvollstreckung eine verbotene Eigenmacht sah, mußte die Wider-

---

[1] Völlig unverständlich ist es, wie Oertmann, Das Recht der Schuldverhältnisse, 2. Aufl. 1906, Vorbemerkung zu § 571—579 unter 2a Abs. 2 demgegenüber behaupten kann, daß der Mieter einer beweglichen Sache dadurch geschützt sei, „daß er Besitzer der Sache, deren Übergabe, damit auch ihre Übereignung, an den Erwerber folgerecht ohne seinen Willen unmöglich ist".

[2] Es wird dies vielmehr in § 571 B.G.B. als selbstverständlich vorausgesetzt.

[3] Der Besitz begründet auch nicht die Aussonderung im Konkurse: Jaeger, K.O. zu § 43 Anm. 3 a. E.

spruchsklage zulassen[1]. Dieser Anschauung können wir, da wir von einer anderen Grundauffassung ausgehen, nicht Folge leisten.

Auf gleichem Boden wie wir dagegen stehen Bunsen und Thiele: auch sie suchen, wie wir, in den Worten des § 771 eine Bestimmung darüber, welche Rechte die Widerspruchsklage begründen, auch sie gehen davon aus, daß die „Veräußerung" des § 771 die Veräußerung durch den Schuldner sei. Beide aber gelangen dazu, den Besitz als ein die Veräußerung hinderndes Recht zu bezeichnen[2]. Ihre Ausführungen beziehen sich aber fast ausschließlich auf den Fall, daß der Schuldner die Detention, der Dritte den juristischen Besitz habe. Abgesehen davon, daß dieser Fall für uns nicht mehr praktisch ist, ist es überdies falsch, dem juristischen Besitz eine die Veräußerung hindernde Kraft beizumessen. In den meisten Fällen wird zwar der juristische Besitzer ein die Veräußerung hinderndes Recht haben: dies ist dann aber nicht der juristische Besitz, sondern sein Recht als Eigentümer. Daß der juristische Besitz allein die Veräußerung nicht hindert, ergibt sich aus der Betrachtung eines Falles, in dem der Dritte nur den juristischen Besitz und nicht auch das Eigentum hat. Dieser Fall liegt vor, wenn der Dritte Pfandbesitzer ist. Er besitzt quoad interdicta, hat also den juristischen Besitz: und dennoch kann der Schuldner das Eigentum an der Sache auf einen anderen übertragen!

Ohne durchschlagenden Beweis rechnet Gaupp-Stein[3] den Besitz zu den die Veräußerung hindernden Rechten.

2. Obligatorische Rechte.

a) Daß diejenigen obligatorischen Rechte, die auf Verschaffung, Leistung[4] gerichtet sind, nicht als die Ver-

---

[1] So Westerburg S. 890; Nessel I, S. 110; Falkmann S. 427; Frommhold S. 249 ff.; Gütermann S. 128 ff.; Weismann, Lehrb. Bd. 2, S. 105; das Reichsgericht: V. C.S. 9. Juli 1881 (J. W. 1881, S. 159 f., Seuff. Arch. 37 Nr. 80); III. C.S. 20. Juni 1893 (J. W. 1893, S. 350, Nr. 32); V. C.S. 30. Januar 1895 (Entsch. Bd. 34, S. 472; J. W. 1895, S. 126 f. Nr. 4). — Hierher ist auch zu rechnen, trotz abweichender Auffassung vom Wesen der Widerspruchsklage: Seuffert zu § 771 sub 2c.

[2] Bunsen a. a. O. S. 90; Thiele a. a. O. S. 93 f.

[3] zu § 771 sub II, 1b.

[4] Über die Gegenüberstellung der „Verschaffungsansprüche" und „Her-

äußerung hindernde Rechte aufzufassen sind, darüber besteht allgemeines Einverständnis[1]. Ist doch auch z. B. der Verkäufer durch nichts gehindert, das Eigentum an der verkauften Sache, statt auf den Käufer, auf einen Dritten zu übertragen. Wenn nur der Verkäufer Eigentümer war, liegt eine völlig wirksame „Veräußerung" in dem oben bezeichneten Sinne vor.

b) Die größte Meinungsverschiedenheit dagegen besteht darüber, ob diejenigen obligatorischen Rechte, die nicht auf Verschaffung, sondern auf Rückgabe gerichtet sind[2], die Widerspruchsklage begründen, oder nicht.

Keine Lösung, sondern nur eine Umgehung der Schwierigkeit ist es, wenn v. Schrutka[3], Petersen-Anger-Remelé[4] und Struckmann-Koch[5] die Begründung der Widerspruchsklage auf diese Rechte zulassen mit der Erwägung: es sei durch den Beweis eines solchen Rechtes, Gegenbeweis vorbehalten, der Beweis dafür erbracht, daß der Schuldner nicht Eigentümer, bezw. daß der Dritte Eigentümer sei. Dann stützt sich aber die Widerspruchsklage gar nicht auf das obligatorische Recht, sondern entweder auf die Tatsache, daß der Schuldner nicht Eigentümer ist[6], oder auf die Eigenschaft

ausgabeansprüche" vgl. Jaeger, K.O. zu § 43 Anm. 3. Wir wählen im folgenden statt des zweiten Wortes den Ausdruck „Anspruch auf Rückgabe". Denn in den §§ 812 ff. B.G.B. spricht das Gesetz von „Herausgabe", obwohl es sich hier um „Verschaffung" handelt.

[1] v. Glasenapp, Gruch. 24, S. 290 ff.; Hellmann, Lehrb. S. 833; Richter S. 134; Bunsen S. 72; Planck 2. Bd., S. 715; v. Schrutka S. 116; Frommhold S. 248; Thiele S. 105; Gütermann S. 107; Nessel II, S. 36; Schmidt, Lehrb. S. 1037; Goldmann S. 822; Weismann, Lehrb. 2. Bd., S. 105; Falkmann S. 429 f.; Gaupp-Stein, zu § 771 sub II, 1c; Seuffert zu § 771 sub 2c; Petersen-Anger-Remelé, zu § 771 sub 6d; das Reichsgericht: III. C.S. 18. März 1887 (Entsch. Bd. 18, S. 365 ff.); V. C.S. 8. Februar 1902 (Gruch. 46, S. 671, J. W. 1902, S. 170, Nr. 29); VII. C.S. 18. September 1906 (Gruch. 51, S. 959 ff. — Hier handelt es sich um den Anspruch auf Abtretung einer Forderung).

[2] also z. B. die actio directa depositi, commodati, mandati.

[3] v. Schrutka S. 117.

[4] Petersen-Anger-Remelé zu § 771 sub 6d.

[5] Struckmann-Koch zu § 771 sub 2.

[6] Diese Tatsache aber können wir nicht als ein „die Veräußerung hinderndes Recht" des Dritten betrachten.

des Dritten als Eigentümer (hierüber s. unten S. 97 ff.)[1]. Damit ist aber auf die Frage: hat der persönliche Anspruch als solcher die Kraft, die Widerspruchsklage zu begründen? — keine Antwort gegeben[2].

Eine wirkliche Antwort auf diese Frage wird in verneinendem Sinne von einigen unter den Schriftstellern gegeben, welche die Widerspruchsklage für die Leistungsklage erklären, die dem Dritten zum Schutze des durch die Zwangsvollstreckung verletzten Rechts von vornherein zur Verfügung stehe. Aus der Natur des Forderungsrechts ergäbe sich, daß es einem Dritten, d. h. also hier dem Gläubiger gegenüber, nicht geltend gemacht werden könne, und so sei eine Begründung der Widerspruchsklage auf obligatorische Rechte schlechthin ausgeschlossen. Dieser Gedankengang findet sich bei v. Glasenapp[3], Nessel[4], Staub[5], Falkmann[6], Frommhold[7], Gütermann[8].

Bunsen[9] schließt alle obligatorischen Rechte von der Begründung der Widerspruchsklage aus, da das Gesetz von Rechten an dem Gegenstand der Zwangsvollstreckung spräche.

Dagegen geht bei weitem die überwiegende Meinung dahin, die Widerspruchsklage in diesen Fällen zuzulassen.

Bei Schmidt[10] und Gaupp-Stein[11] erscheint die Zulassung solcher Rechte zur Begründung der Widerspruchsklage

[1] Wenn der Dritte behauptet, Eigentümer und z. B. Deponent zu sein, so genügt zum Beweise des Eigentums der Beweis der Hinterlegung, d. h. des mittelbaren Besitzes: B.G.B. § 1006, 3. Wenn der Gläubiger zum Gegenbeweis das Eigentum des Schuldners beweist, so ist hierin nicht, wie es bei Schmidt (ZZ. 17, S. 416, Lehrb. S. 1028, 1033; vgl. Gütermann S. 120 ff.) scheinen möchte, eine Umkehrung, sondern nur eine Verteilung der Beweislast zu erblicken.

[2] Vgl. Schmidt, ZZ. 17 S. 416.

[3] Gruch. 24 S. 293.

[4] Gruch. 28 S. 109.

[5] J. W. 1888, S. 265.

[6] S. 431 f.

[7] S. 248.

[8] S. 113.

[9] S. 72. — Ähnlich Kunze S. 37 ff., bes. S. 39.

[10] Lehrbuch S. 1029.

[11] zu § 771 sub I.

gleichsam als ein Postulat der praktischen Vernunft. Für Stein[1] sind diese Forderungsrechte „ihrem wirtschaftlichen Charakter nach mit der Zugehörigkeit zum Vermögen des Schuldners unverträglich". Nach Kohler[2] kann die Widerspruchsklage, eine „vindikatorische Aussonderungsklage", „auch eine actio depositi oder commodati vertreten".

Als Beweis für die Möglichkeit der Zulassung dieser Forderungsrechte zur Begründung der Widerspruchsklage wird vorgebracht:

1. Einmal das Interesse des Deponenten, Kommodanten, der dadurch zur Erhebung der Widerspruchsklage hinreichend legitimiert sei. So Wach, Feststellungsanspruch S. 22.

2. Sodann der Hinweis auf § 43 K.O. So Jaeger[3], Schmidt[4], Weismann[5], Thiele[6], Pflüger[7], Seuffert[8], Petersen-Anger-Remelé[9]. Gegen diese Analogie sprechen sich aus: Bunsen[10], Gütermann[11], Voss[12].

3. Von anderen wird das Forderungsrecht als ein „die Veräußerung durch den Schuldner hinderndes Recht" hingestellt. In dieser Richtung bewegt sich schon die Ausführung bei Planck[13], und noch mehr bei Nessel[14]. Zu scharfem

---

[1] Gaupp-Stein, a. a. O.; Stein in Birkmeyer, Enzyklopädie der Rechtswissenschaft 1904, S. 998.

[2] ZZ. 29 S. 15.

[3] K.O. zu § 43 Anm. 5.

[4] Lehrbuch S. 1029.

[5] Lehrbuch 2. Bd., S. 105.

[6] a. a. O. S. 104.

[7] Pflüger, Die Vollstreckungspfändung als Prüfstein der Dinglichkeit. Arch. f. ziv. Praxis 83, S. 352 ff., bes. S. 360.

[8] zu § 771 sub 2e.

[9] zu § 771 sub 6d.

[10] S. 72 f.

[11] S. 123 ff.

[12] Arch. f. ziv. Praxis Bd. 71, S. 287.

[13] Lehrb. 2. Bd., S. 715 oben; vgl. auch O.L.G. Frankfurt, in: Rundschau, Sammlung von Entscheidungen in Rechts- und Verwaltungssachen aus dem Bezirke des O.L.G. Frankfurt a. M., 32. Jahrg. 1898, S. 259.

[14] Nessel II, S. 35 f. Hier verläßt Nessel ausdrücklich seinen alten, oben bezeichneten Standpunkt (vgl. Nessel I, S. 109).

Ausdruck kommt dieser Gedanke aber nur bei Thiele[1] und Goldmann[2].

4. Endlich erscheinen diese Forderungsrechte als „Ansprüche, die sich den dinglichen Rechten nähern“[3], oder gar als „dingliche Forderungsrechte“[4]; und so wird es auch einem Anhänger der materiellrechtlichen Auffassung vom Klagerecht, für den die Widerspruchsklage die normale Leistungsklage ist, möglich gemacht, die Widerspruchsklage in diesen Fällen mit gutem Gewissen zuzulassen, obgleich sie sich hier nicht gegen den obligatorisch Verpflichteten richtet.

Wenn wir im Folgenden Stellung zu nehmen versuchen, so ist abermals[5] darauf hinzuweisen, daß die herrschende Lehre sagt: die Widerspruchsklage gründet sich nur auf ein die Veräußerung hinderndes Recht! Es wird daher die Frage nach dem Widerspruchsrecht des Rückforderungsberechtigten identifiziert mit der Frage: ist ein Rückforderungsrecht ein die Veräußerung hinderndes Recht? Wer die Widerspruchsklage auf Grund eines Rückforderungsrechts zuläßt, der erklärt dieses Forderungsrecht damit ausgesprochen[6] oder unausgesprochen für ein die Veräußerung hinderndes Recht, und wer die Widerspruchsklage nicht zuläßt, spricht den Rückforderungsrechten die Eigenschaft eines die Veräußerung hindernden Rechts ab.

Da wir aber davon ausgehen[7], daß der § 771 nur einen Einzelfall der Widerspruchsklage regele, und daß diese Klage bei weitem nicht nur auf ein die Veräußerung hinderndes Recht gegründet werden könne, so dürfen wir uns an dieser Stelle, wo wir nur die Widerspruchsklage des § 771 behandeln, nur fragen: sind die Forderungsrechte auf Rückgabe die Veräußerung hindernde Rechte?

---

[1] a. a. O. S. 97 f.

[2] a. a. O. S. 821. — Vgl. auch O.L.G. Frankfurt a. a. O.

[3] Frommhold (der hiermit seinen früheren Standpunkt in der Monographie S. 248, verläßt) in ZZ. 23 S. 360.

[4] Pflüger, Arch. f. ziv. Praxis Bd. 83, S. 352 ff.; über die „dinglichen Forderungsrechte“ vgl. besonders Pflüger, „Über das Wesen der Dinglichkeit“ im Arch. f. ziv. Praxis 79, S. 406 ff., bes. S. 425.

[5] Vgl. oben § 3 am Anfange (S. 55).

[6] Vgl. Gaupp-Stein zu § 771 sub II, 1 c.

[7] oben § 3 a. E. bes. S. 61.

Unter diesem Gesichtspunkte versuchen wir es nunmehr, zu den oben unter 1.—4. aufgeführten Beweisen für die Zulassung obligatorischer Rechte auf Rückgabe zur Begründung der Widerspruchsklage Stellung zu nehmen. Wir prüfen an dieser Stelle nur die Richtigkeit der Behauptung: Ein Forderungsrecht auf Rückgabe ist ein die Veräußerung hinderndes Recht! und lassen die Frage, ob dem Rückforderungsberechtigten überhaupt eine Widerspruchsklage zusteht, oder nicht, vorläufig noch ganz aus dem Spiel. Eine Antwort auf diese Frage suchen wir erst im letzten Paragraphen dieser Abhandlung zu geben[1].

1. Ein Interesse an der Befreiung der gepfändeten Sache hat der Deponent oder Kommodant zweifellos. Das Gesetz gibt aber in § 771 die Widerspruchsklage nicht jedem rechtlich Interessierten, sondern nur dem, der ein die Veräußerung hinderndes Recht hat. Die Widerspruchsklage des § 771 kann also auf das bloße Interesse nicht gestützt werden.

2. Die Berufung auf § 43 K.O. hat ohne Zweifel auf den ersten Anschein eine gewisse überzeugende Kraft. Die praktische Ähnlichkeit der Aussonderungs- und der Widerspruchsklage, ihre gemeinsame Tendenz, Gegenstände, die im konkreten Falle nicht Exekutionsobjekte sein sollen, einer (General- oder Spezial-) Exekution zu entziehen, begründet durchaus die Vermutung, daß in beiden Fällen die gleichen Rechte geltend gemacht werden können. Wir wollen hier auch noch gar nicht die Frage entscheiden, ob die Widerspruchsklage überhaupt auf solche Forderungsrechte begründet werden könne oder nicht, sondern nur, ob diese Forderungsrechte „die Veräußerung hindern", ob also die Widerspruchsklage des § 771 mit diesen Rechten begründet werden könne (vgl. oben § 3 a. E.). Und auf diese Frage kann die bloße Analogie mit § 43 K.O. nicht die entscheidende Antwort geben, zumal, wie wir oben[2] gesehen haben, die Natur beider Klagen grundverschieden ist.

3. Wir müssen vielmehr den Worten des Gesetzes ins Auge

---

[1] unten § 6 II, B 1 (S. 165 ff.).

[2] S. 49 ff.

sehen und uns fragen: Sind diese Forderungsrechte „die Veräußerung hindernde" Rechte? Diese Frage bejahen, wie wir gesehen haben, besonders Thiele und Goldmann. So scharf beide Schriftsteller aber auch sonst diese Worte des Gesetzes fassen — hier vergreifen sie sich beide an dem genauen Wortlaut. Thiele[1] sagt: „Die Zwangsvollstreckung ist unzulässig, sofern der Dritte einer freiwilligen Veräußerung seitens des Schuldners widersprechen kann." Außerdem beruft sich Thiele auf § 24 I 14 des Preußischen Allg. Landr.: „Ohne Einwilligung des Niederlegers darf der Verwahrer die ihm anvertraute Sache keinem anderen ausantworten"[2] also auch nicht veräußern, schließt Thiele. Ähnlich Goldmann[3]: der Schuldner sei „nicht befugt, die Sache zu veräußern". So richtig aber alle diese Überlegungen sein mögen, sie führen doch nicht zu dem Schlusse, zu dem Thiele und Goldmann uns zwingen möchten. Denn die Forderungsrechte auf Rückgabe hindern die Veräußerung — beide Worte in dem oben gefundenen prägnanten Sinn verstanden — nicht. Mag auch der Schuldner verpflichtet sein, die Sache nicht weiter zu veräußern, so ist in dieser Pflicht doch nicht ein dinglich, absolut wirkendes Hindernis (s. oben sub III.) für die Veräußerung zu sehen. Eine solche Wirkung kann eine bloße obligatorische Verbindlichkeit kraft ihrer eigenen Natur unmöglich haben. Dies sagt B.G.B. § 137[4] ausdrücklich für den denkbar strengsten Fall einer solchen Verbindlichkeit, nämlich für den Fall, daß die Verpflichtung, die Veräußerung zu unterlassen, sich nicht aus einem anderweitigen Schuldverhältnis als Nebenverpflichtung ergibt, sondern daß diese Verpflichtung als selbständige Hauptverpflichtung anzusehen ist: Eine solche Verpflichtung ist als Verpflichtung selbstverständlich wirksam (137, Satz 2). Der Schuldner kann eventuell bei Zuwiderhandeln schadenersatzpflichtig werden. Aber: die dennoch vorgenommene Verfügung, die Veräußerung, wird durch die obligatorische Verbindlich-

[1] S. 97.
[2] Vgl. § 691 B.G.B.
[3] a. a. O. S. 821.
[4] Diese Bestimmung ist übrigens Goldmann wohlbekannt: S. 822.

keit nicht berührt, sie ist, wenn sonst nur die Voraussetzungen für die Verfügung vorliegen, völlig rechtswirksam.

Und dennoch wird man uns vorhalten, welcher Depositar oder Kommodator ist denn imstande, diese Sache zu veräußern? Er hat ja doch nur ein Forderungsrecht und ist gar nicht Eigentümer. Also hat der Deponent und Kommodant doch ein die Veräußerung hinderndes Recht! — Das ist auch zweifellos richtig, jedenfalls in der größten Mehrzahl der Fälle. Aber: das die Veräußerung hindernde Recht ist nicht sein Forderungsrecht, sondern — der Umstand, daß er Eigentümer der Sache ist[1]. Die Tatsache, daß Forderungsrecht und Eigentum meist in einer Person vereinigt sind, erklärt den Irrtum, daß das Forderungsrecht die Veräußerung hindere — ein Irrtum bleibt diese Ansicht aber trotzdem. Dies zeigt sich ganz evident in dem sehr wohl denkbaren Falle, daß der Schuldner, also z. B. der Depositar, Eigentümer der hinterlegten Sache ist. Dann hat der Deponent nur sein Forderungsrecht, und dieses hilft ihm, wie oben gezeigt, gegen eine Veräußerung durch den Eigentümer gar nichts. Diese Überlegung macht es unmöglich, in dem Forderungsrecht ein die Veräußerung hinderndes Recht zu erblicken.

4. Genau so verhält es sich mit dem vierten Beweis für die Zulassung der obligatorischen Rechte zur Begründung der Widerspruchsklage. So lange die hinterlegte (oder geliehene) Sache dem Depositar (oder Kommodatar) nicht gehört, mag man von der dinglichen Natur dieser Forderungsrechte ungestraft sprechen. Gehört[2] die Sache aber dem Depositar, dann zerschellt an dieser Tatsache als an einem rocher de bronze jede „Dinglichkeit“ und damit jede Möglichkeit, auf diese Rechte die Aussonderungsklage oder die Widerspruchsklage des § 771 zu gründen[3].

So gelangen wir zu dem Schluß:

Ein bloßes Forderungsrecht, auch ein Forderungsrecht auf Rückgabe, ist nicht geeignet, die Veräußerung zu hindern.

---

[1] Hierüber vgl. weiter unten sub B (S. 97 ff.).

[2] Vgl. den Wortlaut von § 43 K.O.

[3] Gegen die Annahme, es sei den Forderungsrechten in diesen Fällen „eine Art dinglichen Charakters beigelegt“: Wach, Feststellungsanspruch S. 21.

Die Widerspruchsklage des § 771 kann daher auf Forderungsrechte nie gegründet werden.

c) Das Anfechtungsrecht ist, wie wir mit der herrschenden Lehre [1] annehmen, ein Forderungsrecht. Daraus ergibt sich nach den vorstehenden Ausführungen das einfache Resultat: das Anfechtungsrecht ist kein die Veräußerung hinderndes Recht. — Dieser einfache Gedankengang könnte genügen. Wir glauben aber wegen der praktischen Bedeutung dieser Frage ein näheres Eingehen nicht vermeiden zu dürfen und werden im folgenden unter α) die Anfechtung einer Veräußerung an den Vollstreckungsschuldner und unter β) die Anfechtung der Vollstreckungshandlung selbst ins Auge fassen.

α) Das Anfechtungsrecht, das sich gegen eine Veräußerung richtet, kommt für unsere Frage in dem Falle in Betracht, daß der Anfechtungsgegner der Vollstreckungsschuldner ist, und daß die Zwangsvollstreckung in denjenigen Gegenstand erfolgt, auf den sich das Anfechtungsrecht bezieht. Hindert dann das Anfechtungsrecht die Veräußerung durch den Vollstreckungsschuldner, also den Anfechtungsgegner? Man braucht die Frage nur zu stellen, um sofort die Antwort zu haben: Das Anfechtungsrecht hindert die Veräußerung nicht; im Gegenteil: das Anfechtungsrecht hindert die Veräußerung so wenig, daß es sie sogar fordert! Denn was will der anfechtende Konkursverwalter anderes, als daß der Anfechtungsgegner die Sache zur Konkursmasse zurückgebe, d. h. veräußere. Und wenn der Anfechtungsgegner vor der Geltendmachung des Anfechtungsrechts die Sache weiter veräußert hat — sollte diese Veräußerung nicht vollgültig sein? Aber auch dann, wenn der Anfechtungsgegner erst nach der Geltendmachung des Anfechtungsrechts die Sache an einen Dritten veräußert, wird die Wirksamkeit dieser Veräußerung durch das Anfechtungsrecht ebenso wenig berührt, wie sonst durch ein Forderungsrecht. Hier gilt genau dasselbe, was oben über die Unfähigkeit der Leistungsansprüche, die Veräußerung zu hindern, gesagt ist. (Vgl. oben unter 2a) [2].

---

[1] Vgl. Jaeger, K.O. zu § 29 und Anf.-Ges. zu § 1 Anm. 8 ff.

[2] Vgl. Weismann, Lehrb. 2. Bd., S. 106; Falkmann S. 432; Seuffert zu § 771 sub 2. — A. M. Schmidt, Lehrb. S. 1034 f.

Zu diesem Ergebnis führt uns die herrschende Lehre vom Wesen des Anfechtungsanspruchs. Vom Standpunkte der „Dinglichkeitslehre“ aus scheint es dagegen auf den ersten Blick so, als ergäbe sich ein entgegengesetztes Resultat[1]. Denn dann würde die Veräußerung des Gemeinschuldners an den Anfechtungsgegner und Vollstreckungsschuldner nach rückwärts nichtig werden, der Vollstreckungsschuldner also nie Subjekt des betreffenden Rechts und damit auch zu einer Veräußerung[2] desselben niemals imstande gewesen sein. Daraus scheint sich zu ergeben: das Anfechtungsrecht ist ein die Veräußerung hinderndes Recht.

Dieser Schluß ist aber falsch. Und zwar aus folgenden Gründen:

Hellwig selbst[3] betont aufs schärfste, daß (nach der Dinglichkeitslehre) die Folgen der Anfechtung direkt nicht für Gläubiger, sondern für die Konkursmasse[4] eintreten. Nach rückwärts erscheint also bis zur Konkurseröffnung der Gemeinschuldner, und nach der Konkurseröffnung die Konkursmasse als Subjekt des betreffenden Rechts. Daraus ergibt sich aber: Wenn der Anfechtungsgegner und Vollstreckungsschuldner an der Veräußerung verhindert war, so hatte dies seinen Grund darin, daß nicht er, sondern die Konkursmasse (bzw. der Gemeinschuldner) Subjekt des Rechts war[5]. Das Anfechtungsrecht der Gläubiger spielt dann nur eine mittelbare Rolle: Es allein hindert von sich aus die Veräußerung nicht.

Es könnte daher scheinen, als ob unter diesen Umständen das Anfechtungsrecht wenigstens mittelbar zur Begründung der Widerspruchsklage herangezogen werden könnte auf Grund folgender Überlegung: Wenn infolge der Anfechtung die Konkurs-

---

[1] Vgl. Hellwig, Anfechtungsrecht und Anfechtungsanspruch nach der neuen KO., ZZ. 26 S. 474 ff., bes. S. 475 ff.

[2] das Wort „Veräußerung“ in dem oben (S. 77) bezeichneten prägnanten Sinne gebraucht.

[3] a. a. O. S. 485.

[4] diese ist nach Hellwig bekanntlich ein „selbständiges Sondervermögen“. Vgl. Lehrb. 1. Bd. S. 295.

[5] Vgl. hierüber unten sub B.

masse als das Subjekt des betreffenden Rechts anzusehen ist, dann hat die Konkursmasse ein die Veräußerung hinderndes Recht [1]. Die Konkursmasse ist im Verhältnis zum Anfechtungsgegner (dem Vollstreckungsschuldner) ein Dritter: also kann der Konkursverwalter, nachdem er als Vertreter der Gläubiger die Anfechtungserklärung abgegeben hat, nunmehr als Vertreter der Konkursmasse [2] auf Grund der durch die Anfechtung wiederhergestellten Zugehörigkeit des betreffenden Rechts zur Konkursmasse die Widerspruchsklage des § 771 erheben. Zu diesem Ergebnis gelangt man auf Grund der Hellwigschen Gedanken mit Notwendigkeit. Aber dieses Ergebnis ist nicht endgültig. Wir müssen noch zwei von Hellwig auf das entschiedenste hervorgehobene Gedanken in die Schlußfolgerung eingliedern, und werden damit zum entgegengesetzten Resultat gedrängt: Diese beiden Gedanken sind:

1. Die Gläubiger einerseits und die Konkursmasse andererseits sind scharf voneinander zu scheiden [3].

2. Die durch die Anfechtungserklärung herbeigeführte Nichtigkeit ist „nur ‘gegenüber den Konkursgläubigern’ vorhanden, also nur eine relative“ [4] also Dritten gegenüber, also auch der Konkursmasse gegenüber nicht vorhanden — so müssen wir den Gedanken fortsetzen.

Daher kann der Konkursverwalter auch in seiner Eigenschaft als Vertreter der Konkursmasse diese relative Nichtigkeit gar nicht geltend machen, er kann daher auch nicht ein die Veräußerung hinderndes Recht der Konkursmasse behaupten: denn der Konkursmasse gegenüber ist, wie früher dem Gemeinschuldner gegenüber, das anfechtbare Rechtsgeschäft vollkommen wirksam: und wie vor der Konkurseröffnung der Gemeinschuldner, so muß jetzt der Konkursverwalter als Vertreter der Konkursmasse die Zugehörigkeit des anfechtbar veräußerten Gegenstandes zum Vermögen des Anfechtungsgegners anerkennnen; er kann daher

---

[1] Vgl. unten sub B (S. 97 ff.).

[2] Vgl. Hellwig a. a. O. S. 481.

[3] Hellwig a. a. O. S. 481 und 485.

[4] Hellwig a. a. O. S. 478. Vgl. Verträge auf Leistung an Dritte S. 381 Anm. 798, Lehrb. 1. Bd., S. 224 Anm. 9.

nicht ein die Veräußerung hinderndes Recht der Konkursmasse geltend machen[1].

Damit ist aber auch die Möglichkeit genommen, — vom Standpunkte der Dinglichkeitslehre aus — das Anfechtungsrecht, wenn auch nur mittelbar, zur Begründung der Widerspruchsklage des § 771 zuzulassen.

Wir gelangen also zu dem Ergebnis: von welcher Auffassung über das Wesen des Anfechtungsrechts man auch ausgehen mag, man kann es niemals, wenn die Anfechtung sich gegen eine Veräußerung richtet, als ein die Veräußerung hinderndes Recht bezeichnen.

β) Für den Fall, daß die Anfechtung sich gegen eine Pfändung richtet, ist zu beachten, daß dann der Gemeinschuldner zugleich der Vollstreckungsschuldner ist. Es handelt sich demnach hier um die Frage: hindert das Anfechtungsrecht die Veräußerung des Gegenstandes durch den Gemeinschuldner? Auch diese Frage beantwortet sich sehr einfach: Hier ist das Anfechtungsrecht gegen die Pfändung gerichtet. Es betrifft nur das Pfändungspfandrecht, das Eigentum an der Sache dagegen gar nicht. Mag man daher vom Wesen des Anfechtungsrechts die eine oder die andere Anschauung haben: das Eigentum an der Sache, und damit die Fähigkeit des Schuldners, es zu veräußern, darüber zu verfügen, läßt das Anfechtungsrecht, das gegen eine Pfändung gerichtet ist, völlig unberührt[2].

Daraus folgt, daß auch in diesem Falle das Anfechtungs-

---

[1] Er kann überhaupt die, nur den Gläubigern gegenüber vorhandene, relative Nichtigkeit des Rechtsgeschäfts in keiner Klage als Vertreter der Konkursmasse geltend machen. Wenn auch Hellwig das Gegenteil scharf hervorhebt (ZZ. 26 S. 485 f.), so müssen wir doch hierin einen inneren Widerspruch gegen seine eigenen Ausführungen erblicken. Und an diesem Widerspruch scheint uns die ganze Dinglichkeitslehre überhaupt zu scheitern. Dies aber nur beiläufig.

[2] Ganz etwas anders ist es, daß nach §§ 6, 7, 106 K.O. die Veräußerung durch den Schuldner nach der Konkurseröffnung oder dem Veräußerungsverbot relativ unwirksam ist. Dieser Umstand hat mit dem Anfechtungsrecht unmittelbar nichts gemein, und hindert überdies — wie sich weiter unten des näheren ergeben wird — die Veräußerung, streng genommen, gar nicht. (Ich verweise hier schon auf den Gegensatz, in dem die §§ 771 u. 772 Z.P.O. zueinander stehen.)

recht nicht als ein die Veräußerung hinderndes Recht aufgefaßt werden darf. Es kann also die Widerspruchsklage des § 771 nie begründen. Ob aber überhaupt die Widerspruchsklage auf ein Anfechtungsrecht dieser Art begründet werden kann, ist damit, genau wie wir es oben (unter b) für die Rückforderungsrechte auszuführen hatten, noch nicht entschieden. Auf diese Frage suchen wir erst weiter unten eine Antwort zu geben [1].

Anders die ganze bisherige Literatur und Rechtsprechung. Für sie entscheidet sich die Frage nach der Fähigkeit des Anfechtungsrechts zur Begründung der Widerspruchsklage allein danach, ob das Anfechtungsrecht ein die Veräußerung hinderndes Recht ist, oder nicht. Denn es ist allgemeiner Lehrsatz: die Widerspruchsklage setzt ein die Veräußerung hinderndes Recht voraus! [2] Wer ein solches in dem Anfechtungsrechte sieht, läßt die Widerspruchsklage zu und umgekehrt. Die Sachlage ist also genau die gleiche, wie wir sie oben (unter b) bei den Rückforderungsrechten auszuführen hatten.

Der Stand der Frage stellt sich folgendermaßen dar:

An der Spitze derer, die das Anfechtungsrecht für ein die Veräußerung hinderndes Recht [3] erklären, steht das Reichsgericht, das in zahlreichen Entscheidungen [4] den Satz ausgesprochen hat:

---

[1] S. 164 f.

[2] vgl. oben § 3 am Anfange (S. 55).

[3] und damit zugleich für fähig, die Widerspruchsklage zu begründen — hierüber entscheiden wir uns aber an dieser Stelle noch nicht.

[4] V. C.S. 3. November 1880 in Seuff. Arch. 36, Nr. 169;
VI. C.S. 9. Mai 1887, Entsch. 18, S. 394;
VI. C.S. 16. Januar 1890, J. W. 1890, S. 68, Nr. 3;
VI. C.S. 29. Dezember 1892, Seuff. Arch. 49, Nr. 65;
VI. C.S. 1. Mai 1893, Seuff. Arch. 49, Nr. 66, J. W. 1893, S. 294 Nr. 3, Gruch. 38, S. 180 ff.
V. C.S. 24. Januar 1894, J. W. 1894, S. 122 Nr. 18;
VI. C.S. 18. Juni 1894, J. W. 1894, S. 427 Nr. 24;
VI. C.S. 14. Februar 1895, J. W. 1895, S. 202 Nr. 15;
III. C.S. 29. Oktober 1897, Entsch. 40 S. 371 ff., J. W. 1897, S. 631 Nr. 12;
III. C.S. 17. Juni 1898, J. W. 1898, S. 478 f. Nr. 12;
VII. C.S. 26. März 1901, Leipziger Zeitschrift für Handels-, Konkurs- und Versicherungsrecht, 2. Jahrgang (1908) Nr. 8 S. 609 ff. unter 5, J. W. 1901 S. 330 und Gruch. 46, S. 1094 ff.;

Wenn der Konkursverwalter eine Pfändung anficht, so ist er Dritter, und macht ein die Veräußerung hinderndes Recht an dem Gegenstande der Zwangsvollstreckung geltend; die Anfechtungsklage ist in diesem Falle also eine Widerspruchsklage nach § 771, und muß daher bei dem — nach § 802 ausschließlichen — Gerichtsstand des § 771 erhoben werden.

Der Autorität des Reichsgerichts folgen: Bunsen[1], Thiele[2], Gaupp-Stein[3], Petersen-Anger-Remelé[4], Struckmann-Koch[5], Weismann[6], Schmidt[7], die Oberlandesgerichte Karlsruhe[8], Dresden[9] und Darmstadt[10], sowie das Landgericht Leipzig[11].

Im Gegensatz zu den bisher Genannten stehen eine Anzahl Schriftsteller auf dem von uns geteilten Standpunkte, daß das Anfechtungsrecht kein die Veräußerung hinderndes Recht sei. Damit wird aber von den zu nennenden Autoren — im Gegensatze zu uns (s. oben) — zugleich die Möglichkeit verneint, auf das Anfechtungsrecht überhaupt eine Widerspruchsklage zu gründen.

Seuffert[12] führt aus, daß die Widerspruchsklage nur dann gegeben sei, wenn die Zwangsvollstreckung in das Vermögen eines Dritten übergreife. Dies sei hier aber gar nicht der Fall.

VII. C.S. 27. März 1903, Leipziger Zeitschr. a. a. O., Recht 1903, S. 267, Soergel 1903, S. 452 Nr. 4.

Im Gegensatz dazu äußert sich der II. Civilsenat am 28. Juni 1898 (Entsch. 42, S. 343 ff.) und am 20. April 1900 (J. W. 1900, S. 438) — anscheinend absichtlich — unentschieden.

[1] S. 78.

[2] S. 82, 91.

[3] zu § 771 sub II, 1 c a. E.

[4] zu § 771 sub 6 e (allerdings: „zweifelhaft").

[5] zu § 771 snb 2.

[6] Weismann, Lehrb. II, S. 106 sub 4.

[7] Lehrb. S. 1034 f.

[8] 14. Juni 1880, ZZ. 3, S. 499.

[9] 2. November 1895, Sächs. Arch. für Bürgerl. Recht Bd. 8, S. 761 ff.

[10] 11. Mai 1906, Recht 1906, S. 1268, Soergel 1906, S. 598.

[11] 1905, ZZ. 34, S. 347.

[12] Seuffert, Zur Kritik reichsgerichtlicher Entscheidungen aus dem Gebiete des Prozeßrechts. Zweiter Beitrag. ZZ. 20, S. 75 ff. Auf demsleben Standpunkte: Seuffert, Kommentar zu § 771 sub 3 a. E.

Der Anfechtungsgegner sei nur obligatorisch zur Rückgewähr verpflichtet.

v. Schrutka[1] sagt: „Es handelt sich hier gewiß nicht um eine Abirrung der Zwangsvollstreckung, um einen Exekutionsexzeß.“

Wie Seuffert, kommen von der Auffassung des Anfechtungsrechts als eines obligatorischen Rechts zu demselben Resultat: Planck[2], Langheineken[3], und, wenn auch nicht ausdrücklich, Wendt[4], ganz besonders aber Jaeger[5].

3. Begrenzte Rechte.

a) Begrenzte Rechte an Sachen.

Der Eigentümer kann eine mit einem Nießbrauch oder Pfandrecht usw. belastete Sache rechtlich wirksam veräußern[6]. Das dingliche Recht an der Sache hindert die Veräußerung nicht: Der Erwerber wird Eigentümer und die Belastung bleibt bestehen — es sei denn, daß sie infolge des guten Glaubens des Erwerbers untergeht[7].

Diese Sätze dürften unbestritten sein. Wir kommen daher zu dem einfachen Ergebnis: Ein begrenztes Recht an einer Sache ist kein „die Veräußerung hinderndes Recht“ im Sinne des § 771.

Dieser Satz ist auch allgemein anerkannt für den Fall der Zwangsversteigerung eines Grundstücks. Die begrenzten Rechte an einem Grundstücke bleiben entweder bestehen oder sie erlöschen (§ 52 Z.V.G.), die Widerspruchsklage des § 771 zu begründen sind sie aber nicht geeignet[8].

---

[1] a. a. O. S. 28; vgl. S. 80 Anm. 1.

[2] Lehrb. 2. Bd., S. 715 Anm. 45.

[3] Anspruch und Einrede S. 120.

[4] Wendt, Die Konkurs- oder Gläubigeranfechtung, Archiv für ziv. Praxis Bd. 91, S. 422 ff., bes. S. 447.

[5] K.O. zu § 29 Anm. 17, Leipziger Zeitschr. 1908, S. 611 f. Vgl. auch Falkmann S. 432 f.

[6] so daß hierin eine „Veräußerung“ in dem oben (S. 77) angegebenen prägnanten Sinne zu sehen ist.

[7] § 936 B.G.B. — Trotzdem liegt aber auch hier eine „Veräußerung“ in dem in Anm. 6 bezeichneten Sinne vor. Denn der gute Glaube ist hier für den Eigentumserwerb nicht erforderlich.

[8] Vgl. Seuffert zu § 771 sub 2b.

Ebenso bedarf es keines Beweises, daß die Eintragung einer Sicherungshypothek erfolgen kann, obwohl das betreffende Grundstück mit Nießbrauch oder Hypothek usw. belastet ist [1].

Fast die gesamte Literatur aber behauptet, daß bei Pfändung von beweglichen Sachen Nießbrauch und Pfandrecht als die Veräußerung hindernde Rechte aufzufassen seien — das Pfandrecht allerdings nur, wenn der Dritte sich im Besitze der Sache befindet (805 arg. e contr.). Diesen Standpunkt vertreten: Voss [2], Nessel [3], Bunsen [4], Richter [5], v. Schrutka [6], Frommhold [7], Planck [8], Thiele [9], Fitting [10], Weismann [11], Kunze [12], und die Kommentare [13].

Von der Meinung dieser Autoren weichen ab: Frantz [14], Siebenhaar [15], Schmidt [16].

Wenn man die Widerspruchsklage als Leistungsklage auffaßt, so ist die herrschende Lehre zu verstehen. Dann darf man sich aber, gerade wie bei der Frage des Anfechtungsrechts, um den Wortlaut des Gesetzes nicht kümmern und darf nur

---

[1] Der Fall der Zwangsverwaltung hat hier, wie oben (S. 69 f.) aufgeführt, außer Betracht zu bleiben, da in diesem Falle der „Gegenstand der Zwangsvollstreckung" kein „Gegenstand" ist.

[2] Gruch. 23, S. 264.

[3] Nessel I, S. 177.

[4] Bunsen S. 80 ff.

[5] Richter S. 135.

[6] v. Schrutka S. 86 u. 112.

[7] Frommhold S. 247.

[8] Planck, Lehrb. 2. Bd., S. 714 Anm. 40.

[9] Thiele S. 92.

[10] Fitting S. 571 Anm. 13.

[11] Weismann, Lehrb. 2. Bd., S. 104 f.

[12] Kunze S. 24 f.

[13] Gaupp-Stein zu § 771 sub II, 1a; Seuffert zu § 771 sub 2b und d; Petersen-Anger-Remelé zu § 771 sub 6b; Struckmann-Koch zu § 771 sub 2.

[14] Frantz S. 22: „Das die Veräußerung hindernde Recht kann nur das Eigentumsrecht des Widersprechenden sein."

[15] Siebenhaar, Kommentar zur deutschen Z.P.O. 1877, S. 643: Der Nießbrauch hindere die Veräußerung nicht.

[16] Schmidt, Lehrb. S. 1035: „Ein Pfandrecht begründet die Widerspruchsklage nicht". — Die übrigen begrenzten Rechte begründen allerdings auch nach Schmidt (a. a. O. S. 1034) die Widerspruchsklage.

fragen: Welche Rechte werden durch die Zwangsvollstreckung widerrechtlich verletzt?[1] Zu diesen Rechten gehören nun zweifellos die Belastungen eines Grundstückes nicht (s. oben), wohl aber Nießbrauch und Pfandrecht an beweglichen Sachen — also sind sie „die Veräußerung hindernde Rechte" und begründen die Widerspruchsklage[2]; so schließen die Gegner[3].

Gegen deren Auffassung wenden wir uns — gerade so wie oben unter 1. und 2. — an dieser Stelle auch nur insofern, als wir es in Abrede stellen, daß die begrenzten Rechte an beweglichen Sachen „die Veräußerung hindernde Rechte" seien, daß also die Widerspruchsklage des § 771 auf sie gestützt werden könne. Inwieweit aber nach unserer Auffassung der Nießbraucher oder Pfandberechtigte dennoch eine Widerspruchsklage erheben kann, werden wir erst weiter unten auszuführen Gelegenheit haben[4].

b) Begrenzte Rechte an Forderungsrechten und anderen Vermögensrechten.

Auch in diesen Fällen hindert das Bestehen des begrenzten Rechts die Veräußerung des belasteten Rechts nicht. Der Herr des belasteten Rechts kann es vielmehr beliebig veräußern. Nur in einzelnen Beziehungen erleidet seine Fähigkeit, über das Recht zu verfügen, eine Einschränkung[5], die Veräußerungsbefugnis bleibt aber unberührt. Daher können wir auch an dieser Stelle die begrenzten Rechte nicht als „die Veräußerung hindernde" Rechte im Sinne des § 771 bezeichnen. Darüber aber, ob auf diese Rechte überhaupt eine Widerspruchsklage gestützt werden kann, oder nicht, haben wir erst später zu handeln[6].

---

[1] Vgl. Kunze S. 24.

[2] soweit nicht § 805 eingreift: s. oben.

[3] vgl. Frommhold S. 247; die meisten Autoren begnügen sich allerdings mit der bloßen Behauptung. — Bunsen S. 83 f. unternimmt den Versuch, nachzuweisen, daß der Nießbrauch die Eigentumsübertragung hindere. Dem können wir, nach den obigen Ausführungen auf dem Boden des B.G.B. nicht beitreten.

[4] Vgl. unten S. 165 ff.

[5] Vgl. B.G.B. 1074, 1077, 1281, 1282.

[6] unten S. 155 f.

c) Begrenzte Rechte an einem andren Gegenstande als an dem Gegenstande der Zwangsvollstreckung.

Daß solche Rechte die Widerspruchsklage des § 771 nicht begründen können, sollte ohne weiteres klar sein, wenn man den Wortlaut des Paragraphen ins Auge faßt. Denn danach muß das die Veräußerung hindernde Recht an dem Gegenstande der Zwangsvollstreckung selbst, und darf nicht an einem anderen Gegenstande bestehen. Es bedarf demnach gar nicht mehr des Hinweises darauf, daß diese Rechte schon kraft ihrer Eigenschaft als begrenzte Rechte hier gar nicht in Frage kommen, da überhaupt begrenzte Rechte die Veräußerung nicht hindern, wie oben sub a) und b) nachgewiesen. Dies ist alles so einfach, daß die Frage berechtigt ist, ob denn wirklich das Gegenteil behauptet ist. Dies ist aber tatsächlich geschehen — allerdings nur, weil man die rechtliche Situation sich nicht genügend klar gemacht hatte.

Es handelt sich namentlich um den Fall des § 865, 2 Z.P.O. Hier sind „Gegenstand der Zwangsvollstreckung" (im wichtigsten Falle) Zubehörstücke des Grundstückes, an dem eine Hypothek besteht. Die Zwangsvollstreckung ist nach dem Sinn der Gesetzesworte als unzulässig zu bezeichnen. Hat der Hypothekar die Widerspruchsklage des § 771?[1] Wir müssen die Frage verneinen. Denn das Recht des Hypothekars ist ein Recht an dem Grundstücke, also nicht „an dem Gegenstande der Zwangsvollstreckung"[2], die Widerspruchsklage des § 771 ist hier demnach nicht am Platze[3].

B. Das die Veräußerung hindernde Recht.

I. Im allgemeinen.

Ein die Veräußerung hinderndes Recht an dem Gegenstande der Zwangsvollstreckung hat nur der-

[1] Diese Frage bejaht z. B. Seuffert, zu § 771 sub 2b.

[2] Außerdem hindert die Hypothek den Eigentümer nicht, das Zubehör zu veräußern — ist also auch kein Recht, das die Veräußerung des Gegenstandes der Zwangsvollstreckung hindert.

[3] Ob überhaupt keine Widerspruchsklage gegeben sei, ist eine andere Frage, die hier noch nicht beantwortet wird. Vgl. unten S. 160 f.

jenige, dem der Gegenstand (ganz oder zu einem Bruchteile) gehört. Den Beweis für die in dem „nur“ enthaltene Negation haben wir in den vorstehenden Ausführungen (unter A.) zu erbringen gesucht. Daß aber derjenige, dem der betreffende Gegenstand gehört, daran ein die Veräußerung hinderndes Recht hat, ist ein so allgemein anerkannter Satz, daß wir nach Anführung der Literatur und der Rechtsprechung sofort zum nächsten Punkte übergehen könnten, wenn sich nicht dem Beweise für den an die Spitze gestellten Satz ganz erhebliche — ja, gestehen wir es offen — fast unlösbare theoretische Schwierigkeiten in den Weg stellten. Darauf hinzuweisen halten wir aber für unsere Pflicht.

Die Schwierigkeit wird von jeher in der Rechtsprechung und Rechtslehre empfunden, wenn es sich um die Pfändung eines dem Dritten gehörenden Forderungsrechts handelt.

Man denke sich folgenden Fall:

Der Schuldner zediert eine ihm zustehende Forderung an den Dritten. Nach der Zession wird die Forderung in einer gegen den Schuldner gerichteten Zwangsvollstreckung nach §§ 828 ff. gepfändet. Hat der Dritte die Widerspruchsklage des § 771? Allgemein wird heute[1] die Frage bejaht[2].

---

[1] Der Widerspruch von Vierhaus (ZZ. 5, S. 119) und Voß (Arch. für ziv. Praxis 83, S. 369 ff.) gegen die Bejahung dieser Frage kann heute als überwunden gelten.

[2] Vgl. Nessel, Gruch. 28, S. 169 ff.; Frantz S. 22 Anm. 38; Bunsen S. 74 f.; Richter S. 135; Frommhold S. 247; v. Schrutka S. 112; Falkmann S. 421; Hellmann, Lehrb. S. 835 f.; Planck, Lehrb. 2. Bd., S. 715; Fitting S. 570 Anm. 13; Schmidt, Lehrb. S. 1037; Weismann, Lehrb. 2. Bd., S. 106; Stein in Birkmeyer, Enzykl. S. 998, (indirekt Thiele S. 88); Gaupp-Stein zu § 771 sub II, 1a; Seuffert zu § 771 sub 2d; Petersen-Anger-Remelé zu § 771 sub II, 6a; Struckmann-Koch zu § 771 sub 9.

Das Reichsgericht:

III. C.S. 8. März 1881, Entsch. Bd. 4, S. 111 ff.;

V. C.S. 30. Mai 1883, J. W. 1883, S. 227 Nr. 18;

II. C.S. 17. Oktober 1884, Entsch. Bd. 12, S. 379 ff. (auch in Seuff. Arch. 40, Nr. 164 u. J. W. 1884, S. 300 f. Nr. 19);

VI. C.S. 10. März 1887, Seuff. Arch. 42, Nr. 187 (auch J. W. 1887, S. 113 Nr. 13);

IV. C.S. 29. März 1893, Entsch. Bd. 31, S. 381 f.;

Was aber ist hier das „die Veräußerung hindernde Recht"? Wenn nicht dem Schuldner, sondern dem Dritten die gepfändete Forderung zusteht, so ist derjenige, der die Forderung veräußern[1] kann, der Dritte. Der Schuldner kann sie nicht veräußern. Er wird an der Veräußerung dadurch gehindert, daß dem Dritten die Forderung zusteht. Dies dürfte unbestritten sein. Es liegt also in der Person des Dritten ein die Veräußerung des Gegenstandes der Zwangsvollstreckung durch den Schuldner hindernder — Umstand (so wollen wir vorläufig sagen) vor. Wenn nun dieser „Umstand" wirklich ein „Recht an dem Gegenstande der Zwangsvollstreckung" ist, dann ist der Ring geschlossen und wir finden hier ein Recht, das die Widerspruchsklage des § 771 begründen kann.

Der fragliche Umstand ist die Eigenschaft des Dritten als Subjekts des Forderungsrechts. Ist damit ein Recht an dem Gegenstande der Zwangsvollstreckung, dem Forderungsrechte, gegeben?

Nach dem Preußischen Landrecht läßt sich diese Frage bejahen. Dieses Gesetz[2] kennt das „Eigentum eines Rechts" und

---

III. C.S. 25. Februar 1898, Seuff. Arch. 53 Nr. 263 (auch in J. W. 1898, S. 246 Nr. 7);

IV. C.S. 16. Januar 1899, Entsch. Bd. 43, S. 403 ff. (auch in Seuff. Arch. 56 Nr. 40, J. W. 1899, S. 94 Nr. 24);

VII. C.S. 24. April 1901, Entsch. Bd. 49, S. 347 ff. (auch J. W. 1901, S. 403 Nr. 19);

VII. C.S. 9. Dezember 1904, J. W. 1905, S. 89 Nr. 39;

Die Oberlandesgerichte:

Köln 1. April 1896: Sächs. Arch. f. Bürg. R. u. Pr. 9 S. 582 f.;

Dresden 17. Januar 1902: Recht 1902, S. 153 f., Soergel 1902, S. 380;

Hamburg 7. März 1903: Recht 1903, S. 343, Soergel 1903, S. 452 f.;

K.G. Berlin 12. Oktober 1905: Recht 1906, S. 311, Soergel 1906, S. 597 a;

Colmar 18. Dezember 1905: Recht 1906, S. 123, Soergel 1906, S. 597 e;

Colmar 22. Dezember 1905: Recht 1906, S. 942, Soergel 1906, S. 597 b;

Marienwerder 22. März 1907: J. W. 1907, S. 267 f. Nr. 32;

Karlsruhe 15. Juni 1907: Recht 1907, S. 1209 f. N. 2994, Soergel 1907, S. 732 Nr. 4.

[1] dies Wort in dem oben (S. 77) gefundenen prägnanten Sinne verstanden.

[2] I, 11, §§ 376 u. 393, I, 15 § 3. Hierauf weist schon Nessel, a. a. O. hin.

versteht darunter die Befugnis, „über die Substanz eines Rechts mit Ausschließung anderer, aus eigner Macht, durch sich selbst, oder einen Dritten zu verfügen“ [1]. Ähnliche Bestimmungen enthalten die bayrische und die österreichische Gesetzgebung [2].

An der Hand dieser Gesetzesstellen bildete sich in der Theorie die Lehre von der Übertragung des Eigentumsbegriffs auf die res incorporales, insbesondere auf die Forderungsrechte, aus [3]. In diesem Zusammenhange wird das Eigentum aber nur als ein „Eigentum im untechnischen Sinne“ verstanden, als das „volle Herrschaftsrecht“, das „Vollrecht“ an der unkörperlichen Sache [4], oder, wie es Bähr a. a. O. noch genauer ausgedrückt hat, als „die subjektive Berechtigung des einen im Gegensatze zu der jedes anderen“.

Von diesem Standpunkte aus versuchte zuerst das Reichsgericht [5] und nach ihm besonders Nessel [6] die Zulässigkeit der Widerspruchsklage in unserem Falle zu beweisen. Beide Autoritäten legen aber gleichfalls entschiedene Verwahrung dagegen ein, daß hier ein Eigentum „im eigentlichen Sinne“ vorliege [7], oder daß sich „die volle Übertragung des Eigentumsbegriffs auf Forderungen“ rechtfertige [8].

In demselben Sinne spricht auch die ganze Literatur, soweit sie in diesem Falle die Widerspruchsklage zuläßt, von einem eigentumsähnlichen Rechte des Forderungsberechtigten am Forderungsrechte [9].

Wir lassen vorläufig den Vergleich mit dem Eigentume

---

[1] I, 8 § 1.

[2] Bayr. L.R. II, 2, 1 u. 2; Österr. B.G.B. § 353.

[3] Vgl. Paul Roth, Bayr. Zivilrecht, 2. Teil, Tübingen 1872, S. 37 ff.; Dernburg, Preuß. Privatrecht, 5. Aufl. 1894, Bd. 1, S. 415; Gierke, Deutsches Privatrecht, in Binding, Handbuch, 2. Abt., 3. Teil, 2. Bd. 1905, S. 367 (vgl. auch Bd. 1, S. 273 u. 760 ff.); Otto Bähr, Zur Cessionslehre in Jherings Jahrb. 1. Bd. (1857), S. 351 ff., besonders S. 401.

[4] Gierke, a. a. O.

[5] Vgl. die zitierten Entscheidungen Bd. 4, S. 114; Bd. 49, S. 348.

[6] Nessel I, S. 173 f.

[7] Reichsgericht Entsch. Bd. 4, S. 114.

[8] Nessel, a. a. O.

[9] Vgl. besonders v. Schrutka S. 24; Frommhold S. 247; Bunsen S. 74 f.; Gaupp-Stein, a. a. O.

noch ganz aus dem Spiele und fragen uns nur: Hat nach Reichsrecht der Forderungsberechtigte ein Recht an der Forderung? Ist (nach Reichsrecht) „die Zuständigkeit eines Rechts“ [1] etwas rein Tatsächliches oder nicht?

Auf diese Frage läßt uns das B.G.B. ohne Antwort. Denn dieses Gesetz nennt außer Nießbrauch und Pfandrecht keine Rechte an Forderungsrechten [2], und in den § 398 ff., wo man über unsere Frage am ehesten eine Auskunft erwarten könnte, spricht das Gesetz nur von dem „bisherigen“ und dem „neuen“ Gläubiger. Die Stellung des Gläubigers zu dem Forderungsrechte selbst findet aber keine nähere Beleuchtung.

Anders dagegen die Z.P.O. Dort wird in § 75 das Verhältnis des Forderungsberechtigten zum Forderungsrecht als „die Berechtigung an der Forderung“ bezeichnet.

Von diesem Wort läßt sich kein Jota rauben! Man kann sich also auf die präsumtiv einheitliche Systematik unserer Reichsgesetze berufen und, gestützt auf § 75 Z.P.O., mit Gierke a. a. O. auch unter der Herrschaft des B.G.B. dem Forderungsberechtigten ein Recht an der Forderung zusprechen.

Dann ist der Ring geschlossen und der Gläubiger hat wirklich in seiner Eigenschaft als Inhaber des Forderungsrechts ein Recht an dem Forderungsrechte. Dieses Recht verleiht dem Gläubiger die Fähigkeit, über die Forderung zu verfügen: sie zu veräußern, zu belasten, bei Entgegennahme der geschuldeten Leistung erlöschen zu lassen. Dieses Recht des Gläubigers hindert daher auch die Veräußerung des Forderungsrechts durch einen Nichtgläubiger. Es ist also ein die Veräußerung hinderndes Recht und begründet deshalb, wenn die Forderung beim Nichtgläubiger gepfändet wird, für den Gläubiger die Widerspruchsklage des § 771 [3].

---

[1] Wir nehmen diesen Ausdruck von Windscheid-Kipp, 9. Aufl. Bd. 1, 1906, S. 860. Dort wird gegen die Verwendung des Eigentumsbegriffs an dieser Stelle polemisiert.

[2] B.G.B. §§ 1068 ff., 1273 ff.

[3] Auf den ersten Blick mag es schwierig erscheinen, sich einen Fall praktisch vorzustellen, in dem die Zwangsvollstreckung gegen den Schuldner eine Forderung betrifft, die tatsächlich einem Dritten zusteht, wo also die Forderung, die die Zwangsvollstreckung treffen soll, identisch ist mit einer

Das Problematische an dieser Lösung — die dennoch unseres Erachtens die einzige ist, die dem Wortlaute des § 771 völlig gerecht wird, — tritt aber klar zutage bei der Pfändung beweglicher Sachen eines Dritten und bei der Zwangsversteigerung eines Grundstücks eines Dritten. Zwar ist die hier zugrunde liegende Schwierigkeit bisher noch nie empfunden worden. Denn hergebrachter Weise wird — als sei es ganz selbstverständlich — in diesen Fällen das Eigentum als das die Veräußerung hindernde Recht genannt[1].

Die anscheinend zwingende Schlußfolgerung, die zu diesem Ergebnis führt, lautet etwa so: Wenn Gegenstand der Zwangsvollstreckung eine dem Schuldner nicht gehörige Sache ist, dann hat der Dritte, der an dieser Sache das Eigentum hat, ein Recht, kraft dessen der Schuldner keine rechtlich unmittelbar wirksame Veräußerung vornehmen kann, er hat also in dem Eigentume ein die Veräußerung hinderndes Recht und kann

---

Forderung, die einem Dritten zusteht. Diese Identität liegt aber einmal in dem oben erwähnten Falle vor, wo der Schuldner, der ursprüngliche Gläubiger, die Forderung vor der Zwangsvollstreckung auf den Dritten übertragen hat. [Daß er auch dem Dritten eine Urkunde nach B.G.B. § 410 Abs. 1 ausgestellt oder dem Schuldner nach § 410 Abs. 2 benachrichtigt hat, ist nicht erforderlich: denn von diesen formalen Vorgängen ist nicht der Übergang des Forderungsrechts auf den Dritten, sondern nur dessen Fähigkeit, das Forderungsrecht gegen den Verpflichteten geltend zu machen, abhängig. So schon, auf dem Boden des ähnlichen Preußischen Landrechts (I, 11, §§ 393 ff.), das Reichsgericht (Entsch. Bd. 4, S. 111 ff. (s. oben), bes. S. 115); Nessel I, S. 175]. Die Identität kann aber auch dann gegeben sein, wenn es augenscheinlich ist, daß die Zwangsvollstreckung eine Forderung betrifft, die dem Schuldner niemals, sondern von Anfang an dem Dritten zugestanden hat: so, wenn es sich um die Forderung aus einem ganz bestimmten Vertrage handelt, an dem nur der Dritte und nicht der Schuldner beteiligt war (vgl. die zitierten Entscheidungen R.G. 43, S. 403 ff.; 49, S. 347 ff.; außerdem Nessel I, S. 174).

[1] vgl. z. B. Olshausen S. 54; Voß, Gruch. 23, S. 264; v. Glasenapp, Gruch. 24, S. 264; Frantz S. 22; Bunsen S. 76 f.; Richter S. 134; Falkmann S. 421; v. Schrutka S. 112; Thiele S. 92; Gütermann S. 96; Kunze S. 17; Goldmann S. 821; Planck, 2. Bd, S. 714; Stein in Birkmeyer Enzyklopädie S. 998; Fitting S. 571 Anm. 13; Schmidt, Lehrb. S. 1034; Weismann, Lehrb. 2. Bd., S. 104; Gaupp-Stein zu § 771 sub II, 1a; Seuffert zu § 771 sub 2a; Petersen-Anger-Remelé zu § 771 sub II, 6a; Struckmann-Koch zu § 771 sub 2.

folglich die Widerspruchsklage des § 771 erheben. So erscheint das Eigentum als ein die Veräußerung hinderndes Recht.

Es sei uns gestattet, diese anscheinend ganz simple Wahrheit auf ihre Richtigkeit hin zu prüfen.

Zu diesem Zwecke versuchen wir es in erster Linie, uns Klarheit zu verschaffen über die Frage: Was heißt „Eigentum"?

Das Eigentum im technischen Verstande des B.G.B. ist verfügbar (§§ 925, 929 B.G.B.). Es ist daher ein „Gegenstand", ein „Vermögensrecht." Nicht über die Sache, nur über das Eigentum wird verfügt (925, 929 B.G.B.). Die Sache, als Ding der Außenwelt, ist juristisch etwas völlig Indifferentes. Als Gegenstand sinnlicher Wahrnehmung ist die Sache ein Stück Raum. Sie hat Form, Farbe, Geruch, Geschmack. Für den Nationalökonomen stellt die Sache einen Wert dar. Der Jurist sieht in der Sache nur ein Vermögensrecht, einen „Gegenstand", und diesen Gegenstand nennt er „Eigentum". So könnte man sagen: Das Eigentum ist das Ergebnis einer Projizierung der Sache in die Welt der juristischen Begriffe. Das Eigentum ist die Sache, gesehen mit dem Auge des Juristen[1].

In diesem Sinne haben wir auch oben[2] bei der Pfändung „körperlicher Sachen" und bei der Zwangsversteigerung eines Grundstücks als den „Gegenstand der Zwangsvollstreckung" das Eigentum an der Sache, und nicht den Sachkörper, hingestellt, und es erscheint uns, wie sich aus den Ausführungen

---

[1] Vgl. Sohm I S. 20 — Nur von diesem Standpunkte aus können wir die §§ 1017 und 96 B.G.B. verstehen. Denn die Gleichsetzung der „Folienrechte" mit den Grundstücken ist nur erklärlich als eine Gleichsetzung mit dem Grundstückseigentum. Ebenso ist der Gedanke, daß Rechte Bestandteile eines Grundstücks sein können, nur dann nicht geradezu widersinnig, wenn wir unter „Grundstück" nicht den sichtbaren Teil der Erdoberfläche, sondern das Eigentum am Grundstücke verstehen. (Umgekehrt will Kohler, Lehrb. des Bürgerl. Rechts, 1906, 1. Bd., S. 470 f. die Fläche des Nachbargrundstücks (!) in solchen Fällen als Bestandteil des herrschenden Grundstücks bezeichnen.) — Schließlich kann man eine Sache nur dann „Bestandteile eines Rechts" nennen (vgl. Sohm I, S. 19 f. Anm. 10 a. E.), wenn man ebenfalls unter der „Sache" das Eigentum an der Sache versteht.

[2] unter II dieses Paragraphen, S. 66 f. Ebenso v. Schrutka. S. oben a. a. O.

unter II dieses Paragraphen ergibt, die Feststellung gerade dieses Gedankens besonders wertvoll. Und wenn auch bei beweglichen Sachen der Sachkörper durch die Zwangsvollstreckung unmittelbar berührt wird — z. B. durch Anlegung von Siegeln —, so bedeutet dies doch nur die äußere Symbolisierung des unsichtbaren, nur in der Vorstellung sich vollziehenden, rechtlichen Vorgangs, durch den das Eigentum von der Staatsgewalt mit einem Pfandrechte belastet werden soll.

Wenn aber so schon der Gegenstand der Zwangsvollstreckung das Eigentum ist, kann dann auch das die Veräußerung hindernde Recht das Eigentum sein? Da der Vollstreckungsgegenstand nicht identisch sein kann mit dem an ihm bestehenden, die Veräußerung hindernden Rechte, so ist diese Frage zu verneinen. Und ein Eigentum am Eigentum gibt es nicht. Wir müssen daher sagen: Wenn das Eigentum Gegenstand der Zwangsvollstreckung ist, dann kann es auch nicht das Recht sein, das dessen Veräußerung hindert. Oder sollten wir etwa annehmen, daß das Eigentum seine eigene Veräußerung hindern könnte? Wir müssen uns daher entschließen, selbst das Eigentum im technischen Sinne von den die Veräußerung hindernden Rechten auszunehmen.

Und doch drängt die ganze Macht des Rechtsgefühls dahin, dem Eigentümer die Widerspruchsklage des § 771 zu geben.

Woher kommt Rat?

Aus der Übertragbarkeit des Eigentums ergibt sich, daß das Eigentum, das zuerst dem A und dann dem B zusteht, nicht nur wesensgleich, sondern individuell dasselbe Eigentum, dasselbe Vermögensrecht, ist. Das Eigentum nennt also den Eigentümer nicht; ebenso wie aus dem Inhalte der übrigen verfügbaren Vermögensrechte sich nicht ein Aufschluß darüber ergeben kann, wer momentan der Berechtigte ist. Der Umstand, daß eine bestimmte Person Subjekt des Eigentums ist, daß sie im Gegensatz zu allen anderen Personen aus dem Eigentume berechtigt, der Eigentümer, ist, liegt daher außerhalb des Begriffes des Eigentums im strengsten Sinne.

Dieser „Umstand" ist nun aber genau derselbe, wie der, nach dessen Wesen wir uns oben bei den Forderungsrechten gefragt, den wir von einer bedeutenden Literatur als das „Eigentum im untechnischen Sinne“, als „die subjektive Berechtigung des einen im Gegensatze zu der jedes anderen“ bezeichnet gefunden haben, und der fast von der gesamten Literatur und Rechtsprechung bei Forderungsrechten als das „die Veräußerung hindernde Recht“ bezeichnet wird.

Läßt sich dieser Gedanke auch auf das Eigentum (im technischen Sinne) anwenden? Kann man sagen: der Eigentümer hat als solcher ein Recht am Eigentume? Hier heißt es Farbe bekennen! Denn ich kann nicht dem Forderungsberechtigten ein Recht an seinem Forderungsrechte zusprechen und dem Eigentümer, der zu seinem Eigentume genau so steht, wie der Forderungsberechtigte zu seinem Forderungsrechte, ein Recht an seinem Eigentume absprechen[1].

Von dieser Stelle aus sehen wir deutlich das große Fragezeichen hinter der Theorie vom „Eigentum im untechnischen Sinne“.

Die einzig mögliche Lösung scheint uns folgende zu sein:

Der Forderungsberechtigte hat das Forderungsrecht, der Eigentümer hat das Eigentum. Er hat es von Rechtswegen. Dieses „Haben von Rechtswegen“, diese rechtlich geschützte Zuständigkeit des Vermögensrechts, ist das Einzige, was schließlich von dem „Eigentum im untechnischen Sinne“ übrig bleibt.

Und nur in diesem Sinne kann von einem „die Veräußerung hindernden **Rechte**“ des Forderungsberechtigten am Forderungsrechte, des Eigentümers am Eigentume gesprochen werden.

Dasselbe gilt von allen anderen verfügbaren „Gegenständen“[2],

---

[1] Es muß uns daher als inkonsequent erscheinen, wenn das „Eigentum im untechnischen Sinne“ bisher schon mit allen anderen Vermögensrechten, ja selbst mit dem Sondervermögen, nur noch nicht mit dem Eigentum (im technischen Sinne) verbunden worden ist (Roth und Gierke a. a. O., Gierke bes. S. 64 Anm. 71). — Bei Förster-Eccius, Preußisches Privatrecht, 7. Aufl., 3. Bd. (1896), S. 148 erscheint selbst das „Bergwerkseigentum“ als „Eigentumsobjekt“ (in demselben Sinne: Roth a. a. O. S. 38 Anm. 48).

[2] also auch z. B. von den „Folienrechten“.

insbesondere von den „Bruchteilen“, den „Anteilen kraft Vermögensrechts“[1]. Denn auch diese Bruchteile sind „Gegenstände“ im technischen Sinne[2]. „Jeder Teilhaber kann über seinen Anteil verfügen. (B.G.B. § 747) d. h.: Derjenige dem ein Bruchteil gehört, und nur er, kann den Bruchteil veräußern; er hat daher in demselben Sinne, wie der Forderungsberechtigte am Forderungsrechte, ein Recht, das die Veräußerung dieses Bruchteils durch jeden anderen hindert, und hat daher, wenn bei einer gegen einen anderen gerichteten Zwangsvollstreckung dieser Bruchteil gepfändet wird, die Widerspruchsklage des § 771.

Wie verhält es sich aber, wenn die Zwangsvollstreckung in den ganzen, jetzt in Bruchteile aufgeteilten, Gegenstand[3] erfolgt, und dem Schuldner nur ein Bruchteil gehört?

In diesem Falle kann der Schuldner, wie sich aus § 747 Satz 2 B.G.B. ergibt, über den gemeinschaftlichen Gegenstand im ganzen nicht verfügen. Er ist daher auch gehindert, ihn zu „veräußern“. Was ihn daran hindert, ist die Tatsache, daß ihm nicht der ganze Gegenstand, sondern nur ein Bruchteil desselben gehört hat: es ist die Aufteilung des Gegenstandes unter die Teilhaber. So hindert die teilweise Zuständigkeit des gemeinschaftlichen Gegenstandes an die übrigen Teilhaber die Veräußerung des gemeinschaftlichen Gegenstandes durch den Schuldner. Es hat daher jeder Teilhaber in demselben Sinne wie der Forderungsberechtigte am Forderungsrechte ein die Veräußerung hinderndes Recht an dem Gegenstande der Zwangsvollstreckung und daher auch die Widerspruchsklage des § 771 gegen die Zwangsvollstreckung in den gemeinschaftlichen Gegenstand[4]. Es muß dann gemäß §§ 775 f. die Zwangsvoll-

---

[1] im Gegensatz zu den Anteilen kraft Personenrechts bei Gesellschaft, Güter- und Erbengemeinschaft. Vgl. Sohm I, S. 63 und 65 ff.

[2] Sohm I, S. 64.

[3] mag dieser Gegenstand Eigentum, Forderungsrecht oder sonst ein Vermögensrecht sein.

[4] So auch die herrschende Lehre: Olshausen S. 53; Nessel I, S. 117; Frantz S. 22 Anm. 37; Bunsen S. 79; v. Schrutka S. 123; Thiele S. 92; Planck, 2. Bd., S. 714 Anm. 40; Gaupp-Stein zu § 771 sub II, 1a; Seuffert zu § 771 sub 2a; Petersen-Anger-Remelé zu

streckung aufgehoben werden. Dann kann aber der dem Schuldner zustehende Bruchteil nach § 857 gepfändet werden.

Wie bei der Mitberechtigung, so ist auch bei der Gesamtberechtigung die Zuständigkeit der gemeinsamen Gegenstände unter die mehreren Berechtigten geteilt[1]. Die Verfügung über die gemeinsamen Gegenstände ist daher grundsätzlich gemeinsam[2]. Es hat daher grundsätzlich jeder Gesamtberechtigte ein die Veräußerung durch die anderen Gesamtberechtigten hinderndes Recht an den gemeinsamen Gegenständen. Inwieweit in diesen Fällen aber tatsächlich die Widerspruchsklage eingreift, wollen wir an dieser Stelle noch nicht erörtern, da wir zur Lösung dieser Frage einen viel einfacheren Weg finden werden[3].

So haben wir es versucht, die Worte „ein die Veräußerung hinderndes Recht an dem Gegenstande der Zwangsvollstreckung" so genau zu interpretieren, als wir es irgend vermochten. Wir gestehen offen, daß eine absolut saubere Lösung des Problems nicht gelungen ist, da wir die (ungeteilte oder geteilte) „Rechtszuständigkeit", das „Eigentum im untechnischen Sinne" als das die Veräußerung hindernde Recht bezeichnen mußten.

Wir glauben aber, aus den in § 3 angegebenen Gründen,

---

§ 771 sub 6a; Struckmann-Koch zu § 771 sub 2; das Reichsgericht: IV. C.S. 29. März 1893; Entsch. Bd. 31, S. 381 f. (mit Beziehung auf Gemeinschaft an einem Forderungsrechte); beiläufig: III. C.S. 6. Februar 1885; Entsch. Bd. 13, S. 172 ff., bes. S. 180; Landgericht Bautzen: 28. Februar 1890; Sächs. Arch. f. Bürgerl. R. u. Pr. Bd. 1, S. 281.

[1] Vgl. Sohm I, S. 70: „Die Mehrheit der Berechtigten schließt auch in den Fällen der Gesamtberechtigung die Teilung der Rechtszuständigkeit notwendig in sich". — Beiläufig sei bemerkt: geteilt ist bei der Gesamtberechtigung nur die Rechtszuständigkeit, nicht auch der gemeinsame Gegenstand, wie dies bei der Mitberechtigung der Fall ist. Denn bei der Gesamtberechtigung ist Verfügung nicht über die einzelnen Anteile (719, 1442, 2033, 2 B.G.B.), sondern „nur über den ganzen Gegenstand möglich: ein anderer Gegenstand ist nicht da" (Sohm I, S. 72). Wäre der Gegenstand selbst, d. h. der Verfügungsgegenstand geteilt, so müßte auch über die Anteile verfügt werden können. Da dies aber gerade nicht der Fall ist, so erfolgt daraus: der gemeinsame Gegenstand ist ungeteilt.

[2] Sohm I, S. 72 bei Anm. 18.

[3] Vgl. unten S. 162 f.

daß man bei jedem anderen Versuche, die Worte des § 771 zu deuten, sich weiter von dem Wortlaut des Gesetzes entfernen und sich aufs Raten verlegen muß.

Unter diesem Vorbehalte glauben wir berechtigt zu sein, als das Resultat aller bisher aufgestellter Erwägungen den oben[1] ausgesprochenen Satz hinstellen zu können:

Ein die Veräußerung hinderndes Recht an dem Gegenstande der Zwangsvollstreckung hat nur derjenige, dem der betreffende Gegenstand (ganz oder zu einem — vermögensrechtlichen — Bruchteile) gehört.

Und nur in diesem Umfange greift die Widerspruchsklage des § 771 — im Gegensatze zur Widerspruchsklage im allgemeinen[2] — ein.

II. Im einzelnen ist folgendes hervorzuheben:

1. Der Gegenstand der Zwangsvollstreckung muß dem Dritten zur Zeit des Beginns der Zwangsvollstreckung, also z. B. im Augenblicke der Pfändung der beweglichen Sache, gehören. Denn wenn der Vollstreckungsgegenstand in diesem Augenblicke dem Schuldner gehört, und der Dritte ihn erst später erwirbt, so ist die Zwangsvollstreckung zulässig, sie kann also nicht, wie in § 775 vorausgesetzt, für unzulässig erklärt werden. Der Dritte erwirbt vielmehr die Sache — wenn der Schuldner sie vor der Versteigerung veräußert — nur belastet mit dem Pfändungspfandrechte[3].

Der Gegenstand der Zwangsvollstreckung gehört dem Dritten beim Beginne der Zwangsvollstreckung z. B. dann, wenn er vorher in normaler Weise Eigentümer der gepfändeten Sache, Forderungsberechtigter hinsichtlich der gepfändeten Forderung geworden ist. Aber auch dann, wenn der Erwerb ein bedingter oder betagter war, und die Bedingung oder der dies vor Beginn der Zwangsvollstreckung eingetreten ist. Dasselbe gilt bei der condicio iuris. Man denke sich z. B. folgenden

---

[1] oben S. 97 f.

[2] vgl. oben § 3 a. E. bes. S. 61.

[3] Ein hinsichtlich des Pfändungspfandrechts gutgläubiger Erwerb des Dritten ist durch § 808 Z.P.O. in Verbindung mit § 137 Str.G.B. so gut wie ausgeschlossen — bei Forderungsrechten überhaupt unmöglich.

Fall[1]: Ein Gastwirt hat sein Inventar von einem Abzahlungsgeschäft gekauft. Für den Eigentumserwerb war als echte aufschiebende Bedingung die volle Abzahlung vereinbart (455 B.G.B.). Vor Eintritt dieser Bedingung verkauft der Gastwirt das Inventar an eine Brauerei, die es ihm wieder vermietete, so daß die Veräußerung nach § 930 erfolgte. Die Brauerei kannte die Abzahlungsbedingung, wußte also, daß der Gastwirt noch nicht Eigentümer war und konnte daher das Eigentum nicht gutgläubig erwerben[2]. Nach einiger Zeit wird das Inventar bei einer Zwangsvollstreckung gegen den Gastwirt für einen C gepfändet. Vorher aber hatte der Gastwirt die Abzahlung zu Ende geführt[3]. Kann die Brauerei die Widerspruchsklage des § 771 erheben? — Das Gerechtigkeitsgefühl drängt unbedingt zu einer Bejahung[4]. Aber auch das Gesetz gibt eine einfache und klare Antwort in demselben Sinne:

Die Verfügung des Gastwirts über die Gegenstände des Inventars war eine Verfügung eines Nichtberechtigten. Sie war unwirksam, da sie ohne Genehmigung des Berechtigten, nämlich des Abzahlungsgeschäfts, erfolgte (B.G.B. 185, 1). Aber: sie wurde nachträglich wirksam, da der Gastwirt die Abzahlung beendete, und damit die rechtgeschäftliche Bedingung für den Eigentumserwerb des Gastwirts eintrat: Damit erwarb der ursprünglich Nichtberechtigte die Gegenstände, über die er unberechtigt verfügt hatte, und hiermit war nach 185, 2 B.G.B. die condicio iuris für die Konvaleszenz der ursprünglich unwirksamen Verfügung gegeben: Von diesem Augenblicke an war die Brauerei Eigentümerin der Inventargegenstände. Sie hat daher gegen die Zwangsvollstreckung in das Inventar die Widerspruchsklage des § 771.

Schließlich sei noch erwähnt, daß der Gegenstand der Zwangsvollstreckung dem Dritten auch in dem folgenden Falle bei Be-

---

[1] vgl. Goldmann S. 806.

[2] aber auch wenn sie im guten Glauben gewesen wäre, hätte sie das Eigentum doch nicht originär erworben, da ihr die Sachen nicht übergeben wurden (933 B.G.B.).

[3] Dieser Punkt ist bei Goldmann, der schließlich zu einem anderen Ergebnis kommt wie wir, nicht völlig zweifelsfrei.

[4] Vgl. Goldmann, a. a. O.

ginn der Zwangsvollstreckung gehört hat: Vor der Pfändung veräußerte der Dritte den Gegenstand an den Schuldner. Aber die Veräußerung war nichtig. Sie ist daher als nicht vorhanden anzusehen, und der Dritte hat den Gegenstand behalten. Ebenso verhält es sich, wenn die Veräußerung nur anfechtbar war, der Dritte aber, solange die Widerspruchsklage noch nicht ausgeschlossen ist, die Anfechtungserklärung abgibt (142, 1 B.G.B.).

2. Auch dann, wenn im konkreten Falle der Schuldner an der Veräußerung des dem Dritten gehörigen Gegenstandes der Zwangsvollstreckung nicht gehindert ist, hat der Dritte die Widerspruchsklage des § 771. Dieser Tatbestand ist beispielsweise in folgenden Fällen gegeben: Der Schuldner ist als gewillkürter oder gesetzlicher Vertreter des Dritten zur Veräußerung von Gegenständen befugt, die dem Dritten gehören. Oder: Der Schuldner ist Ehemann, Dritter die Ehefrau. Sie leben in gesetzlichem Güterstande. Dann kann nach § 1376 B.G.B. der Mann über Geld und andere verbrauchbare Sachen der Frau, soweit sie zum eingebrachten Gute gehören, verfügen. Der Vertreter und der Ehemann wird also in diesen Fällen dadurch, daß der Gegenstand dem Dritten (dem Vertretenen, der Ehefrau) gehört, nicht an der Veräußerung gehindert. Das Entscheidende aber ist, daß ihm der Gegenstand nicht gehört. Wir werden daher, wenn von einer gegen den Vertreter oder den Ehemann gerichteten Zwangsvollstreckung einer derjenigen Gegenstände ergriffen wird, die ihm nicht gehören, auf die sich aber seine Vertretungs- bzw. Verfügungsbefugnis erstreckt, doch dem Vertretenen oder der Ehefrau die Widerspruchsklage gewähren[1].

Daß im umgekehrten Falle, wenn der Dritte Vertreter des Schuldners ist, der Dritte an den ihm gehörigen Gegenständen ein die Veräußerung hinderndes Recht, und daher auch die Widerspruchsklage des § 771 hat, wenn diese Gegenstände

[1] Die Widerspruchsklage des § 771 gewähren hier ebenfalls: Thiele, S. 89; Petersen-Anger-Remelé zu § 771 sub 5; R.G.: III. C.S. 5. Juli 1898, J. W. 1898, S. 508 Nr. 28. — Dasselbe gilt auch dann, wenn der Schuldner als Verkaufskommissionär berechtigt ist, den dem Kommittenten gehörigen Gegenstand der Zwangsvollstreckung zu veräußern: vgl. Staub, J. W. 1888, S. 301 ff. unter 3; R.G. III. C.S. 30. Mai 1890, Seuff. Arch. 46, Nr. 36 (ebenso bei der Aussonderungsklage: Jaeger, K.O. zu § 43 Anm. 27b).

von einer gegen den Schuldner gerichteten Zwangsvollstreckung ergriffen werden, ist so selbstverständlich, daß es nur gesagt zu werden braucht. Daher hat auch der Nachlaßpfleger und Testamentsvollstrecker die Klage des § 771, wenn bei einer Vollstreckung in den Nachlaß sein Eigenvermögen angegriffen wird[1].

Ebenso selbstverständlich ist es, daß beim gesetzlichen Güterstande der zur Verwaltung des Eingebrachten befugte Ehemann die Widerspruchsklage des § 771 hat, wenn von einer gegen die Frau gerichteten Zwangsvollstreckung sein Eigenvermögen angegriffen wird[2].

3. Für die Ehefrau insbesondere erhalten wir folgendes Ergebnis: Über ihr Vorbehaltsgut kann nur sie allein, und über ihr eingebrachtes Gut kann der Mann in der Regel nur mit ihrer Genehmigung verfügen. In allen diesen Fällen hat sie ein auch in concreto die Veräußerung durch den Mann hinderndes Recht, sie kann daher auch die Widerspruchsklage erheben, wenn von einer gegen den Mann gerichteten Zwangsvollstreckung ein Gegenstand des Vorbehaltsguts oder ein solcher Gegenstand des eingebrachten Gutes ergriffen wird, über den der Mann nicht allein verfügen kann. Nehmen wir das unter 2. gewonnene Resultat hinzu, soweit es die Ehefrau betrifft, so erhalten wir ein Widerspruchsrecht der Frau in allen Fällen, in denen die Zwangsvollstreckung gegen den Mann einen Gegenstand des Vorbehaltsgutes oder des eingebrachten Gutes ergreift[3] (vgl. § 1410 B.G.B.).

4. Der Dritte, dem der Vollstreckungsgegenstand gehört, hat ein „die Veräußerung des Gegenstandes der Zwangsvoll-

---

[1] Vgl. Gaupp-Stein zu § 771 sub II, 4.

[2] Vgl. Petersen-Anger-Remelé zu § 771 sub II, 3; Gaupp-Stein zu § 771 sub II, 4; Planck zu § 1411 B.G.B. sub 9d. — Interessant in ihrer Begründung ist die abweichende Auffassung von Hellwig, Anspruch und Klagrecht S. 318 ff., bes. S. 324 Anm. 21b; Hellwig faßt den zur Duldung verurteilten Ehemann nach Analogie des beschränkt haftenden Erben nach der Annahme der Erbschaft auf: Die Haftung des Ehemanns beschränkt sich auf das eingebrachte Frauengut. Diese Beschränkung könne er nach Analogie von § 786 Z.P.O. geltend machen, durch Erhebung der Vollstreckungsgegenklage des § 767 Z.P.O.

[3] Staub, J. W. 1888, S. 304 sub 4; Thiele S. 90; Nessel, Das Pfändungspfandrecht etc. S. 99; Seuffert, Die Zwangsvollstreckung gegen

streckung durch den Schuldner hinderndes Recht" auch dann, wenn der Schuldner als der Berechtigte legitimiert ist.

Dies gilt vor allem, und ist unbestritten, dann, wenn der Schuldner Besitzer, der Dritte Eigentümer der beweglichen Sache ist. Hier ist der Schuldner als Eigentümer legitimiert (1006, 1 B.G.B.)[1]. Diese Legitimationswirkung kann der Dritte nur durch den Beweis vernichten, daß er selbst mittelbarer Besitzer ist (1006, 3 B.G.B.), oder daß ihm die Sache abhanden gekommen ist (1006, 1, Satz 2 B.G.B). Mag nun auch einer dieser beiden Punkte zutreffen — bis zu ihrem Beweise durch den Dritten ist und bleibt der Schuldner legitimiert. Er gilt für jeden Gutgläubigen als Eigentümer und kann, in der Regel aber nur, wenn die Sache dem Eigentümer nicht abhanden gekommen ist, eine den originären Erwerb vermittelnde Veräußerung vornehmen (932 ff. B.G.B.).

Eine den derivativen Erwerb vermittelnde Veräußerung, also eine solche Veräußerung, auf die sich der § 771 Z.P.O. bezieht, vorzunehmen, ist er aber nicht imstande: dies ergibt sich unmittelbar aus den §§ 932 ff. B.G.B.: Die Veräußerung des Nichtberechtigten erscheint zwar äußerlich gleich der des Berechtigten. Deswegen spricht z. B. der § 932 von einer „nach § 929 erfolgten Veräußerung". Inhaltlich liegt aber, wie wir schon gesehen haben, ein ganz anderer Tatbestand vor.

Genau so liegt die Sachlage im Falle der Legitimation durch das Grundbuch: Der zu Unrecht als Eigentümer Ein-

Ehegatten nach der neuen Z.P.O. in Gruch. 43, S. 133 ff., bes. S. 134 f., 144 f.; Schmidt, Lehrb. S. 1036 sub a; Seuffert, zu § 771 sub 4a; Petersen-Anger-Remelé zu § 771 sub II, 3; das Reichsgericht: III. C.S. 5. Juli 1898, Seuff. Arch. 54 Nr 29. —

Dieser Fall ist bekanntlich in der Praxis der häufigste von der ganzen Widerspruchsklage. —

Zur Erhebung der Widerspruchsklage bedarf die Frau der Zustimmung des Mannes nicht: B.G.B. § 1407 Ziffer 4.

[1] Nur beiläufig möchte ich die Frage aufwerfen, ob uns nicht diese Gesetzesstelle und die §§ 932 ff. B.G.B. den Aufschluß über die große Frage nach dem Wesen des Besitzes geben, wenigstens soweit bewegliche Sachen in Betracht kommen. Sollte man nicht das juristische Wesen des Besitzes an beweglichen Sachen als die Legitimation des Besitzers als Eigentümer, analog dem Grundbucheintrag bei Grundstücken, bezeichnen können?

getragene ist als Eigentümer legitimiert. Er kann nach § 892 B.G.B. eine den originären Erwerb vermittelnde Veräußerung, nicht aber eine „Veräußerung" im Sinne des § 771 vornehmen.

Dasselbe gilt, wenn der Schuldner als Forderungsberechtigter legitimiert ist, ohne es wirklich zu sein; mag nun die Legitimationswirkung nur dem Schuldner (406 ff. B.G.B.) oder auch Dritten gegenüber Platz greifen (1155, 1156 mit 406 ff. B.G.B.; 36 W.O.).

In allen diesen Fällen ist der nur legitimierte Dritte gehindert, eine Veräußerung im Sinne des § 771 Z.P.O. vorzunehmen. Er kann höchstens eine den originären Erwerb vermittelnde Veräußerung vornehmen. Und nicht einmal dieses ist ihm möglich in den Fällen 406 ff. B.G.B. Was aber die Veräußerung hindert, ist der Umstand, daß der Gegenstand dem wahrhaft Berechtigten gehört. Dieser hat daher auch die Widerspruchsklage des § 771, wenn der Gegenstand bei einer gegen den legitimierten Schuldner gerichteten Zwangsvollstreckung gepfändet oder beschlagnahmt wird.

Diese Sachlage ist bei beweglichen Sachen z. B. dann gegeben, wenn zwischen dem Dritten und dem Schuldner ein Möbelleihvertrag abgeschlossen ist: Der Schuldner ist der Entleiher, er ist durch den Besitz als Berechtigter legitimiert. Wenn die Möbel bei einer gegen ihn gerichteten Zwangsvollstreckung gepfändet werden, so hat der Dritte die Widerspruchsklage des § 771.

Bei Grundstücken kann sich die Situation etwa wie folgt gestalten: Der Dritte veräußert sein Grundstück nach § 925 B.G.B. an den Schuldner. Er war dazu aber von dem Schuldner durch Täuschung veranlaßt worden (123 B.G.B.). Er entdeckt die Täuschung und ficht rechtzeitig (124 B.G.B.) an. Durch die Anfechtung verschwindet die Auflassung (925 B.G.B.) nach rückwärts. Was bestehen bleibt, ist nur die Buchänderung. Diese allein konnte den Eigentumsübergang nicht bewirken: Der Dritte ist noch Eigentümer, das Grundbuch ist falsch. Ehe aber der Dritte von seinem Berichtigungsanspruche (894 ff. B.G.B.) oder von seinem Rechte, einen Widerspruch (899 B.G.B.) eintragen zu lassen, Gebrauch gemacht hat, wird bei einer gegen den Schuldner gerichteten Zwangsvollstreckung das Grundstück zum Zwecke der Zwangsversteigerung beschlagnahmt: Der Schuldner ist zwar als der Berechtigte legitimiert, er ist aber nicht der Berechtigte, der Dritte hat die Widerspruchsklage des § 771 Z.P.O.[1].

Ganz dasselbe ist dann zu sagen, wenn bei einer Hypothekenpfändung nach § 830 Z.P.O. oder Wechselpfändung nach § 831 Z.P.O. der Schuldner nur legitimiert, ein Dritter aber berechtigt ist.

Insbesondere findet sich die bezeichnete Sachlage oft im Zusammenhang mit dem simulierten Rechtsgeschäft zwischen dem Schuldner und dem Dritten: so wird durch simulierte Eigentumsübertragung nach § 929 oder § 925 B.G.B. der Schuldner nicht Eigentümer (§ 117 B.G.B.), sondern Besitzer der beweglichen Sache, oder lediglich formeller Bucheigentümer des Grundstücks: d. h. er wird als der Berechtigte legitimiert. Dasselbe gilt beim simulierten Indossament und der simulierten, nach § 1155 B.G.B. erfolgten Hypothekenübertragung. Überall hat der Dritte, der wahrhaft Berechtigte, da ihm der simuliert übertragene Gegenstand noch gehört, an diesem ein die Veräußerung hinderndes Recht. —

Bisher hatten wir nur allgemein anerkannte Sätze vorzubringen — noch einen Schritt weiter, und wir befinden uns in einem heiß umstrittenen Gebiete. Wir fragen: Hat der Fiduziant ein die Veräußerung hinderndes Recht an dem fiduziarisch übertragenen Gegenstande? Ja! und Nein! wird von beiden Seiten mit gleicher Energie geantwortet.

Um zu einer Antwort zu gelangen, müssen wir fragen: Gehört dem Fiduzianten der fiduziarisch über-

---

[1] Wenn der Dritte den Widerspruch schon hat eintragen lassen, dann muß das Gericht ex officio die Zwangsversteigerung aufheben: § 28 Z.V.G.

Ganz anders gestaltet sich die Sachlage dann, wenn der Schuldner eingetragen und wahrer Eigentümer, aber zur Eigentumsübertragung verpflichtet, und wenn dieser Anspruch auf Eigentumsübertragung durch Vormerkung (§ 883 B.G.B.) gesichert ist: Hier gehört das Grundstück dem Schuldner. Zwar ist eine pflichtwidrige Veräußerung unwirksam: aber nur relativ (§ 887 B.G.B.). Es fehlt daher das „Moment der Absolutheit" (oben unter III). § 771 greift also hier nicht ein. — Vgl. aber unten § 6 II, A 2a.

tragene Gegenstand? Das Problem ist also dasselbe wie das des Aussonderungsrechts des Fiduzianten[1].

Ehe wir uns näher mit der Frage befassen, möchte ich darauf hinweisen, daß der Fiduziar im Einzelfalle entweder der Berechtigte ist oder es nicht ist, daß wir uns nicht darauf einlassen können, ihn, wie es gern geschieht, nur „nach außen" berechtigt sein zu lassen, „nach innen" aber nicht. Man ist entweder Eigentümer, Forderungsberechtigter, oder man ist es überhaupt nicht[2]. Aus demselben Grunde können wir unmöglich denen folgen, die, um sich aus der Schwierigkeit zu retten, einen doppelten Vermögensbegriff zu konstruieren versuchen: die fiduziarisch übertragene Sache gehöre zu dem Vermögen des Fiduziars in dem einen, aber nicht in dem anderen Sinne. Daher habe der Fiduziant die Widerspruchs- (und Aussonderungs-)Klage[3].

Wir werden mit Schöninger davon ausgehen, daß das Begriffsmerkmal des fiduziarischen Rechtsgeschäfts nicht, wie bei der Simulation, in dem Tatbestande der Willenserklärung selbst[4], sondern in der causa des Rechtsgeschäfts, also außerhalb des fiduziarisch vorgenommenen Rechtsgeschäfts selber liegt[5]. Der Tatbestand des fiduziarischen Verfügungsgeschäfts

---

[1] Vgl. Jaeger, zu § 43 K.O. Anm. 17 ff. Dort auch reiche Literaturangabe.

[2] Wir verallgemeinern hiermit das, was Schöninger, Forderungsabtretung zum Zwecke des Einzugs, ziv. Arch. 96, S. 163 ff., bes. S. 192, ausführt, wenn er sagt, „daß der Gegensatz zwischen materieller und formaler Gläubigerschaft und zwischen einer Cession mit und ohne materiellen Forderungsübergang theoretisch unhaltbar ist". — Im Gegensatz hierzu vgl. z. B. Biermann, ZZ. 34, S. 521; Jaeger, K.O. § 43 Anm. 17 ff. — Gegen den Hinweis von Jaeger auf § 135 B.G.B. s. Schöninger S. 188.

[3] Vgl. Dernburg, Bürgerl. Recht I, § 172 a. E.: „Die Rechtskonsequenz" spräche dafür, die fiduziarisch übereigneten Gegenstände zur Konkursmasse des Fiduziars zu rechnen. „Aber im Sinne des Lebens und des Verkehrs gehören sie nicht zu ihr." — Schmidt, ZZ. 29, S. 535 ff.: Der fiduziarisch indossierte Wechsel gehört, „wenn auch in sein (des Fiduziars) Eigentum, so doch nicht zu seinem Vermögen im Sinne des für seine Privatzwecke rechtlich disponibeln Güterbestandes".

[4] Schöninger S. 166.

[5] Schöninger S. 171.

wird durch seine causa nicht berührt, gerade so, wie bei den übrigen Verfügungsgeschäften die causa nicht das Verfügungsgeschäft als solches beeinflußt, es vielmehr nur in seinem Zwecke erklärt und verständlich macht[1]. Daraus folgt aber nicht, wie es Schöninger S. 174 anzunehmen scheint, und wie es auch der herrschenden Lehre entspricht[2], daß das simulierte und fiduziarische Geschäft einander ausschließen; daß also das fiduziarische Geschäft stets ernst gemeint und voll wirksam sei. Ist es denn unmöglich, daß die beiden Begriffsmerkmale bei einem konkreten Rechtsgeschäft zusammentreffen können? Dies würde nur dann zuzugeben sein, wenn das eine Begriffsmerkmal gewissermaßen nur an derselben Stelle des Rechtsgeschäfts erscheinen könnte wie das andere, so daß, wenn das eine schon gegeben ist, sich für das andere kein Platz mehr fände. Dies ist aber, wie wir gesehen haben, gerade nicht der Fall. Denn das Begriffsmerkmal der Simulation liegt innerhalb, das der fiducia außerhalb des Rechtsgeschäfts. Daher ist ein Zusammentreffen beider Begriffsmerkmale bei einem Rechtsgeschäfte garnicht ausgeschlossen und wir hätten den Fall des fiduziarischen und simulierten Rechtsgeschäfts.

Die einzige Schwierigkeit, die sich hier erhebt, ist die Frage: erstreckt sich das Anwendungsgebiet der Rechtssätze von der causa auch auf die simulierten Verfügungsgeschäfte?[3] Ich glaube, man wird die Frage ohne weiteres bejahen können. Denn was von den ernstgemeinten Verfügungsgeschäften gilt: ihre wirtschaftliche und rechtliche Unverständlichkeit aus ihrem eignen Inhalte, das gilt noch viel mehr von den simulierten Verfügungsgeschäften. Sie sind in noch viel höherem Grade aus ihrem eigenen Inhalte unverständlich und bedürfen dringend der Erläuterung. Diese gibt uns der Rechtsgrund, aus dem heraus sie vorgenommen sind, ihre causa.

Und diese causa wird bei weitem in den meisten Fällen gerade die causa fiduciandi sein: Eine causa solvendi, credendi,

[1] Sohm I. S. 9 ff.

[2] Planck, B.G.B. zu § 117 Anm. 3; Enneccerus-Lehmann, Bürgerliches Recht § 96 II.

[3] Vgl. Sohm I, S. 9 ff.

donandi würde sich hier nur mit den größten Schwierigkeiten konstruieren lassen. Durch die allermeisten simulierten Verfügungsgeschäfte wird aber, wie wir gesehen haben, der scheinbare Erwerber als der voll Berechtigte legitimiert. Der Scheinveräußerer legt ihm damit eine große Macht in die Hände. Dies kann er aber vernünftigerweise nur dann tun, wenn er ihm voll vertraut, und in diesem fiduziarischen Verhältnis liegt der Schlüssel zu der an sich unverständlichen Legitimierung des Nichtberechtigten. Denn daraus ergibt sich, weshalb der Nichtberechtigte als der Berechtigte legitimiert ist. Er sagt uns z. B.: Der Gläubiger, der die Forderung fiduziarisch auf einen anderen übertragen hat, will Zeuge sein im Prozesse des Fiduziars [1], er will in dem Vorschieben des insolventen Fiduziars als Kläger sich von dem Risiko, die Prozeßkosten bezahlen zu müssen, befreien [2], er will die Zurückweisung eines bloßen Mandatars nach 157, 2 Z.P.O. vermeiden [2], oder einer Vollmachtsbemängelung aus dem Wege gehen [2]. Um nun diese Zwecke zu erreichen, legitimiert der Berechtigte den Fiduziar, ohne aber ihm das Recht zu übertragen. Die Rechtsübertragung wird lediglich als Scheingeschäft vorgenommen, so daß der Fiduziar nur legitimiert wird, sei es nun als Bucheigentümer des Grundstücks oder als Besitzer der beweglichen Sache oder als scheinbarer Vollindossatar. Überall ist hier die durch das Scheingeschäft geschaffene Legitimierung des Fiduziars von sich aus unverständlich. Erst aus dem zugrunde liegenden fiduziarischen Verhältnisse läßt sich ersehen, weshalb er legitimiert ist, und was eigentlich der ernste und wahre Zweck des ganzen Vorganges ist. —

Daß in den eben erwähnten vier Fällen ein Scheingeschäft vorliegt, nimmt Schöninger selbst an (S. 189 f.). Er will es nur nicht zugleich als fiduziarisches gelten lassen, da er davon ausgeht, daß beide sich ausschließen. Daß dieses aber gar nicht notwendig der Fall ist, haben wir oben auszuführen gesucht. Ernstgemeint ist nicht die volle Rechtsüber-

---

[1] Schöninger S. 174.
[2] Schöninger S. 175.

tragung, sondern nur die volle Legitimierung in Verbindung mit dem verdeckten Auftragsverhältnis. Deshalb müssen wir hier Simulation annehmen. Die Legitimierung aber setzt ein hohes Maß des Vertrauens voraus; und deshalb ist das Geschäft zugleich fiduziarisch.

Neben diesen fiduziarischen Scheingeschäften gibt es aber noch eine Reihe von fiduziarischen und ernst gemeinten Rechtsgeschäften; allerdings scheint mir deren Zahl bedeutend geringer zu sein als die der fiduziarischen Scheingeschäfte. Hier wird wirklich volle Rechtsübertragung und nicht die Umgehung einer Gesetzesbestimmung durch bloße Legitimierung beabsichtigt. Ich nenne, im Anschluß an Schöninger S. 177 u. 197 die Sicherheitsübereignung und die Abtretung einer Forderung zu dem Zwecke, daß der Zessionar sich aus ihr für eine Forderung befriedigt, die ihm gegen den Zedenten zusteht[1]. Hier ist der Rechtsübergang zweifellos und ernst gemeint. Es ist ein wirkliches dare ob causam.

Aus dieser Betrachtung folgt für unser Thema: die Frage nach dem Widerspruchsrecht des Fiduzianten läßt sich nicht mit einem einfachen ja oder nein beantworten. Sondern: distinguendum est:

a) Ist die fiduziarische Veräußerung ein fiduziarisches Scheingeschäft, dann gehört der fiduziarisch veräußerte Gegenstand noch dem Fiduzianten. Er hat daher ein die Veräußerung hinderndes Recht, wie wir dies für das Scheingeschäft im allgemeinen schon festgestellt haben. Diese Sachlage ist vor allem gegeben bei der Zession zum Inkasso und beim Vollindossament mit Einkassierungsauftrag, dem Inkassomandat: Hier ist Zession und Indossament nur Scheingeschäft, der Fiduziar nur legitimiert (409 f. B.G.B., 36 W.O.). Berechtigt ist er aber nicht: Berechtigt ist nur der Fiduziant. Dieser hat daher gegen eine Zwangsvollstreckung gegen den Fiduziar, wobei die betreffende Forderung gepfändet wird, die Widerspruchsklage[2].

[1] Schöninger S. 175.

[2] Vgl. Staub, W.O. zu Art. 17 Anm. 14a; Weismann, Lehrb. 2. Bd., S. 106. A. M.: O.L.G. Breslau 5. Juli 1904, Recht 1904, S. 388. Einen

b) Ist die fiduziarische Veräußerung dagegen ein ernstgemeintes Geschäft, dann gehört der veräußerte Gegenstand dem Erwerber. Und er kann, wenn dieser Gegenstand bei einer gegen den Veräußerer gerichteten Zwangsvollstreckung beschlagnahmt wird, die Widerspruchsklage des § 771 erheben[1], nicht aber der Veräußerer im umgekehrten Falle[2].

So gelangen wir zu folgendem Ergebnis: Der Fiduziant als solcher hat kein die Veräußerung hinderndes Recht. Er hat es aber immer dann, wenn das fiduziarische Rechtsgeschäft zugleich ein Scheingeschäft ist. Ob dieses aber zutrifft, darauf läßt sich keine allgemeine erschöpfende Antwort geben. Darüber kann nur der Einzelfall Aufklärung verschaffen.

5. Der § 392 H.G.B bestimmt, daß Forderungen aus einem Geschäfte, das der Kommissionär abgeschlossen hat, auch wenn sie nicht abgetreten sind, im Verhältnis zwischen dem Kommittenten und dem Kommissionär oder dessen Gläubigern als Forderungen des Kommittenten gelten. Aber sie sind nicht Forderungen des Kommittenten; sie sind Forderungen des Kommissionärs. Denn nach dem ganzen Zwecke des Geschäfts soll er die Forderung im eigenen Namen geltend machen. Ja, er muß sogar, auf Verlangen des Kommittenten diesem die Forderung zedieren[3]. Um dies zu können, muß er aber der Forderungsberechtigte sein. Er kann daher, obgleich er es nicht soll, die Forderung an einen Dritten veräußern[4]: Der Kommittent hat kein die Veräußerung hinderndes Recht.

Und doch sollen die Forderungen den Gläubigern des Kommissionärs gegenüber als Forderungen des Kommittenten gelten: Den Gläubigern gegenüber gilt kraft dieser gesetz-

ähnlichen Fall, dessen erschöpfende Behandlung uns hier zu weit führen würde, entschied in unserm Sinne das O.L.G. Dresden am 6. März 1903 (Recht 1903, S. 343).

[1] Schöninger S. 198.

[2] Hier werden wir denen recht geben, die, wie Hellwig, Lehrb. 1. Bd., S. 225 Note 13 und Seuffert zu § 771 sub e, davon ausgehen, daß der fiduziarisch übereignete Gegenstand zum Vermögen des Fiduziars gehöre, und dieser nur obligatorisch zur Unterlassung einer vertragswidrigen Verfügung über den Gegenstand verpflichtet sei.

[3] Staub zu § 392 Anm. 2.

[4] Staub a. a. O. Anm. 9.

lichen Fiktion der Kommittent schon vor der Zession als der aus den Forderungen Berechtigte: er wird als der behandelt, dem an die Forderungen ein die Veräußerung durch jeden andern, insonderheit den Kommissionär, hinderndes Recht, zusteht. Es wird daher mit Recht allgemein gelehrt, daß der Kommittent die Widerspruchsklage des § 771 habe, wenn die Forderungen, die der Kommissionär auf Rechnung des Kommittenten erworben hat, bei einer gegen den Kommissionär gerichteten Zwangsvollstreckung gepfändet werden[1].

6. Die Widerspruchsklage des § 771 ist ausdrücklich nur dem Dritten gegeben. „Dritter ist, wer nicht Gläubiger und nicht Schuldner ist"[2]. Nach diesem einfachen Rezept läßt sich in den meisten Fällen sehr einfach bestimmen, wer Dritter ist, und wer nicht. Wir wollen daher die Frage im allgemeinen nicht weiter erörtern und nur eine interessante Konstellation ins Auge fassen: ich meine das Zusammentreffen der beiden Personen: Schuldner und Dritter in einer leiblichen Person[3]. Dieser Fall ist beim Erbgang vor endgültiger Annahme oder Ausschlagung gegeben. Hier ist der Erbe einmal der Herr seines Eigenvermögens und der Schuldner aus seinen Eigenschulden, außerdem aber Herr der Erbschaft und Schuldner aus den Erbschaftsschulden: beide Personen sind vorläufig noch nicht miteinander verschmolzen und werden nur nach außen durch den Erben repräsentiert. Über das Eigenvermögen kann der Erbe nur als Träger der einen, und über die Erbschaft nur als Träger der anderen Person verfügen. Die eine Person hat daher an den zu ihrem Vermögen gehörenden Gegenständen ein die Veräußerung durch die andere Person hinderndes Recht. Daher hat der Erbe die Widerspruchsklage sowohl dann, wenn wegen

[1] Vgl. v. Schrutka S. 110; Gaupp-Stein zu § 771 sub II, 1a; Seuffert zu § 771 sub 2d; Staub zu § 392 H.G.B. Anm. 5; Goldmann zu § 392 H.G.B. Anm. 6. — Daß in diesen Fällen der Kommittent auch das Aussonderungsrecht hat, ist allgemein anerkannt: Vgl. Jaeger zu § 43 K.O. Anm. 26 ff.

[2] R.G.Entsch. Bd. 30, S. 385 ff.

[3] Ich sage absichtlich nicht: „in einer natürlichen Person". Denn Schuldner und Dritter können beide „natürliche Personen" sein, und doch treffen sie in einer leiblichen Person zusammen: s. Text.

einer Nachlaßverbindlichkeit in sein Eigenvermögen, als auch, wegen einer Eigenverbindlichkeit in den Nachlaß vollstreckt wird. Im ersten Falle ist der Erbe als Herr der Erbschaft Schuldner, als Herr seines Eigenvermögens Dritter, im zweiten Falle umgekehrt[1].

§ 5.

Die Voraussetzungen der Widerspruchsklage in den übrigen im Gesetze genannten Fällen.

Vorbemerkung. Außer dem § 771 finden sich noch fünf Gesetzesstellen, in denen ausdrücklich eine Widerspruchsklage verliehen wird. Es sind dies die §§ 772, 773, 774, 810, 2 Z.P.O. und § 93 Z.V.G.[2]. Alle diese Paragraphen regeln die Voraussetzung für die von ihnen behandelte Widerspruchsklage selbständig. „Ein die Veräußerung hinderndes Recht“ wird hier nirgends gefordert[3].

Unsere Aufgabe wird es daher sein, es zu versuchen, die fünf Paragraphen als durchaus selbständige Quellen für die von ihnen verliehene Widerspruchsklage aus ihren eigenen Worten zu verstehen.

I. § 772.

Die Gesetzesstelle lautet:

„So lange ein Veräußerungsverbot der in den §§ 135, 136 des Bürgerlichen Gesetzbuchs bezeichneten Art besteht, soll der Gegenstand, auf welchen es sich bezieht, wegen eines persönlichen Anspruchs oder auf Grund eines infolge des Verbots unwirksamen Rechts nicht im Wege der Zwangsvollstreckung veräußert oder überwiesen werden. Auf Grund des

---

[1] Vgl. § 778 Z.P.O.; Gaupp-Stein zu § 771 sub II, 4 und § 778 sub II und III, sowie die äußerst bedeutsame Entscheidung des Reichsgerichts (VII. C.S.) vom 28. Juni 1907, J. W. S. 522 f. Nr. 30.

[2] Der § 815, 2 Z.P.O. kommt als selbständiger Fall der Widerspruchsklage nicht in Betracht.

[3] Vgl. oben § 3 a. E., bes. S. 61.

Veräußerungsverbots kann nach Maßgabe des § 771 Widerspruch erhoben werden."

A. Das Anwendungsgebiet dieser Klage.

Wir versuchen zunächst, wie wir es bei der Besprechung des § 771 getan haben, aus den Worten des Gesetzes festzustellen, auf welche Arten der Zwangsvollstreckung der § 772 Anwendung zu finden hat.

Der § 772 will nur dort eingreifen, wo ein Gegenstand „im Wege der Zwangsvollstreckung veräußert oder überwiesen" werden soll.

Das Wort „Gegenstand" ist, wie sich schon daraus ergibt, daß es an dieser Stelle ohne Zusatz erscheint[1], technisch zu verstehen. Jeder Zweifel an der Richtigkeit dieses Satzes wird dadurch beseitigt, daß auf diesen Gegenstand sich ein Veräußerungsverbot beziehen soll. Denn ein Veräußerungsverbot kann nur Sinn haben mit Bezug auf solche Rechte, die möglicherweise Gegenstand einer Veräußerung sein können, also veräußerliche „Gegenstände" sind[2].

Und dieser „Gegenstand" soll „nicht im Wege der Zwangsvollstreckung veräußert oder überwiesen werden". Der § 772 verbietet also eine Zwangsvollstreckung, bei der, wie wir vorläufig ganz allgemein sagen wollen, „Gegenstand der Zwangsvollstreckung" ein veräußerlicher „Gegenstand" ist. Daraus ergibt sich dasselbe Resultat, das wir bei der Besprechung des § 771 (§ 4 I u. II) gefunden haben: Der § 772 greift dort nicht ein, wo Gegenstand der Zwangsvollstreckung ein Nichtgegenstand oder ein unveräußerlicher Gegenstand ist: Also z. B. ungetrennte Früchte, d. h. Bestandteile, Ansprüche, die einem dinglichen Rechte entspringen, der Anteil eines Gesellschafters, der Besitz, die Person, die Verwaltung und Benutzung eines Grundstücks und endlich der Nießbrauch[3].

Nehmen wir hinzu, daß der § 772 nach seinem eigenen Wortlaute nur dort Anwendung finden soll, wo eine Zwangs-

---

[1] Vgl. oben S. 67 Anm. 6 u. Sohm II, S. 185 Anm. 8 a. E.

[2] Vgl. Sohm I, S. 6.

[3] Vgl. oben S. 71.

vollstreckung vorliegt, d. h. eine Vollstreckung im engeren Sinne[1], so erhalten wir vorläufig dasselbe Ergebnis, das wir oben für den § 771 gefunden haben:[2]

Der § 772 findet keine Anwendung in den Fällen der Vollstreckung nach den §§ 883 bis 898.

Zunächst scheint es allerdings, als ob dieses Resultat dadurch stark in Frage gestellt wird, daß § 772 eine Veräußerung oder Überweisung im Wege der Zwangsvollstreckung verbietet. Denn der Gedanke liegt nahe, daß bei der Vollstreckung eines Anspruchs auf Übertragung des Eigentums an einer beweglichen Sache[3] eine Veräußerung im Wege der Zwangsvollstreckung zu erblicken sei[4]. Wird doch hier tatsächlich eine Zwangsvollstreckung im Dienste eines Anspruchs auf Veräußerung vorgenommen! Wir haben aber oben[5] gesehen, daß durch die Zwangsvollstreckung allein nur die „Übergabe" (§ 929 B.G.B.) bewirkt wird, und daß die zur „Einigung" (§ 929 B.G.B.) erforderliche Willenserklärung in der Fiktion des § 894 Z.P.O. ihren Ersatz findet: und dies ist keine Zwangsvollstreckung! Daß aber gerade die Einigung das eigentlich Entscheidende für die Veräußerung ist, erhellt aus der Entbehrlichkeit der Übergabe (§ 929 Satz 2, §§ 930 f. B.G.B.). Und dies für die Veräußerung Entscheidende wird nicht durch Zwangsvollstreckung bewirkt[6]. Es liegt daher hier gerade keine Veräußerung im Wege der Zwangsvollstreckung vor[7], vielmehr eine fingierte rechtsgeschäftliche Veräußerung[8]. Wo es überhaupt nicht zu einer Zwangsvollstreckung kommt — so bei der Verpflichtung des Schuldners zur Übertragung

---

[1] Vgl. oben S. 63 f.

[2] Vgl. oben S. 71.

[3] nach den §§ 894, 897 Z.P.O.

[4] So Kunze S. 22 f.

[5] S. 63, 68 f. — Vgl. auch den Wortlaut des § 897 Z.P.O.

[6] Dies übersieht Kunze S. 23.

[7] so auch Strohal, Erbrecht, 3. Aufl., 1. Bd., S. 182 f. Anm. 32; Planck zu § 135 B.G.B. sub 1.

[8] Daher erhält der § 898 Z.P.O. auch keine Ausnahme von dem Grundsatze, daß ursprünglicher Erwerb nur bei rechtsgeschäftlicher Verfügung (und in der Regel nicht bei Zwangsverfügung) stattfindet: Vgl. Sohm I, S. 54; Gaupp-Stein zu § 898.

des Eigentums an einem Grundstücke — oder wo von einer „Veräußerung“ oder „Überweisung“ deshalb keine Rede sein kann, weil der Gegenstand der Zwangsvollstreckung kein Gegenstand ist, so bei Verpflichtung des Schuldners zur Besitzüberlassung, Räumung, da sehen wir ohne weiteres, daß von einer Veräußerung oder Überweisung im Wege der Zwangsvollstreckung keine Rede sein kann. So finden wir in diesen Worten nicht nur keinen Gegenbeweis, sondern sogar eine erhebliche Unterstützung unserer oben ausgesprochenen Anschauung: der § 772 greift in den Fällen der sogenannten Individualvollstreckung niemals ein.

So ist das Anwendungsgebiet auch des § 772 nur innerhalb der Zwangsvollstreckung wegen Geldforderungen zu suchen. Daß hier diejenigen Fälle fortfallen, in denen der Gegenstand der Zwangsvollstreckung kein „Gegenstand“ ist, wurde oben schon erwähnt. Insbesondere ist die Zwangsverwaltung hier zu nennen [1]. Aus den Worten des § 772 folgt aber noch eine weitere Einengung: Wo keine Veräußerung oder Überweisung stattfinden soll, da ist auch keine Gelegenheit für die Klage des § 772. Auch aus diesem Grunde fällt daher die Zwangsverwaltung fort; aber auch die Eintragung einer Sicherungshypothek: denn hier kommt es gar nicht zu einer Veräußerung oder Überweisung, sondern zu einer Belastung [2].

B. Die Begründung der Widerspruchsklage des § 772.

In den eben umschriebenen Fällen der Zwangsvollstreckung können diejenigen Personen, zu deren Gunsten ein Veräußerungsverbot der in den §§ 135, 136 B.G.B. bezeichneten Art an dem Gegenstande der Zwangsvollstreckung besteht, die Widerspruchsklage des § 772 erheben, wenn die Zwangsvollstreckung auf Grund eines persönlichen Anspruchs oder auf Grund eines infolge des Verbots unwirksamen Rechts betrieben wird. Dies

---

[1] So auch Fischer-Schaefer, Die Zwangsvollstreckung in das unbewegliche Vermögen im Reiche und in Preußen, Berlin 1902, zu §§ 771 bis 774 Z.P.O. sub 3a, S. 79.

[2] So für den ganz gleichen Fall des § 773 K.G. Berlin, 5. Oktober 1903, Recht 1904, S. 20; a. M. Gaupp-Stein zu § 772 sub II a. E.

letzterwähnte Recht kann nur ein Pfandrecht[1] — insbesondere ein Pfändungspfandrecht — oder ein dem Pfandrecht inhaltlich gleiches Recht — insbesondere Hypothek oder das dem betreibenden Gläubiger durch die Beschlagnahme nach § 20 ff. Z.V.G. erwachsende Recht — sein. Ein anderes Recht, auf Grund dessen[2] eine Veräußerung oder Überweisung erfolgen könnte, gibt es nicht.

Das Recht ist infolge des Verbots unwirksam, wenn die Verfügung, die es begründen sollte, infolge des Verbots unwirksam ist. Dies ist bei rechtsgeschäftlicher Verfügung nur dann der Fall, wenn die Verfügung zur Zeit des Bestehens des Veräußerungsverbots erfolgte und wenn entweder derjenige, zu dessen Gunsten die Verfügung stattfand, hinsichtlich des Veräußerungsverbots nicht im guten Glauben war[3], oder die Verfügung sich auf eine res inhabilis (§ 935 B.G.B.) bezog; bei Zwangsverfügung, d. h. bei Pfändung oder Beschlagnahme, dagegen ohne Rücksicht auf den guten Glauben des Erwerbers[4] immer dann, wenn die Zwangsverfügung zur Zeit des Bestehens des Verbotes erfolgte. Darnach ist die Verfügung stets dann wirksam, wenn sie außerhalb der Geltungszeit des Verbots erfolgte, und die rechtsgeschäftliche Verfügung überdies auch während der Geltungszeit des Verbotes, wenn der Erwerber in gutem Glauben war und die Verfügung keine abhandengekommene Fahrnis betraf. Dann ist auch das durch die Verfügung erworbene Recht wirksam. Und auf Grund dieses Rechts kann der Gegenstand, an dem es besteht, im Wege der Zwangsvollstreckung veräußert oder überwiesen werden, ohne Rücksicht darauf, ob unterdessen ein diesen Gegenstand betreffendes Veräußerungsverbot entstanden ist, und ohne daß dann diejenigen, zu deren Gunsten das Veräußerungsverbot besteht, die Widerspruchsklage des § 772 erheben könnten. Es ist also namentlich gegen die Versteigerung und Veräußerung eines vor Erlaß eines Veräußerungsverbots gepfändeten oder beschlagnahmten

---

[1] § 1204 ff. B.G.B.

[2] Vgl. den Wortlaut von § 772.

[3] Vgl. § 135, 2 B.G.B.

[4] Vgl. Sohm I, S. 54.

Gegenstandes die Widerspruchsklage des § 772 nicht gegeben[1].

C. Das Veräußerungsverbot insbesondere.

1. Allgemeines.

Die Widerspruchsklage des § 772 wird erhoben auf Grund eines Veräußerungsverbots der in den §§ 135, 136 B.G.B. bezeichneten Art. Sie kann daher — wie Gaupp-Stein[2] treffend hervorhebt — nicht auf ein Verbot des § 134 B.G.B. gestützt werden. Es kommen also nur die relativen Veräußerungsverbote in Betracht, die „nur den Schutz bestimmter Personen bezwecken". Diese Personen sind zur Erhebung der Widerspruchsklage des § 772 aktiv legitimiert[3].

Ein die Veräußerung hinderndes Recht haben sie nicht. Denn der Gegenstand der Zwangsvollstreckung gehört dem Schuldner. Sie haben nur das Rechtsgut des Schutzes durch das Veräußerungsverbot. Und dieses hindert die Veräußerung durch den Schulder nicht, — denn es fehlt das „im Begriff des Hinderns liegende Moment der „Absolutheit"[4]: Das Gesetz sagt im § 135 B.G.B. ausdrücklich, daß eine dem Verbot zuwiderlaufende Verfügung nur den geschützten Personen gegenüber unwirksam ist. Das relative Veräußerungsverbot bildet daher den begrifflichen Gegensatz zu dem die Veräußerung hindernden Rechte. Da folglich die Widerspruchsklage des § 771 nicht auf ein Veräußerungsverbot gestützt werden kann, so ist die Bestimmung des § 772 nicht so überflüssig, wie es Seuffert[5] und Petersen-Anger-Remelé[6] erscheinen möchte[7]. Die Klage des § 772 ist daher, wenn auch der des § 771 wesensgleich, so doch in ihrer Begründung

[1] So Seuffert und Petersen-Anger-Remelé zu § 772 sub 1; Planck zu § 135 B.G.B. sub 1; Schmidt, Lehrb. S. 1037; Motive zu dem Entwurfe eines B.G.B., 1. Bd., S. 215; Kunze S. 23.

[2] zu § 772 Note 1.

[3] Weismann, Lehrb., 2. Bd., S. 107; Planck zu § 135 B.G.B. sub 7.

[4] oben § 4 III. (S. 75 ff.).

[5] Seuffert, Änderungen der Z.P.O. durch das B.G.B., ZZ. 22 S. 322 ff., bes. S. 368.

[6] zu § 771 sub 2.

[7] Auf unserer Seite steht auch Kunze S. 21.

dieser gegenüber durchaus selbständig und bildet insofern einen neben und außerhalb der Klage des § 771 liegenden besonderen Fall der Widerspruchsklage [1].

2. Die Fälle des Veräußerungsverbots.

Wir folgen der herkömmlichen und an das B.G.B. sich anlehnenden Einteilung in gesetzliche und behördliche Veräußerungsverbote; die letzteren besprechen wir zuerst.

a) Das behördliche — insonderheit richterliche — Veräußerungsverbot (§ 136 B.G.B.) hat zwei anerkannte und zweifellose Hauptfälle: § 938 Z.P.O. und § 106 K.O [2], das Veräußerungsverbot als einstweilige Verfügung und das Veräußerungsverbot zur Sicherung der Konkursmasse vor der Konkurseröffnung. Es hat daher derjenige, der eine solche einstweilige Verfügung erwirkt hat, und der Konkursverwalter als Vertreter der Konkursgläubiger die Widerspruchsklage des § 772 gegen eine Pfändung oder Beschlagnahme eines dem Veräußerungsverbot unterliegenden Gegenstandes. Ein solcher ist speziell im zweiten Falle jeder dem Gemeinschuldner gehörige Gegenstand.

In dem inhibitorium der §§ 829 u. 857 Z.P.O. könnte man, da es jede Verfügung, also auch die Veräußerung verbietet, ein Veräußerungsverbot zum Schutze des pfändenden Gläubigers erblicken [3]. Gegen eine weitere Pfändung dürfte man ihm trotzdem aber nicht die Widerspruchsklage des § 772 gewähren, da der § 853 Z.P.O. die Anschlußpfändung ausdrücklich zuläßt und insofern als Ausnahmebestimmung für den § 772 gelten könnte.

---

[1] Wir wiederholen hiermit den schon oft ausgesprochenen Gedanken, da wir es für wichtig halten, daß man sich über diesen Punkt klar sei. — Außerdem glauben wir mit dieser Auffassung dem Gesetze mehr gerecht zu werden als Seuffert a. a. O., der sagt: „Muß denn jeder Folgesatz, der sich aus einer Gesetzesbestimmung ergibt, als neuer Paragraph in das Gesetz hineingeschrieben werden?“

[2] Vgl. Planck zu § 136 B.G.B.; Gaupp-Stein zu § 772 sub I; Seuffert zu § 772 sub 2; Petersen-Anger-Remelé zu § 772 sub 3; Jaeger zu § 106 K.O. Anm. 7 (hier wohl Druckfehler statt 772 771); Rehbein zu §§ 134—138 B.G.B. sub II, 2c; v. Staudinger, Kommentar zum B.G.B., 3./4. Aufl., zu § 136 B.G.B. sub 9.

[3] Vgl. Staudinger zu § 135 B.G.B. sub 9; Rehbein zu §§ 134—138 B.G.B. sub II, 2c.

Weitere behördliche relative Veräußerungsverbote habe ich nicht finden können[1].

Daß die Beschlagnahme des § 334 Str.P.O. in Verbindung mit den §§ 93 Str.G.B., 480 Str.P.O., 360 M.Str.P.O. hier nicht in Betracht kommt, dürfte unbestritten sein[2], da hier ein absolutes Veräußerungsverbot gegeben ist[3].

Auch die Beschlagnahme des § 325 Str.P.O. gehört nicht hierher[4], da sie die Wirkungen des dinglichen Arrestes hat.

Allgemein aber werden die Fälle der §§ 23, 148 Z.V.G. und 326 Str.P.O. (in Verbindung mit 140 Str.G.B., 480 Str.P.O.) als richterliche Veräußerungsverbote genannt[5]. Wir schließen uns dieser Meinung nicht an, sondern erklären sie für

b) gesetzliche Veräußerungsverbote[6] und haben dafür folgende Gründe:

Zwar entsteht in beiden eben genannten Fällen das Veräußerungsverbot infolge richterlicher Tätigkeit; ein Gerichtsbeschluß bewirkt die Beschlagnahme des Grundstücks in den §§ 23, 148 Z.V.G., und ein Gerichtsbeschluß bewirkt die Beschlagnahme des Vermögens des Angeschuldigten in § 326 Str.P.O. Aber: Das Veräußerungsverbot entspringt hier — für sich betrachtet — gar nicht freier richterlicher Entschließung wie in den oben besprochenen Fällen. Im Ermessen des Gerichts steht nur die

---

[1] Staudinger zu § 135 B.G.B. sub 9 zitiert allerdings noch die Zahlungssperre des § 1019 Z.P.O. Wenn aber diesem Verbote zuwider Zahlung geleistet wird, so ist die dabei vorgenommene Veräußerung der Geldstücke dem das Aufgebotsverfahren Betreibenden gegenüber nicht unwirksam — und das müßte der Fall sein, wenn hier ein Veräußerungsverbot nach § 136 vorläge, — sondern die Befreiung des Ausstellers von der Verbindlichkeit nach § 797 B.G.B., die bekanntlich auch bei bösem Glauben des Ausstellers eintritt. (Vgl. Gaupp-Stein zu § 1019 sub II, wo allerdings die Zahlungssperre auch als Veräußerungsverbot im Sinne des § 136 B.G.B. erscheint.)

[2] Vgl. Seuffert a. a. O. sub 2; Petersen-Anger-Remelé a. a. O. sub 3.

[3] Staudinger a. a. O. sub 8. Dort auch weitere Beispiele absoluter Veräußerungsverbote.

[4] Seuffert a. a. O.

[5] Seuffert a. a. O.; Petersen-Anger-Remelé a. a. O.; Planck zu § 136 B.G.B. (allerdings nur Z.V.G. 23).

[6] Gaupp-Stein a. a. O. sub I meint zwar „Gesetzliche Verbote dieser Art fehlen im Reichsrecht“.

Frage, ob die Beschlagnahme erfolgen soll, oder nicht; wenn aber das Gericht die Beschlagnahme beschließt, dann ist die gesetzlich notwendige Folge das durch die Beschlagnahme bewirkte (und nicht etwa mit ihr identische) Veräußerungsverbot. Dieses entspringt der Beschlagnahme, mag dies nun in dem Beschlagnahmebeschluß ausdrücklich gesagt sein oder nicht, ja, mag es der Richter wollen oder nicht. Die Beschlagnahme durch Gerichtsbeschluß ist die Voraussetzung der Entstehung des gesetzlichen Veräußerungsverbots.

Der geschützte Dritte (135 B.G.B.) ist im § 23 Z.V.G. der betreibende Gläubiger, im § 326 Str.P.O. die Staatskasse (§ 326, 2 Str.P.O.). Beide haben daher die Widerspruchsklage des § 772, und zwar der Gläubiger gegen eine durch besonderen Versteigerungsbeschluß angeordnete anderweite Zwangsversteigerung des Grundstücks[1] (nicht auch gegen die Zwangsverwaltung oder Eintragung einer Sicherungshypothek; s. oben unter I A dieses Paragraphen), die Staatskasse gegen jede Veräußerung oder Überweisung eines zum Vermögen des Angeschuldigten gehörenden Gegenstandes im Wege der Zwangsvollstreckung.

Ein weiterer Fall der gesetzlichen relativen Veräußerungsverbote liegt in der Konkurseröffnung[2]. Dies sagt das Gesetz zwar nicht ausdrücklich, aber es ist durch die §§ 6—8 K.O. der Eröffnung des Verfahrens tatsächlich dieselbe Wirkung beigelegt worden, wie sie einem gesetzlichen Veräußerungsverbote zukommt; nur der gutgläubige Erwerb ist nicht in vollem Umfange des § 135, 2 B.G.B. zugelassen[3]. Das ausschlaggebende Kennzeichen des relativen Veräußerungsverbots ist aber ge-

---

[1] Es ist aber zu beachten, daß ein solcher besonderer Versteigerungsbeschluß nur versehentlich erfolgen kann: § 27 Z.V.G. Es hat daher dann der Gläubiger neben der Widerspruchsklage auch den Rechtsbehelf des § 766 Z.P.O. Gegen die Beitrittsanordnung nach § 27 Z.V.G. dagegen hat der Gläubiger kein Rechtsmittel. Man könnte daher insofern in § 27 Z.V.G. — wie in § 853 Z.P.O. (oben S. 127 a. E.) — eine Ausnahmebestimmung zu § 772 erblicken.

[2] Wendt, Erwerb von einem Nichtberechtigten, Archiv für zivilistische Praxis 89, S. 1 ff., bes. S. 44; Planck zu § 135 B.G.B. sub 1 a. E.; Staudinger zu § 135 B.G.B. sub 9 Abs. 3; Rehbein zu §§ 134—138 B.G.B. sub II, 2b; Weismann, Lehrb. 2. Bd., S. 107.

[3] Hierüber Rehbein und Staudinger a. a. O.

geben: die Unwirksamkeit verbotswidriger Verfügungen nur einem bestimmten Personenkreise — hier den Konkursgläubigern — gegenüber (K.O. 7, Abs. 1).

Unterstützt wird diese Auffassung durch die Bestimmung des § 106 K.O., nach der das oben besprochene richterliche Veräußerungsverbot vor[1] der Konkurseröffnung erlassen werden kann. Daß hierin die Vorwegnahme einer Wirkung der Konkurseröffnung zu erblicken ist, ergibt sich aus dem ganzen Zusammenhange, in dem der § 106 K.O. steht[2].

Das in der Konkurseröffnung liegende Veräußerungsverbot ist ein gesetzliches[3]. Zwar entsteht es durch den gerichtlichen Eröffnungsbeschluß, aber nicht — für sich betrachtet — kraft freier richterlicher Entschließung, sondern als gesetzlich notwendige Folge des Eröffnungsbeschlusses. Wir sehen, es gilt hier ganz dasselbe, was wir bei der ersten Gruppe der gesetzlichen relativen Veräußerungsverbote auszuführen hatten.

Auf Grund dieses Veräußerungsverbots, das Schutz der Konkursgläubiger bezweckt, kann der Konkursverwalter als Vertreter der Konkursgläubiger die Widerspruchsklage des § 772 erheben, wenn ein zur Konkursmasse gehöriger Gegenstand — außer auf Grund eines Absonderungsrechts[4]) — im Wege der Zwangsvollstreckung veräußert oder überwiesen werden soll. Der Gläubiger, der diese Zwangsvollstreckung betreibt, kann ein beliebiger extraneus, er kann aber auch — und dieser Fall wird wohl häufiger sein — einer der Konkursgläubiger selber sein. Für diesen Fall bestimmt die K.O. im § 14 ausdrücklich, daß während der Dauer des Konkursverfahrens Zwangsvollstreckungen zugunsten einzelner Konkursgläubiger nicht in das zur Konkursmasse gehörige Vermögen des Gemeinschuldners stattfinden sollen[5].

Jaeger[6] will allerdings hier die Erinnerung des § 766

---

[1] vgl. Jaeger zu § 106 K.O. Anm. 1.

[2] vgl. Jaeger a. a. O. Anm. 3.

[3] so auch Planck, Staudinger, Rehbein a. a. O.

[4] denn dies ist kein „infolge des Verbots unwirksames Recht." (772.)

[5] über die in § 14 K.O. noch erwähnten Arreste und über die Vollstreckung in das konkursfreie Vermögen des Gemeinschuldners s. weiter unten.

[6] zu § 14 K.O. Anm. 22; ebenso Fischer-Schaefer a. a. O. sub 3a S. 79.

anwenden. Daß diese in den Fällen des § 772 neben der Widerspruchsklage gegeben sei, entspricht auch der herrschenden Meinung[1]. Ob aber eine gegen § 14 K.O. — soweit wir diese Gesetzesbestimmung bisher in Betracht gezogen haben — verstoßende Zwangsvollstreckung die Widerspruchsklage des § 772 begründe, über diese Frage ist, soweit ich sehe, bisher noch nicht gehandelt. Wir bejahen sie aus den angegebenen Gründen.

Wie der Konkurseröffnung, so entspringt der Anordnung der Nachlaßverwaltung (§ 1984 B.G.B.) ein gesetzliches Veräußerungsverbot[2]. Denn die §§ 7 u. 8 K.O.[3], die entsprechend anzuwenden sind, enthalten, wie wir oben gesehen haben, die entscheidende Vorschrift, die zur Annahme des gesetzlichen relativen Veräußerungsverbots zwangen: Die Bestimmung der relativen Unwirksamkeit der verbotswidrigen Verfügung. Das Veräußerungsverbot bezweckt den Schutz der Nachlaßgläubiger: denn zu ihrer Befriedigung ausschließlich soll der Nachlaß dienen (§ 1984 Abs. 2 — beachte die Ähnlichkeit dieser Bestimmung mit § 14 K.O.). Nimmt daher ein Eigengläubiger des Erben eine unter den § 772 Z.P.O. fallende Zwangsvollstreckung in den Nachlaß vor, so müßte der Nachlaßverwalter die Widerspruchsklage des § 772 erheben können. Diese Konsequenz verträgt sich aber nicht mit der positiven Bestimmung des § 784, 2 Z.P.O. in Verbindung mit den §§ 785 und 767, wonach der Nachlaßverwalter in diesem Falle die Vollstreckungsgegenklage zu erheben hat[4].

Damit halten wir den Kreis der relativen Veräußerungsverbote für erschöpft.

Insbesondere enthält die Vormerkung des § 883 B.G.B. kein Veräußerungsverbot im Sinne des § 135 B.G.B. Dies er-

---

[1] Gaupp-Stein zu § 772 sub II; Petersen-Anger-Remelé zu § 772 sub 2. — Auf diese Frage haben wir uns nicht weiter einzulassen, da sie nicht zum Thema gehört.

[2] Wendt a. a. O. S. 47; Rehbein a. a. O. sub II, 2b a. E.

[3] Statt „§§ 6, 7" ist „§§ 7, 8" in § 1984 B.G.B. zu lesen: Strohal, Erbrecht 2. Bd., S. 274 Anm. 15.

[4] Wir stellen diese Antinomie nur fest; aber wir fragen uns doch, ob es sich hier nicht deutlich zeigt, daß im § 785 besser 771 anstatt 767 zitiert wäre. — Vgl. Gaupp-Stein zu § 785.

gibt sich mit Sicherheit aus der Gegenüberstellung von Vormerkung und Veräußerungsverbot in Absatz 1 und 2 des § 888 B.G.B. und aus der verschiedenen Wirkung beider Institute im Konkurse (K.O. § 13 im Gegensatz zu § 24). Diese Auffassung entspricht auch der allgemeinen Lehre[1].

Auch die dem § 288 Str.G.B. zugrunde liegende Norm kann nicht, wie Staudinger[2] will, unter den relativen Veräußerungsverboten genannt werden. Staudinger zitiert zwar die Entscheidung des Reichsgerichts Bd. 6 S. 169 ff. (III C.S. 31. Januar 1882) für seine Ansicht. Uns will es aber scheinen, als wenn der Gerichtshof gerade die gegenteilige Meinung ausgesprochen hätte, und zwar mit einer solchen Schärfe, daß wir glauben nichts besseres tun zu können, als uns den entscheidenden Worten unbedingt anschließen. Sie lauten:

„Denn indem derselbe (der § 288 Str.G.B.) bestimmt:

— folgt Wortlaut —

hat er keineswegs ein Rechtsgeschäft durch seine Strafandrohung als ein verbotenes gekennzeichnet, sondern Handlungen mit Strafe bedroht, welche durch Vollziehung eines an sich erlaubten Rechtsgeschäfts begangen werden können. In diesem Falle ist es nicht das Rechtsgeschäft, sondern es sind die Umstände, unter denen, und es ist die Absicht, in welcher es abgeschlossen wird, gegen die sich die Strafdrohung richtet."

II. § 773 Z.P.O.

„Ein Gegenstand, der zu einer Vorerbschaft gehört, soll nicht im Wege der Zwangsvollstreckung veräußert oder überwiesen werden, wenn die Veräußerung oder die Überweisung im Falle des Eintritts der Nacherbfolge nach § 2115 des Bürgerlichen Gesetzbuches dem Nacherben gegenüber unwirksam ist. Der Nacherbe kann nach Maßgabe des § 771 Widerspruch erheben."

---

[1] Kretzschmar, Sächs. Arch. Bd. 11, S. 188 ff.; J. Neumann, Vormerkung und Veräußerungsverbot, J. W. 1902, S. 454 ff.; Planck zu § 883 B.G.B. sub 2; Reichel, Die Vormerkung im Deutschen Bürgerlichen Gesetzbuche, in Jherings Jahrbüchern Bd. 46, S. 59 ff., bes. S. 158. Vgl. Jaeger zu § 24 K.O. Anm. 5. Vgl. aber unten S. 156 f.

[2] zu § 135 B.G.B. sub 9.

Über das **Anwendungsgebiet** dieser Klage ist dasselbe zu sagen, was zu § 772 zu sagen war, also besonders: Die ganze Individual-Vollstreckung ist davon ausgeschlossen. Die Gründe dafür sind dieselben, wie die, welche unter I A anzuführen waren, da die entscheidenden Worte in beiden Fällen dieselben sind. Hier kommt noch hinzu, daß auch der § 2115 B.G.B. — abgesehen vom Arrest und Konkurs — nur die Zwangsvollstreckung wegen Geldforderungen betrifft[1].

Und wie die Klage des § 772 in denjenigen Fällen nicht gegeben ist, in denen das Veräußerungsverbot das Recht, auf Grund dessen die zwangsweise Veräußerung oder Überweisung erfolgen soll, nicht berührt (s. oben I B), so kann die Klage des § 773 dort nicht erhoben werden, wo der Eintritt der Nacherbfolge die Wirksamkeit einer Zwangsverfügung nicht beeinträchtigt (§ 773 Z.P.O. in Verbindung mit § 2115 Satz 2 B.G.B.), wenn also der Anspruch eines Nachlaßgläubigers oder ein an einem Erbschaftsgegenstande bestehendes Recht geltend gemacht wird, das im Falle des Eintritts der Nacherbfolge dem Nacherben gegenüber wirksam ist. Ein solches Recht ist besonders ein vom Vorerben bestelltes Pfandrecht oder eine von ihm mit Zustimmung des Nacherben bestellte Hypothek[2].

Die Klage des § 773 greift vielmehr dort ein, wo, wie das Gesetz sagt „die Veräußerung oder Überweisung im Falle des Eintritts der Nacherbfolge nach § 2115 des Bürgerlichen Gesetzbuchs dem Nacherben gegenüber unwirksam ist.“ Darauf, ob der **Vorerbe** über den betreffenden Gegenstand ohne Zustimmung des Nacherben verfügen kann (§ 2112 ff. B.G.B.), kommt es also in diesem Falle **nicht** an[3]. Das einzig Entscheidende ist die Unwirksamkeit der **zwangsweisen** Veräußerung oder Überweisung dem Nacherben gegenüber im Falle des Eintritts

---

[1] **Planck**, B.G.B., 3. Aufl. (**Strohal**) zu § 2115 B.G.B. sub 1. — Auch bei einer Zwangsverwaltung greift § 773 — wie § 772 — nicht ein: **Fischer-Schäfer** a. a. O. sub 3b S. 81.

[2] **Gaupp-Stein** zu § 773.

[3] Vgl. **Gaupp-Stein** zu § 773. — Die Sachlage ist also hier insofern eine andere als in den §§ 771 u. 772, wo es darauf ankam, ob der Schuldner an der freiwilligen Veräußerung gehindert, bzw. ob sie ihm verboten war.

der Nacherbfolge (§ 773 Z.P.O.). Und diese Unwirksamkeit liegt nach § 2115 B.G.B. (abgesehen von § 2115 Satz 2 B.G.B.) stets dann vor, wenn die zwangsweise Veräußerung oder Überweisung „das Recht des Nacherben vereiteln oder beeinträchtigen würde." Dies ist aber immer dann der Fall, wenn irgend ein zur Erbschaft — von Anfang an oder kraft Surrogation (§ 2111 B.G.B.) — gehöriger Gegenstand zwangsweise veräußert oder überwiesen werden soll, mag auch der Vorerbe ihn ohne Einwilligung des Nacherben veräußern können (§ 2112 ff. B.G.B.). Die Klage des § 773 ist also — abgesehen von den eingangs erwähnten Fällen — nur dort nicht gegeben, wo die zwangsweise Veräußerung oder Überweisung Gegenstände ergreift, die nicht zur Erbschaft gehören, insbesondere dem Vorerben gebührende Nutzungen (§ 2111 Satz 1 a. E.). — Da diese nicht zur Erbschaft gehören, so erstreckt sich das Recht des Nacherben als solchen auch nicht auf sie [1]. Es kann daher auch nicht durch eine in die Nutzungen geführte Zwangsvollstreckung „vereitelt oder beeinträchtigt" werden. Es greift daher weder 2115 B.G.B. noch 773 in diesem Falle ein: d. h.: Der Nacherbe hat die Klage des § 773 dann nicht, wenn die Vollstreckung getrennte [2] Früchte ergreift [3].

Zu beachten ist, daß der Gegenstand der zwangsweisen Veräußerung oder Überweisung nicht identisch zu sein braucht mit dem in erster Linie von der Zwangsvollstreckung ergriffenen Gegenstande. Man denke sich den Fall, den das Oberlandesgericht Dresden [4] entschieden hat: Der Vorerbe erbt als Miterbe zu einem Drittel. Vor der Auseinandersetzung pfändet ein Gläubiger des Vorerben nach § 859, 2 den Anteil des Vorerben am Nachlasse [5]. Dieser Anteil ist der „Gegenstand der Zwangs-

---

[1] Strohal, Erbrecht 1. Bd., S. 196 f.

[2] Die ungetrennten Früchte bleiben, da sie keine „Gegenstände" sind, hier außer Betracht.

[3] so auch Schott, Über Veräußerungsverbote und Resolutivbedingungen im bürgerlichen Recht. In der Festgabe der Breslauer juristischen Fakultät für Felix Dahn, III. Teil, S. 337 f.

[4] Urteil vom 13. Juli 1905, im Sächs. Archiv f. Rechtspflege, 1. Jahrgang 1906, S. 55 f.

[5] Das O.L.G. spricht hier allerdings — unseres Erachtens inkorrekt — von einer Pfändung der Ansprüche gegen die Miterben auf Auseinandersetzung. Wir halten diese Ansprüche nicht für selbständig pfändbar, da

vollstreckung". — Der Gläubiger ist jetzt aber noch nicht befriedigt: er muß die Auseinandersetzung und die Verwertung der dabei auf den gepfändeten Anteil entfallenen Gegenstände nach §§ 847, 848 betreiben[1].

Diese Verwertung erfolgt nicht bei allen Gegenständen durch eine zwangsweise Veräußerung oder Überweisung: vgl. z. B. § 848. Danach entsteht an einem auf den Anteil des Vorerben entfallenden Grundstücke im Augenblicke der Auseinandersetzung eine gesetzliche Sicherungshypothek. Hiergegen aber ist die Widerspruchsklage des § 773 nicht gegeben[2]. Wohl aber erfolgt z. B. bei beweglichen Sachen (vgl. § 847) und bei Forderungsrechten, die auf den Anteil des Vorerben fallen, die Verwertung im Wege der zwangsweisen Veräußerung oder Überweisung. Hiergegen haben die Nacherben die Widerspruchsklage des § 773[3]. Es wird daher nicht als zutreffend angesehen werden können, wenn das O.L.G. Dresden in der erwähnten Entscheidung den Nacherben die Widerspruchsklage gegen die Pfändung des Anteils des Vorerben im Ganzen zugesteht: Denn es ist nicht begrifflich notwendig, daß alle auf den Anteil entfallenden Gegenstände zwangsweise veräußert oder überwiesen werden. Uns scheint folgende Beurteilung zutreffender zu sein: Im Augenblicke der Vollendung der Auseinandersetzung ist die ganze Rechtslage genau so gestaltet, als ob in sämtliche auf den Anteil des Vorerben entfallende Gegenstände eine besondere Zwangsvollstreckung erfolgt wäre[4]. Ihre Verwertung erfolgt daher auch unter diesem Gesichtspunkte. Hinsichtlich derjenigen Gegenstände, deren Verwertung durch eine zwangsweise Veräußerung oder Überweisung zu erfolgen hat, ist auch den Nacherben die Widerspruchsklage des § 773 gegeben, und zwar vom Augenblicke der Vollendung der Auseinandersetzung an: also nicht hinsichtlich der Pfändung des ganzen Anteils, und nicht vom Augenblicke dieser Pfändung an,

---

sie nach § 2042 Ausflüsse der personenrechtlichen Stellung des Miterben sind.

[1] Gaupp-Stein zu § 859 sub III.

[2] Denn es fehlt die zwangsweise Veräußerung oder Überweisung.

[3] soweit diese Rechte nicht Früchte sind (s. oben).

[4] Vgl. das Ende der zitierten Entscheidung.

und auch nach der Auseinandersetzung nicht hinsichtlich derjenigen Gegenstände, deren Verwertung nicht durch zwangsweise Veräußerung oder Überweisung erfolgt.

Man hat versucht, die Verfügungsbeschränkung des Vorerben auf ein Veräußerungsverbot zurückzuführen[1]. Dagegen spricht aber — abgesehen von dem verschiedenen Umfange, in dem freiwillige Verfügungen des Vorerben und Zwangsverfügungen unwirksam sind — zweierlei: Einmal der Umstand, daß die Unwirksamkeit nicht sofort und unbedingt der Verfügung anhaftet, daß vielmehr die Verfügung nur unter der Bedingung des Eintritts der Nacherbfolge und erst von dem Augenblicke an unwirksam ist, — dann aber die Absolutheit der Unwirksamkeit, die sich aus dem Wortlaute der §§ 2113, 2115 B.G.B. im Gegensatze zum Wortlaute des § 773 Z.P.O. zweifellos ergibt[2].

Es fehlt daher das dem Veräußerungsverbote wesentliche Merkmal der Relativität[3].

Dafür ist — gerade wie bei dem die Veräußerung hindernden Rechte — das „Moment der Absolutheit" gegeben. „Aber: in § 771 ist entscheidend, daß die absolute Unwirksamkeit der freiwilligen Veräußerung durch den Schuldner anhaftet, in 773 aber, daß dies bei der zwangsweisen Veräußerung oder Überweisung durch das Vollstreckungsorgan der Fall ist. Der Schuldner, d. h. der Vorerbe, kann in vielen Fällen der in § 773 angeführten Unwirksamkeit der Zwangsverfügung durchaus wirksam verfügen (B.G.B. 2112 ff., 2136). Dazu kommt noch ein Unterschied zwischen den §§ 771 u. 773: In § 771 wird die Unwirksamkeit durch ein subjektives Recht — eben durch das die Veräußerung hindernde Recht — bewirkt, im § 773 dagegen durch einen Satz des objektiven Rechts:

---

[1] Wendt a. a. O. S. 44 ff.; Rehbein zu §§ 134—138 B.G.B. sub II, 2a a. E.

[2] so auch im Einklange mit den Motiven zum E.I. des B.G.B. und den Protokollen der zweiten Lesung Planck-Strohal zu § 2115 B.G.B. sub 2.

[3] Es ist daher der § 773 keineswegs als „überflüssig" zu betrachten, als wenn sich die in ihm enthaltene Bestimmung schon aus 772 ergäbe.

§ 2115 B.G.B. Ein subjektives Recht des Nacherben fehlt. Er hat nur eine Anwartschaft, noch kein Recht an den Nachlaßgegenständen [1] [2].

III. § 774 Z.P.O.

„Findet nach § 741 die Zwangsvollstreckung in das eingebrachte Gut der Ehefrau oder in das Gesamtgut statt, so kann der Ehemann nach Maßgabe des § 771 Widerspruch erheben, wenn das gegen die Ehefrau ergangene Urteil in Ansehung des eingebrachten Gutes oder des Gesamtguts ihm gegenüber unwirksam ist."

Als das Anwendungsgebiet dieser Klage möchten wir fast die gesamte „Zwangsvollstreckung wegen Geldforderungen" bezeichnen. Denn der § 774 setzt eine „Zwangsvollstreckung in das eingebrachte Gut ...... oder das Gesamtgut" voraus. Das „Gut" besteht nur aus „Gegenständen" [3]. Daher greift § 774 in erster Linie überall dort ein, wo „Gegenstand der Zwangsvollstreckung" ein „Gegenstand" ist — mag er veräußerlich oder unveräußerlich (z. B. Nießbrauch) sein. Eine Vollstreckung „in das Gut" findet aber auch dort statt, wo „Gegenstand der Zwangsvollstreckung" Bestandteile der zum Gut gehörigen „Gegenstände" sind: also bei Pfändung von ungetrennten Früchten eines Grundstückes, das zum Gute gehört (810 Z.P.O.). Schließlich erblicken wir auch dort, wo bei einer „Zwangsvollstreckung in Ansprüche" (846 ff. Z.P.O.) „Gegenstand der Zwangsvollstreckung" kein „Gegenstand", sondern der Eigentumsanspruch ist [4], eine „Zwangsvollstreckung in das Gut", da sich hier die Zwangsvollstreckung, wenn auch indirekt, gegen das zum Gute gehörige Eigentum richtet.

---

[1] Zum Schutze seiner personenrechtlichen Stellung als Nacherbe, d. h. seiner Anwartschaft, sind dem Nacherben mehrere Rechte verliehen (s. Planck-Strohal vor 2100 sub 4b). Er hat aber kein Recht, das den einzelnen Nachlaßgegenstand als solchen ergriffe.

[2] Das O.L.G. Dresden läßt allerdings in der oben erwähnten Entscheidung die Anschauung durchblicken, daß der Nacherbe in der Klage des § 773 ein die Veräußerung hinderndes Recht geltend mache.

[3] Sohm I, S. 23.

[4] vgl. oben S. 69.

Auch die Zwangsverwaltung eines zum Gute gehörigen Grundstücks kann als Zwangsvollstreckung in das Gut aufgefaßt werden.

Nur die Zwangsvollstreckung in den Anteil eines Gesellschafters (859 Z.P.O.) müssen wir ausnehmen, da der Anteil kein „Gegenstand", also auch kein Bestandteil des Gutes ist.

Aber auch der § 774 findet, so glauben wir, auf keinen Fall der „Individualvollstreckung" Anwendung. Zweifellos fallen alle diejenigen Arten derselben fort, in denen keine „Zwangsvollstreckung" — denn eine solche setzt § 774 voraus — stattfindet, und diejenigen, in denen die Zwangsvollstreckung sich gegen die Person richtet. Bei den übrigen Arten ist durch die Kürze der Vollstreckung die Erhebung der Widerspruchsklage tatsächlich ausgeschlossen, da eine Pause nach Art der in § 815 vorgeschriebenen hier fehlt (s. oben S. 73). Nur in den §§ 885 u. 886 ist die Vollstreckung so geartet, daß eine Widerspruchsklage erhoben werden könnte. Aber — und dies ist, abgesehen von der Analogie mit den bisher besprochenen Fällen der Widerspruchsklage, uns der wichtigste Punkt —: Die Widerspruchsklage des § 774 ist gar nicht notwendig gegen eine Individualvollstreckung: Denn der Gläubiger kann nicht mit Hilfe der Zwangsvollstreckung gutgläubig erwerben. Dies ist selbstverständlich, wenn die Zwangsvollstreckung nur zur Durchsetzung eines Anspruchs auf Besitzüberlassung diente. Denn der Besitz ist kein „Gegenstand" und kann daher auch nicht gutgläubig erworben werden. Aber auch wo die Zwangsvollstreckung dem Gläubiger einen Anspruch auf Eigentumsübertragung sollte durchsetzen helfen, kann er in unserem Falle das Eigentum doch nicht gutgläubig erwerben: der § 898 Z.P.O. nützt ihm nichts. Dies ergibt sich für das eingebrachte Gut aus § 1404 B.G.B. unmittelbar, und wird auch für das Gesamtgut zu gelten haben, obwohl § 1404 in § 1448 nicht zitiert ist.

Der Mann kann daher, wenn das Urteil gegen die Ehefrau ihm gegenüber unwirksam ist (so setzt es § 774 voraus), auch nach der Zwangsvollstreckung aus diesem Urteile stets im Wege der gewöhnlichen Klage das zum Gute gehörige Recht geltend machen (§§ 1380, 1443 B.G.B.), der Widerspruchsklage bedarf es daher garnicht, da die Zwangsvollstreckung keinen Rechtsverlust bringen kann.

Voraussetzung für die Anwendung des § 774 ist daher eine Zwangsvollstreckung wegen einer Geldforderung. Diese muß in das eingebrachte oder in das Gesamtgut erfolgen, und die Ehefrau muß, wie der Hinweis auf § 741 besagt, selbständig ein Erwerbsgeschäft betreiben. Diese Punkte bedürfen keiner weiteren Erläuterung.

Wohl aber müssen wir uns darüber klar werden, was eine „nach § 741“ stattfindende Zwangsvollstreckung ist, und, welche Fälle der Unwirksamkeit des gegen die Frau ergangenen Urteils dem Manne gegenüber durch § 774 betroffen werden.

1. „Nach § 741“ findet nur diejenige Zwangsvollstreckung statt, die den Regeln des § 741 folgt: also z. B. nicht eine Zwangsvollstreckung, die in das eingebrachte oder das Gesamtgut betrieben wird, obwohl „zur Zeit des Eintritts der Rechtshängigkeit der Einspruch des Ehemannes gegen den Betrieb des Erwerbsgeschäfts oder der Widerruf seiner Einwilligung zu dem Betrieb im Güterrechtsregister eingetragen war.“ Gegen eine solche Zwangsvollstreckung, die nicht „nach § 741“ stattfindet, hat daher der Ehemann auch nicht die Widerspruchsklage des § 774[1].

Daher kann der Ehemann die Widerspruchsklage des § 774 auch nicht auf die Behauptung gründen, daß die Ehefrau nicht selbständig ein Erwerbsgeschäft betreibt[2].

Nur dann also, wenn zur Zeit des Eintritts der Rechts-

---

[1] So Seuffert zu § 774 sub 2. — A. M. Gaupp-Stein zu § 774 sub a und Geib, Die Zwangsvollstreckung ins eingebrachte Gut, insbesondere nach § 741 Z.P.O., im Arch. f. ziv. Pr. Bd. 94, S. 317 ff., bes. S. 342 a. E. Hier nimmt Geib sogar an, daß in dem im Texte besprochenen Falle eine Zwangsvollstreckung „in Gemäßheit“ des § 741 vorliege. Dem können wir aber mit Rücksicht auf den Wortlaut des § 741 unmöglich folgen. — Ob aber hier überhaupt keine Widerspruchsklage gegeben ist, wie Seuffert a. a. O. annimmt, ist eine andere Frage, die wir erst später beantworten werden (unten S. 163 f. sub cc). — Die Frage, ob der Ehemann Einwendungen nach § 766 in diesem Falle erheben könne (so Seuffert u. Gaupp-Stein a. a. O.), gehört nicht zum Thema und muß daher außer Betracht bleiben.

[2] Seuffert a. a. O.

hängigkeit der Einspruch des Ehemanns oder der Widerruf seiner Einwilligung nicht eingetragen war, und wenn die Ehefrau wirklich selbständig ein Erwerbsgeschäft betreibt, wo also eine nach § 741 „formell ordnungsmäßige" [1] Zwangsvollstreckung stattfinden kann, ist auch die Möglichkeit zur Erhebung der Widerspruchsklage des § 774 gegeben.

2. Es kommt daher für § 774 nur eine solche dem Manne gegenüber bestehende Unwirksamkeit des gegen die Ehefrau ergangenen Urteils in Betracht, die gegeben ist, obgleich die Zwangsvollstreckung nach § 741 formell ordnungsmäßig vorgenommen wird. Diese Fälle materieller Unwirksamkeit des Urteils trotz formeller Ordnungsmäßigkeit der Zwangsvollstreckung entstehen durch die Inkongruenz der §§ 1405 (1452) B.G.B. und 741 Z.P.O.: Der § 741 Z.P.O. greift viel weiter aus als der § 1405 B.G.B. (und der § 1452, der sich lediglich auf 1405 beruft, und den wir deshalb von nun an unerwähnt lassen). Nach § 741 Z.P.O. kann eine Zwangsvollstreckung in das eingebrachte oder das Gesamtgut wegen jeder beliebigen Frauenschuld [2] und stets dann stattfinden, wenn der in § 741 bezeichnete Eintrag im Güterrechtsregister fehlt. Nach § 1405 B.G.B. dagegen ist das Urteil dem Manne gegenüber nur wirksam, wenn es sich um Geschäftsschulden handelt, und wenn der Mann den Geschäftsbetrieb, dem diese Schulden entspringen, genehmigt hat: Diese Genehmigung kann trotz mangelnden Eintrags des Einspruchs oder des Widerrufs fehlen, so besonders, wenn der Ehemann den Geschäftsbetrieb gar nicht kannte (1405, 2 B.G.B.) [3]. Nur insoweit, als der § 741 Z.P.O. über den § 1405 B.G.B. hinausgeht, kann die Widerspruchsklage des § 774 eingreifen: denn dann findet eine Zwangsvollstreckung

[1] Dieses zutreffenden Wortes bedient sich Geib, die Pfändung eingebrachter, im Besitz des Mannes befindlicher Mobilien, Arch. f. ziv. Pr. Bd. 97, S. 161 ff., bes. S. 199. — Geib beschränkt aber, wie gesagt, die Zulässigkeit der Widerspruchsklage des § 774 nicht auf diesen Fall.

[2] vgl. Gaupp-Stein zu § 741 sub II, c.

[3] Es kann allerdings umgekehrt trotz vorhandenen Eintrags die Genehmigung vom Manne später erteilt sein: dann ist das Urteil ihm gegenüber wirksam (1405, 3 greift hier nicht ein) obwohl eine Zwangsvollstreckung nicht nach § 741 ihm gegenüber formell ordnungsmäßig vorgenommen werden könnte. Dieser Fall dürfte allerdings selten sein.

„nach § 741“ statt, und das gegen die Ehefrau ergangene Urteil kann in Ansehung des eingebrachten Gutes oder des Gesamtgutes dem Ehemanne gegenüber unwirksam sein.

Diese Konstellation findet sich daher:

a) Wenn es sich gar nicht um Geschäftsschulden der Frau handelt[1].

b) Wenn der Einspruch des Mannes oder der Widerruf seiner Einwilligung zwar nicht eingetragen, aber dem Gläubiger zur Zeit der Vornahme des Rechtsgeschäfts bekannt war (1405, 3, 1435)[2].

c) Wenn der Mann den Geschäftsbetrieb überhaupt nicht kannte, einerlei ob dem Gläubiger dieser Umstand bekannt war oder nicht (vgl. 1405, 2)[3].

Aber auch dann, wenn einer der unter a), b), c), angegebenen Fälle vorliegt, ist doch nicht unter allen Umständen die Widerspruchsklage des § 774 begründet: denn das Urteil kann aus einem anderen Grunde dem Manne gegenüber wirksam sein: Obwohl der Einspruch eingetragen war, kann der Mann dem Verpflichtungsgeschäft (1399, 2) oder der Führung des Rechtsstreites zugestimmt haben (1400), oder das Verpflichtungsgeschäft kann nach 1401 mit 1399, 2 oder 1402, die Prozeßführung nach 1401 mit 1400 ohne Zustimmung des Mannes von der Frau wirksam vorgenommen sein[4].

Hier könnte im Normalfalle überall in das Eingebrachte nur mit einem Dulduugstitel, in das Gesamtgut nur mit einem Leistungstitel gegen den Mann (739, 740 Z.P.O.) vollstreckt werden: aber in unserem Falle, wo es sich ja gerade um eine

---

[1] Seuffert zu § 774 sub 3a; Gaupp-Stein zu § 774 sub b; Planck zu § 1411 B.G.B. sub 9b a. E.; Seuffert, Gruch. 43 S. 138; Hellwig, Anspruch u. Klagrecht S. 324 Anm. 22 (Hellwig erblickt hier allerdings, und von seinem oben S. 111 Anm. 2 angegebenen Standpunkte mit Recht, eine „Disharmonie“. Für uns fehlt die Disharmonie, und wir sehen deshalb in diesem Umstande eine Bestärkung unserer a. a. O. angegebenen Auffassung). Geib, Arch. f. ziv. Pr. 94 S. 345; Kunze S. 25.

[2] Seuffert zu § 774 sub 3b; Gaupp-Stein a. a. O.; Kunze a. a. O.

[3] vgl. Gaupp-Stein a. a. O.; Kunze a. a. O.

[4] Vgl. auch 1460 ff.

„nach 741“ formell ordnungsmäßig vorgenommene Zwangsvoll streckung handelt, bedürfte es nur des Leistungsurteils gegen die Ehefrau. Wo zu dieser formellen Ordnungsmäßigkeit der Vollstreckung die materielle Wirksamkeit des Urteils hinzutritt — mag diese nun auf § 1405 B.G.B. oder auf einer anderen Gesetzesstelle beruhen — da ist für die Klage nach § 774 kein Raum. Dies ergibt sich unzweideutig aus dem Wortlaute des § 774[1].

Nur also die materielle Unwirksamkeit des Urteils trotz formeller Ordnungsmäßigkeit der Zwangsvollstreckung nach § 741 Z.P.O. trägt die Widerspruchsklage des § 774. So erscheint in § 774 ebenfalls ein durchaus selbständiger Fall der Widerspruchsklage.

IV. § 810, Absatz 2 Z.P.O.

„Ein Gläubiger, der ein Recht auf Befriedigung aus dem Grundstücke hat, kann der Pfändung“ noch ungetrennter Früchte „nach Maßgabe des § 771 widersprechen, sofern nicht die Pfändung für einen im Falle der Zwangsvollstreckung in das Grundstück vorgehenden Anspruch erfolgt ist.“

Daß auch dieser Fall der Widerspruchsklage auf die Zwangsvollstreckung wegen Geldforderungen beschränkt ist, bedarf keiner weiteren Ausführung.

Auch die Frage, welche Rechte diese Widerspruchsklage begründen, beantwortet sich aufs einfachste, da aus dem Wortlaute des Gesetzes selbst mit aller wünschenswerten Deutlichkeit hervorgeht, daß hier nur ein „Recht auf Befriedigung aus dem Grundstücke“ in Betracht kommt, und welche Ansprüche ein solches Recht gewähren, ist in § 10 Z.V.G. auf das genaueste ausgeführt, so daß wir uns einer Aufzählung für überhoben halten können[2]. Es genügt der Hinweis darauf, daß hauptsächlich die Realgläubiger (§ 10 Ziffer 4 Z.V.G.) und der die Zwangsversteigerung des Grundstücks betreibende Gläubiger

---

[1] Vgl. aber die von dem Text abweichenden Ausführungen bei Seuffert zu § 774 sub 3a und c.

[2] Eine Aufzählung bringt W. Ch. Francke, Pfändung ungetrennter Früchte, ZZ. 28 S. 139 ff., bes. S. 142.

(Ziffer 5) in Betracht kommen. Wenn für den letzteren die Früchte schon beschlagnahmt sind, ist nach Absatz 1 § 810 deren Pfändung überhaupt untersagt, so daß sie nicht einmal formell ordnungsmäßig vorgenommen werden kann.

Als Vollstreckungsschuldner hatten wir uns bisher den Grundstückseigentümer gedacht. Ist es dagegen der Pächter, so greift die Widerspruchsklage des § 810, 2 nicht Platz, da nach §§ 21, 3 u. 152, 2 Z.V.G. das Recht des Mieters oder Pächters weder durch die Zwangsversteigerung noch durch die Zwangsverwaltung berührt wird, und sich daher das Recht auf Befriedigung aus dem Grundstücke nicht auf die Früchte erstreckt[1]. — Ist dagegen der Vollstreckungsschuldner Nießbraucher, so wird man nur den im Range ihm Nachstehenden die Widerspruchsklage des § 810, 2 versagen[2].

Auch dieser Fall der Widerspruchsklage läßt sich keineswegs unter den des § 771 subsumieren. Denn nicht nur sind hier „Gegenstand der Zwangsvollstreckung" bloße Bestandteile, also keine „Gegenstände" wie im § 771, sondern die „Rechte auf Befriedigung aus dem Grundstücke" hindern eine Veräußerung der Früchte nach ihrer Gewinnung (eher kann eine Veräußerung überhaupt nicht in Frage kommen) gar nicht. Oder wird etwa der Grundstückseigentümer durch eine Hypothek gehindert, die gewonnenen Früchte zu veräußern? — Endlich bestehen die hier geltend zu machenden Rechte, soweit sie überhaupt Rechte an einem Gegenstande sind (vgl. § 10 Z.V.G) nur an dem Grundstücke, also gerade nie an dem Gegenstande der Zwangsvollstreckung, wie § 771 voraussetzt[3]. So liegt auch im § 810 Abs. 2 ein durchaus selbständiger Fall der Widerspruchsklage vor[4].

---

[1] Vgl. Gaupp-Stein zu § 810 sub IV, 2 Abs. 3; Seuffert zu § 810 sub b.

[2] Gaupp-Stein a. a. O.

[3] Vgl. oben S. 97 unter c.

[4] Im Gegensatze hierzu unterscheidet die herrschende Lehre nicht scharf zwischen den Klagen aus § 771 und § 810, 2: Vgl. Gaupp-Stein zu § 771 sub II, 1a a. E.; Schmidt, Lehrb. S. 1035; Weismann, Lehrb. 2. Bd., S. 104 f.

V. § 93 Z.V.G. Absatz 1.

„Aus dem Beschlusse, durch welchen der Zuschlag erteilt wird, findet gegen den Besitzer des Grundstücks oder einer mitversteigerten Sache die Zwangsvollstreckung auf Räumung und Herausgabe statt. Die Zwangsvollstreckung soll nicht erfolgen, wenn der Besitzer auf Grund eines Rechts besitzt, das durch den Zuschlag nicht erloschen ist. Erfolgt gleichwohl die Zwangsvollstreckung, so kann der Besitzer nach Maßgabe des § 771 der Zivilprozeßordnung Widerspruch erheben."

1. Das Anwendungsgebiet dieser Klage ist durch die Worte des Gesetzes aufs deutlichste bezeichnet: es handelt sich hier um die „Zwangsvollstreckung auf Räumung und Herausgabe", also, soweit das Grundstück in Betracht kommt, um eine Zwangsvollstreckung nach § 885 Z.P.O., und hinsichtlich mitversteigerter (beweglicher) Sachen — soweit sie sich nicht auf dem Grundstücke befinden — um eine Zwangsvollstreckung nach § 883 Z.P.O.[1]. So sehen wir im § 93 Z.V.G. den einzigen Fall der Widerspruchsklage, der nach den Worten des Gesetzes zweifellos bei einer Individualvollstreckung, und zwar ausschließlich bei einer solchen, Anwendung findet. — Daß eine Vollstreckung nach § 885 möglicherweise für die Erhebung der Widerspruchsklage und zur Erwirkung einer einstweiligen Anordnung (§ 771, 3) Zeit genug lassen kann, mag zugegeben werden. Bei einer Vollstreckung nach § 883 können wir uns dies aber schlechterdings nicht vorstellen: der Gerichtsvollzieher kommt, nimmt die Sache dem Besitzer weg und händigt sie dem Gläubiger ein. Das sind Vorgänge, die sich in ganz kurzer Zeit abspielen können, namentlich, wenn sie in Gegenwart des Gläubigers vor sich gehen[2]. Der Besitzer wird unterdessen gar nicht einmal zum Gericht gehen können. — Und dennoch hat der Besitzer im Falle des § 93 Z.V.G. die Widerspruchsklage. An dieser Tatsache ist nicht zu rütteln. Ich sehe keinen

---

[1] von der Pfordten, Kommentar zu dem Gesetze über die Zwangsversteigerung und die Zwangsverwaltung. München 1905, zu § 93 sub 5.

[2] Und dies soll nach § 79 Ziffer 2 der Preußischen Geschäftsanweisung für die Gerichtsvollzieher möglichst geschehen.

anderen Ausweg aus dieser Schwierigkeit, als eine analoge Anwendung des § 815 Z.P.O.: Wird dem Gerichtsvollzieher glaubhaft gemacht, daß der Besitzer die Sache kraft eines Rechts besitzt, das durch den Zuschlag nicht erloschen ist, so hat er die Sache zu hinterlegen. Einen ähnlichen Satz aber müssen wir auch für die Vollstreckung in das Grundstück nach § 885 aufstellen. Denn auch hier kann sich der Besitzer im Umsehen seines Besitzes entsetzt und den Gläubiger eingewiesen sehen[1]. Ich schlage daher folgende Bestimmung vor: Wird dem Gerichtsvollzieher glaubhaft gemacht, daß der Besitzer das Grundstück kraft eines Rechts besitzt, das durch den Zuschlag nicht erloschen ist, so hat er zwar den Besitzer aus dem Besitze zu setzen, in den Besitz einweisen dagegen darf er nicht den Ersteher, sondern nur einen vom Amtsgericht sofort zu bestellenden Sequester (vgl. § 848 Z.P.O.).

In beiden Fällen aber (bei beweglichen Sachen und bei Grundstücken) ist nach Analogie von § 815 Z.P.O. die Zwangsvollstreckung fortzusetzen, wenn nicht binnen einer Frist von zwei Wochen seit dem ersten Vollstreckungsakte eine Entscheidung des nach § 771 Absatz 1 zuständigen Gerichts über die Einstellung der Zwangsvollstreckung beigebracht wird. In diesem Falle trägt der Besitzer die Kosten der Hinterlegung bzw. der Sequestration.

Nur bei Annahme dieser Bestimmungen wird das in § 93 Z.V.G. verliehene Widerspruchsrecht nicht illusorisch sein. —

Da nach § 90 Z.V.G. der Ersteher Eigentümer des Grundstücks und der mitversteigerten Sachen geworden ist[2], so handelt es sich hier in allen Fällen nur um eine den bloßen Besitzerwerb vermittelnde Zwangsvollstreckung. Schon aus diesem Grunde ist daher „Gegenstand der Zwangsvollstreckung" nur der Besitz, also kein „Gegenstand". Allein hieraus können wir schon erkennen: die Widerspruchklage des § 93 Z.V.G. ist nicht identisch mit der Widerspruchsklage des § 771 Z.P.O., sondern — wie das Gesetz sagt — eine Klage „nach Maßgabe des § 771".

---

[1] Vgl. § 80 Ziffer 3 der Preuß. Gesch.Anw. f. Gerichtsvollz.

[2] wenigstens weitaus in der Regel: s. unten bei 2.

2. Die Begründung der Widerspruchsklage des § 93 Z.V.G. hat sich, wie aus dem Gesetz hervorgeht, auf das Recht zu stützen, auf Grund dessen der Besitzer besitzt[1].

Dieses Recht kann, wie sich aus den Vorschriften der §§ 37 Ziffer 5 und 90 Z.V.G. ergibt, das Eigentum in der Regel nicht sein. Daß das Eigentum durch den Zuschlagsbeschluß nicht erlischt, „kann nur vorkommen, wenn die Terminsbestimmung dem Dritten gegenüber das Grundstück nicht ausreichend kennzeichnete, so daß die nach § 37 Nr. 5 angedrohte Ausschließung nicht eintreten konnte"[2].

Als die eigentlichen Hauptträger der Widerspruchsklage des § 93 Z.V.G. kommen aber andere Rechte in Betracht:

a) in erster Linie diejenigen begrenzten Rechte am Grundstücke, die zum Besitze des Grundstücks berechtigen — soweit sie nicht durch den Zuschlag nach § 52 Z.V.G. erloschen sind. Unter diesen Rechten sind zu nennen:

das Erbbaurecht, ganz besonders aber
der Nießbrauch[3].

---

[1] Die Klage wird also gerade nicht auf den bloßen Besitz gestützt. Deshalb ist es — abgesehen von der mangelnden Identität der Klagen nach 771 Z.P.O. und 93 Z.V.G. — unzutreffend, wenn Gaupp-Stein (zu § 771 sub II, 1b) sich auf § 93 Z.V.G. beruft, um die von uns bekämpfte Ansicht zu stützen, daß der Besitz ein die Veräußerung hinderndes Recht sei (vgl. oben S. 78 ff., insbes. S. 80 bei Anm. 3).

[2] von der Pfordten zu § 93 sub 4 Abs. 2 S. 277 f. (vgl. zu § 90 sub 2a S. 258 und zu §§ 35—43 sub III, 2 S. 105). Diesen Fall übersehen: Fischer-Schaefer, Die Zwangsvollstreckung in das unbewegliche Vermögen. Berlin 1902, zu § 93 Z.V.G. sub 3 Abs. 1, S. 365; Jaeckel, Das Reichsgesetz über die Zwangsversteigerung und die Zwangsverwaltung, 2. Aufl. Berlin 1904, zu § 93 sub 2 Abs. 2, S. 348. — Aber auch in diesen Fällen ist „Gegenstand der Zwangsvollstreckung" nur der Besitz: denn sie wird vom Ersteher betrieben, als ob er Eigentümer geworden wäre: Auch hier soll durch die nach § 93 Z.V.G. stattfindende Zwangsvollstreckung nur die Besitzüberlassung erwirkt werden.

[3] Für den Nießbrauch: von der Pfordten a. a. O. sub 4 Abs. 1; Wolff, Das Reichsgesetz über die Zwangsversteigerung und Zwangsverwaltung, 2. Aufl. Berlin 1901, zu § 93 sub 4 Abs. 3, S. 217; Fischer-Schaefer a. a. O.; Reinhard, Das Zwangsversteigerungsgesetz. Leipzig, 1901, zu § 93 sub II, 1c, S. 164; Wenz u. Wagner, Die Zwangsversteigerung und die Zwangsverwaltung. Cöln a. Rh. u. Königshütte O.-Schl. 1901

Dazu kommen diejenigen Rechte, welche nach der Vorschrift des § 9 E.G. Z.V.G. von der Zwangsversteigerung unberührt bleiben, einerlei, ob sie berücksichtigt sind, oder nicht: also z. B. ein Altenteil oder Auszug[1].

b) Ebenso unberührt bleiben durch die Zwangsversteigerung bloße obligatorische Rechte. Daher kann sich die Widerspruchsklage des § 93 ganz besonders auch auf ein Miet- oder Pachtrecht[2] gründen, mag auch nach den Zuschlagsbedingungen der Mieter oder Pächter sofort zu räumen haben[3].

3. Der Klagberechtigte und das Wesen der Widerspruchsklage nach 93 Z.V.G.

Nur wer mit Wolff[4] davon ausgeht, daß gegen den Besitzer vollstreckt werden kann, „ohne daß die Vollstreckungsklausel gegen ihn erteilt zu werden braucht", wird auch im Falle des § 93 Z.V.G. noch behaupten können, daß der Widerspruchskläger „Dritter" sei. Dann faßt man auch bei der Vollstreckung nach § 93 Z.V.G. den Zwangsversteigerungsschuldner als den eigentlichen Vollstreckungsschuldner auf, den Besitzer aber, gerade wie im § 809 Z.P.O., als Dritten, nur daß „das Erfordernis der Einwilligung des Dritten beseitigt" ist. (Wolff a. a. O.) So ließe sich das Dogma retten, daß zur Erhebung der Widerspruchsklage nur ein „Dritter" befugt sei.

Geht man aber, wie wir es für richtig halten, mit v. d. Pfordten[5], Jaeckel[6] und Reinhard[7] davon aus, daß die Vollstreckungsklausel gegen den Besitzer erteilt werden muß[8], dann ist der Besitzer „Schuldner" und nicht mehr „Dritter". Ist deshalb die Klage des § 93 Z.V.G. viel-

---

zu § 93 Abs. 1, S. 127; Altmann, Zwangsverst. u. Zwangsverw. 1904, zu § 93 sub 5, S. 180.

[1] Vgl. Jaeckel a. a. O.

[2] so übereinstimmend sämtliche in den beiden vorhergehenden Anmerkungen genannten Schriftsteller a. a. O.

[3] Jaeckel a. a. O.

[4] a. a. O. sub 4 Abs. 2 S. 217.

[5] a. a. O. sub 3 Abs. 2 ff., S. 276 f.

[6] a. a. O. sub 2 Abs. 3 S. 348 f.

[7] a. a. O. sub II, 1 b, S. 463 f.

[8] Zu deren Erteilung genügt nach der übereinstimmenden Ansicht der drei Autoren a. a. O., der wir uns auch anschließen, schon der bloße

mehr die Vollstreckungsgegenklage im Gerichtsstande des § 771?

Die Schwierigkeit, die sich hieraus zu ergeben scheint, löst sich sehr einfach, wenn man bedenkt, daß es für das Wesen der Klage völlig gleichgültig ist, wer zu ihrer Erhebung berechtigt ist. Sobald wir erkennen, daß es dem Kläger nur darum zu tun ist, daß das Urteil ihm den Befreiungsanspruch[1] verschaffe, daß er dagegen den Vollstreckungsanspruch völlig unberührt lassen und den bei Erteilung der Vollstreckungsklausel als bewiesen angenommenen Eintritt der Voraussetzung für die Erteilung der Vollstreckungsklausel gar nicht bestreiten will[2], werden wir auch einsehen, daß die Klage des § 93 Z.V.G. tatsächlich ein Fall der Widerspruchsklage und nicht ein Fall der Vollstreckungsgegenklage ist.

Die Erteilung der Vollstreckungsklausel ist, wie wir oben gesehen haben, lediglich davon abhängig, daß der Besitz des Besitzers bewiesen wird. Den Eintritt dieser einzigen Voraussetzung für die Erteilung der Vollstreckungsklausel bestreitet der Besitzer aber gar nicht, im Gegenteil: offensichtlich strengt er die ganze Klage nur zu dem Zwecke an, um sich im Besitze zu erhalten: daher liegt in § 93 Z.V.G. kein Fall der Vollstreckungsgegenklage des § 768.

Daß auch kein Fall der Klage des § 767 vorliegt, ergibt sich daraus, daß der Besitzer gar nicht die Aufhebung des aus dem Zuschlage zu Gunsten des Erstehers entstandenen Vollstreckungsanspruchs beabsichtigt. Denn der Besitzer macht mit der Klage des § 93 Z.V.G. gleichsam nur eine dilatorische Einrede gegen den Vollstreckungsanspruch geltend, eine Einrede, die nur für die Dauer der Pacht oder des Nießbrauchs wirkt, mit diesen Rechten aber auch verschwindet. Es kann daher das Urteil auch nicht die Beseitigung des Vollstreckungsanspruchs zur Folge haben; das Urteil kann vielmehr nur dahin sich aussprechen, daß, solange das Recht des Besitzers besteht,

---

Nachweis der Tatsache des Besitzes, ohne daß es, wie sonst in 727 Z.P.O., des Nachweises der Rechtsnachfolge oder des mittelbaren Besitzes bedürfte.

[1] s. oben § 2 a. E. (S. 50).

[2] s. oben § 2 III, 1 (S. 46 f.).

die Zwangsvollstreckung aus dem Vollstreckungsanspruche nicht erfolgen „soll“ (§ 93 Abs. 1 Satz 2).

So ist das Einzige, was der Widerspruchskläger mit der Klage des § 93 Z.V.G. erstrebt, die Befreiung von der Zwangsvollstreckung auf Räumung und Herausgabe; und wir erkennen, daß auch die Klage des § 93 Z.V.G. auf ein Urteil abzielt, das dem Kläger einen „Befreiungsanspruch“ (oben § 2 a. E.) verschafft, daß also die Klage des § 93 Z.V.G., obwohl sie vom Schuldner erhoben wird, eine echte Widerspruchsklage ist.

§ 6.

Prinzip und Konsequenzen [1].

I. Das Prinzip.

Wir haben bisher versucht, so genau wir es vermochten, das zur Anschauung zu bringen, was das Gesetz selbst über die Begründung der Widerspruchsklage ausdrücklich sagt, und wir haben gefunden, daß „ein die Veräußerung hinderndes Recht“ nur in einem der sechs vom Gesetze hervorgehobenen Fälle zur Begründung der Widerspruchsklage dient, in den übrigen Fällen dagegen ein Veräußerungsverbot (772), die Unwirksamkeit einer Zwangsvollstreckung (773), die Unwirksamkeit eines Urteils (774), ein Recht auf Befriedigung aus dem Grundstücke (810) und endlich ein Recht, das durch den Zuschlag nicht erloschen ist (93 Z.V.G.). Wir haben gesehen, daß alle diese Fälle durchaus selbständig einander gegenüberstehen.

Und doch gewährt das Gesetz aus sechs äußerlich ganz verschiedenen Tatbeständen eine Klage. Diese Wahrnehmung drängt uns zu dem Schlusse: Trotz ihrer äußerlichen Verschiedenheit müssen die sechs Tatbestände einen gemeinsamen Kern haben, in dem sich das für die Begründung der Widerspruchsklage wesentliche Element verbirgt.

Dieser Kern ist die Unzulässigkeit der Zwangs-

[1] Vgl. zu dem folgenden: Thöl, Einleitung in das deutsche Privatrecht. Göttingen 1851, bes. S. 154 ff.

vollstreckung[1] trotz zu Recht bestehenden Vollstreckungsanspruchs und zu Recht erteilter Vollstreckungsklausel[2], und trotz fehlerfreier Art und Weise der Zwangsvollstreckung[3].

Sechs einzelne, in sich völlig zusammenhangslose Fälle dieser Unzulässigkeit zählt das Gesetz auf. Da alle diese Fälle weiter nichts miteinander gemein haben, als die bezeichnete Unzulässigkeit, so folgt daraus, daß gerade diese Unzulässigkeit der Zwangsvollstreckung den eigentlichen Grund für die Widerspruchsklage darstellt und daß wir folglich die Widerspruchsklage überall dort als gegeben anzunehmen haben, wo eine solche Unzulässigkeit vorliegt.

Die Unzulässigkeit der Zwangsvollstreckung geltend zu machen, ist nach § 771 derjenige berechtigt, dem das die Veräußerung hindernde Recht zusteht, nach § 772 derjenige, zu dessen Gunsten das Veräußerungsverbot erlassen ist, nach den §§ 773 und 774 derjenige, dem gegenüber die Zwangsvollstreckung bzw. das Urteil unwirksam ist, nach § 810, 2 derjenige, der das Recht auf Befriedigung aus dem Grundstücke hat, und schließlich nach § 93 Z.V.G. derjenige, dem das durch den Zuschlag nicht erloschene Recht zusteht.

Allen diesen Klagberechtigten gemeinsam ist ihr Interesse an der Geltendmachung der Unzulässigkeit der Zwangsvollstreckung.

Jetzt erkennen wir das über den sechs Gesetzesstellen sich erhebende Prinzip:

Überall, wo sich die eben bezeichnete Unzulässigkeit der Zwangsvollstreckung findet, kann derjenige, der an der Geltendmachung der Unzulässigkeit interessiert ist, die Widerspruchsklage erheben[4].

Sechs Konsequenzen dieses Prinzips sanktioniert das Gesetz ausdrücklich. Es fehlt aber jeder Grund zu der Annahme, daß

---

[1] im Gegensatze dazu ist die Pfändung des § 805 zulässig.

[2] im Gegensatze zur Vollstreckungsgegenklage (§§ 767, 768).

[3] im Gegensatze zu dem Falle des § 766.

[4] Auf das Interesse des Klägers stützen dessen Aktivlegitimation gleichfalls: Wach, Feststellungsanspruch a. a. O.; v. Schrutka S. 80.

nur diese sechs Konsequenzen rechtliche Geltung haben sollten. Im Gegenteil: aus der völligen Zusammenhangslosigkeit der sechs gesetzlichen Konsequenzen ist mit Sicherheit darauf zu schließen, daß sämtliche Konsequenzen des gefundenen Prinzips Anwendung zu finden haben, soweit nicht ein besonderer Grund entgegensteht.

Damit sind wir auf den Weg der Analogie verwiesen.

Wir werden daher in erster Linie danach suchen, wo außerhalb der sechs Gesetzesstellen die bezeichnete Unzulässigkeit der Zwangsvollstreckung gegeben ist[1].

Dabei werden wir stets eine Person erblicken, die in so hohem Maße an der Geltendmachung der Unzulässigkeit der Zwangsvollstreckung interessiert ist, daß sie zweifellos als Klagberechtigter erscheint. (II A dieses Paragraphen.)

Wenn wir so die hauptsächlichsten der nicht im Gesetze genannten Fälle der Widerspruchsklage gefunden haben werden, müssen wir die Frage nach dem Klagberechtigten noch einmal besonders handeln. Wir werden untersuchen müssen, wer außer den fraglos Klagberechtigten noch in so hohem Maße an der Geltendmachung der Unzulässigkeit der Zwangsvollstreckung interessiert sein dürfte, daß auch ihm die Widerspruchsklage eingeräumt werden muß. (II B.)

Eine Schlußbemerkung wird das Anwendungsgebiet der gesamten Widerspruchsklage betreffen. (III.)

II. Außergesetzliche Konsequenzen des Prinzips.

A. Auf Grund der Unzulässigkeit der Zwangsvollstreckung.

In vier verschiedenen Gruppen treten die Fälle der gesuchten Unzulässigkeit der Zwangsvollstreckung auf. Charakteristisch für die erste Gruppe ist die Verwandtschaft mit der Rechtslage des § 771, für die zweite die Analogie zu § 772,

---

[1] Auf eine absolut erschöpfende Aufzählung muß verzichtet werden. Sie würde uninteressant werden und zudem für eine Praxis, die von den entscheidenden Gesichtspunkten ausgeht, überflüssig sein, da im Einzelfalle sich die Frage nach der Möglichkeit der Widerspruchsklage leicht von selbst beantworten wird.

für die Dritte die Analogie zu § 773 und endlich für die vierte Gruppe der Umstand, daß sich aus dem Gesetz selbst unmittelbar die gesuchte Unzulässigkeit der Zwangsvollstreckung ergibt.

1. Analogieen zu der Rechtslage des § 771, wo wir als das entscheidende Moment für die Unzulässigkeit der Zwangsvollstreckung die Zugehörigkeit des Gegenstandes der Zwangsvollstreckung zum Vermögen des Dritten gefunden haben, sehen wir besonders in folgenden Fällen:

a) Wenn ein Nießbrauch gepfändet wird, der einem Dritten gehört. Da der Nießbrauch unveräußerlich ist, so kann an ihm kein die Veräußerung hinderndes Recht bestehen. Deshalb kann die Klage des § 771 bei Nießbrauch nie in Frage kommen[1]. Aber: der Nießbrauch gehört dem Dritten. Deshalb ist ihm gegenüber die Zwangsvollstreckung unzulässig. Der Dritte kann deshalb die Widerspruchsklage erheben[2].

b) Wenn bei einer nach den §§ 846 ff. erfolgenden Pfändung der betroffene „Anspruch“ wirklich nur ein Anspruch und kein Forderungsrecht ist (vgl. oben S. 69), wenn es sich also z. B. um den Eigentumsanspruch handelt, dann ist, wie wir oben gesehen haben, ein an diesem Gegenstande der Zwangsvollstreckung bestehendes, die Veräußerung hinderndes Recht undenkbar, da Ansprüche als solche unveräußerlich sind (s. oben). Aber: nach dem Vorbilde des § 771 haben wir anzunehmen, daß die Pfändung eines solchen Anspruchs einem Dritten gegenüber als unzulässig erscheint, dem das Recht, welchem der Anspruch entspringt, gehört, und der daher auch der Anspruchsberechtigte ist. Wir werden ihm daher eine Widerspruchsklage „nach Maßgabe“ des § 771 gewähren.

c) Eine ähnliche Rechtslage findet sich dann, wenn eine Zwangsverwaltung angeordnet wird, obgleich ein Dritter die „Verwaltung und Benutzung“ (§ 148 Z.V.G.) am Grundstücke hat. Die „Verwaltung und Benutzung“ ist hier „Gegenstand der Zwangsvollstreckung“, sie ist aber kein „Gegenstand“, es ist

---

[1] vgl. oben S. 71 a. E.

[2] im Resultat derselben Ansicht: Seuffert zu § 771 sub 2d.

daher auch kein „die Veräußerung hinderndes Recht“ an ihr denkbar. Daß deshalb die Zwangsverwaltung außerhalb des Anwendungsgebiets des § 771 liegt, haben wir schon oben ausgeführt[1]. Wir werden aber nach dem Vorbilde des § 771 demjenigen eine Widerspruchsklage gewähren, dem die „Verwaltung und Benutzung“ des Grundstücks zu eigenem Rechte zusteht. Dies ist im Normalfalle der Eigentümer, wenn dagegen ein Nießbrauch an dem Grundstücke besteht, der Nießbraucher. Wenn wir hier im Einklange mit der herrschenden Lehre[2] dem Nießbraucher eine Widerspruchsklage einräumen, obwohl wir ihm eine solche im Falle des § 771 versagen[3], so begehen wir damit keine Inkonsequenz: Denn — und dies kann nicht genug betont werden — außerhalb des § 771 handelt es sich nicht mehr um die Frage: welches Recht hindert die Veräußerung?

d) Diesen Gedanken muß man ganz besonders festhalten bei der Pfändung noch ungetrennter Früchte. Diese sind bloße Bestandteile, also noch keine Gegenstände. Sie können daher nicht veräußert werden. Es gibt demnach an ihnen auch kein „die Veräußerung hinderndes Recht“[4]. Wir dürfen daher hier nur fragen: wem gegenüber erscheint die Zwangsvollstreckung in die Früchte als unzulässig?

Dies ist in erster Linie im Normalfalle (nach Analogie von § 771) der Grundstückseigentümer, wenn bei einer gegen einen anderen gerichteten Zwangsvollstreckung die Früchte seines Grundstücks gepfändet werden. Dies dürfte unbestritten sein. — Wie verhält es sich aber, wenn das Grundstück verpachtet oder mit einem Nießbrauch belastet ist? Hat der Eigentümer die Widerspruchsklage, wenn die Früchte bei einer Zwangsvollstreckung gegen den Pächter oder den Nießbraucher gepfändet werden? Oder verhält es sich vielleicht gerade umgekehrt? Diese Fragen sind lebhaft bestritten[5].

---

[1] S. 69 f.

[2] Vgl. Weismann, Lehrb. 2. Bd., S. 104 a. E.; Seuffert zu § 771 sub 2b.

[3] Vgl. oben S. 94 ff.

[4] Vgl. oben S. 68, 71.

[5] Vgl. besonders: Fuchs, Die Intervention des Eigentümers eines

Von unserem Standpunkte aus löst sich die Schwierigkeit aber ziemlich einfach: Denn es kommt hier eben nicht darauf an, wem ein die Veräußerung hinderndes Recht zusteht, sondern, wem gegenüber die Pfändung der Früchte unzulässig erscheint. Daß dies bei einer gegen den Eigentümer gerichteten Zwangsvollstreckung der Pächter bezw. der Nießbraucher ist, ergibt sich aus folgenden Gründen[1]: Nach § 21, 3 und § 146 Z.V.G. bleibt das Recht des Pächters auf den Fruchtgenuß von der Zwangsversteigerung und Zwangsverwaltung unberührt. Stellte man sich auf den Standpunkt, daß der Pächter bei einer gegen den Eigentümer gerichteten Pfändung der Früchte die Widerspruchsklage nicht erheben kann, so würden die erwähnten Bestimmungen der §§ 21, 3 u. 146 Z.V.G. leicht dadurch umgangen werden können, daß außer der Beschlagnahme des Grundstücks eine Pfändung der Früchte vorgenommen wird. Daß aber jedenfalls diese Pfändung als dem Pächter gegenüber unzulässig anzusehen ist, dürfte nicht zu bezweifeln sein. Daraus ergibt sich aber auch, daß, wenn bei der an sich die Früchte umfassenden Beschlagnahme des Grundstücks diese ausdrücklich für einen Pächter von der Beschlagswirkung ausgenommen werden, jede besondere Pfändung der Früchte, die nicht gegen den Pächter vorgenommen wird, diesem gegenüber unzulässig und mit der Widerspruchsklage zu bekämpfen ist[2].

---

verpachteten Grundstückes gegenüber der für einen Gläubiger des Pächters wegen einer Schuld des letzteren erwirkten Pfändung der vom Boden des Pachtgrundstücks noch nicht getrennten Früchte, ZZ. 24 S. 188 ff. und Francke, Pfändung ungetrennter Früchte, ZZ. 28 S. 139 ff.

[1] vgl. zu dem Folgenden Francke a. a. O., der sich auf die §§ 21, 3 u. 146 Z.V.G. aber nur beruft, um darzutun, daß der Eigentümer bei einer gegen den Pächter gerichteten Pfändung der Früchte die Widerspruchsklage nicht habe.

[2] Damit ist selbstverständlich zugleich gesagt, daß der Eigentümer einer Pfändung der Früchte gegen den Pächter nicht mit der Widerspruchsklage entgegentreten kann. In diesem Punkte stimmen mit uns überein: Fuchs a. a. O. S. 206 ff., Francke a. a. O., das Reichsgericht: III. C.S. 18. März 1887, Entsch. Bd. 18, S. 365 ff., bes. S. 368. Diese Autoritäten wollen aber dem Pächter im umgekehrten Falle die Widerspruchsklage nicht gewähren. Wir halten aber den Pächter aus den im Text gegebenen Gründen dazu berechtigt, in Übereinstimmung mit dem O.L.G. Cassel (26. Juni 1882, Seuff. Arch. 37. Bd., Nr. 355); Gaupp-Stein zu

Dasselbe haben wir bei dem viel stärkeren Rechte des Nießbrauchers[1] per argumentum a minore ad maius anzunehmen[2].

e) Daß der Nießbraucher und der Pfandberechtigte an einer Forderung an dieser kein die Veräußerung hinderndes Recht hat, haben wir oben[3] auszuführen gesucht. Man bedenke aber folgende Punkte:

1. Der Zwangsvollstreckungsschuldner, der Forderungsberechtigte, wird durch Nießbrauch oder Pfandrecht zwar nicht an der Veräußerung, aber doch daran gehindert, die Forderung überhaupt, oder wenigstens ohne Beihilfe des Nießbrauchers oder Pfandberechtigten einzuziehen[4]. Vielmehr ist der Nießbraucher oder Pfandberechtigte unter allen Umständen zur Einziehung der Forderung berechtigt. Er bedarf dazu nur im Falle der §§ 1078 u. 1281 B.G.B. der Unterstützung

---

§ 810 sub II; Petersen-Anger-Remelé zu § 810 sub 2; Struckmann-Koch zu § 810 sub 6. — Die Kommentare erklären aber den Pächter nur als Besitzer des Pachtgrundstückes für widerspruchsberechtigt. Tatsächlich aber ist der Besitz des Pächters gleichgiltig. Ihm gegenüber ist eine Pfändung der Früchte gegen einen anderen stets unzulässig, einerlei, ob er im Besitze des Pachtgrundstücks ist oder nicht. Denn § 21, 3 Z.V.G. macht den Schutz des Besitzers gegen eine Beschlagnahme nicht von dessen Besitz abhängig. — Es will uns scheinen, als wenn der Besitz des Pächters von den Kommentaren nur deshalb gefordert würde, um ein „die Veräußerung hinderndes Recht" auch in diesem Falle konstruieren zu können. — Daß der Käufer der Früchte die Widerspruchsklage nicht erheben kann, hat das Reichsgericht in der zitierten Entscheidung überzeugend dargetan. Hier gilt dasselbe, wie bei allen „Verschaffungsansprüchen" (oben S. 80 f.).

[1] Diesem will auch Seuffert zu § 810 sub 3 die Widerspruchsklage zubilligen.

[2] Dagegen gelten für den nutznießungsberechtigten Vater bzw. Ehemann die §§ 739, 746 Z.P.O. Die noch ungetrennten Früchte des der Nutznießung unterworfenen Gutes können unter denselben Voraussetzungen gepfändet werden, wie andere Bestandteile dieses Gutes. (Vgl. Petersen-Anger-Remelé a. a. O.)

[3] S. 96.

[4] §§ 1074, 1077, 1281, 1282 B.G.B. In den Fällen der §§ 1077 und 1281 kann der Forderungsberechtigte zwar selbständig die Leistung verlangen. Er kann aber nur Leistung an sich und den begrenzt Berechtigten gemeinsam verlangen. Selbständig die Forderung einziehen kann er also nicht.

des Forderungsberechtigten. So erscheint ein begrenztes Recht an der Forderung als ein die Einziehung[1] hinderndes Recht.

2. Gerade zur Einziehung aber will der die Forderung pfändende Gläubiger entweder ausschließlich oder doch in der Hauptsache[2] berechtigt werden.

Daraus folgt: Die Forderungspfändung ist sowohl dem Nießbraucher als auch dem Pfandberechtigten an einer Forderung gegenüber unzulässig. Deshalb können beide mit der Widerspruchsklage ihre Aufhebung verlangen.

Ebenso wird sich der Satz verteidigen lassen, daß gegenüber dem Nießbraucher und dem Pfandberechtigten an einem anderen unkörperlichen Gegenstande (§ 857 Z.P.O.) die Pfändung dieses Gegenstandes gegen den Schuldner unzulässig ist (vgl. z. B. § 1073 B.G.B.). Wir stehen daher nicht an, auch in diesem Falle dem begrenzt Berechtigten die Widerspruchsklage zuzubilligen[3].

2. Eine Analogie zu § 772.

Eine Vormerkung enthält, wie wir gesehen haben[4], kein Veräußerungsverbot. Beide Institute aber haben die größte Ähnlichkeit mit einander, beide haben die relative Unwirksamkeit zuwiderlaufender Verfügungen zur Folge, mag die Verfügung nun eine freiwillige oder eine Zwangsverfügung sein. Gegen die Zwangsverfügungen des Konkursverwalters aber wirkt nur die Vormerkung, und auch nur sie kommt den Konkursgläubigern gegenüber zur Geltung[5]. So erscheint die Vor-

---

[1] Die Einziehung ist — wie die Veräußerung — eine Verfügung über die Forderung.

[2] je nachdem er sich zur Einziehung oder an Zahlungsstatt überweisen läßt.

[3] So kommen wir praktisch zu demselben Resultat wie die herrschende Lehre, die allerdings, wie anderwärts (vgl. § 4 IV A 1, 2, 3), so auch hier — im Gegensatze zu uns — die Widerspruchsklage im allgemeinen nicht von dem Einzelfalle des § 771 unterscheidet. Vgl. Nessel I, S. 177; Bunsen S. 92; Thiele S. 106; Weismann, Lehrb. 2. Bd., S. 106 Gaupp-Stein zu § 771 sub II 1a; Seuffert zu § 771 sub 2d; Petersen-Anger-Remelé zu § 771 sub 6b.

[4] oben S. 131 f.

[5] B.G.B. 135, 883; K.O. 13, 24.

merkung im Gegensatze zum Veräußerungsverbot als das stärkere Institut. Wenn nun schon ein Veräußerungsverbot nach § 772 Z.P.O. die Wirkung hat, daß eine zwangsweise Veräußerung oder Überweisung wegen eines persönlichen Anspruchs oder auf Grund eines infolge des Verbots unwirksamen Rechts unzulässig ist, wie viel mehr hat dies demnach von der Vormerkung zu gelten! Die Vormerkung erzeugt also gegenüber jüngeren Rechten ein „der Zwangsvollstreckung entgegenstehendes Recht“ [1]. Weiter aber trägt der Vergleich mit § 772 nicht: Eine Widerspruchsklage ist mit Rücksicht auf § 28 Z.V.G. nicht am Platze [2]. (Nicht einmal ein „der Zwangsversteigerung entgegenstehendes Recht“ begründet — trotz § 1098 Abs. 2 B.G.B. — das dingliche Vorkaufsrecht: § 512 B.G.B. mit § 1098 Abs. 1 B.G.B. Vgl. Planck zu § 1098.)

3. Analogien zu § 773.

a) Dem Institut der Nacherbfolge am nächsten verwandt ist das Familienfideikommiß.

Daß die Fideikommißanwärter gegen eine Zwangsvollstreckung in das Fideikommißgut wegen einer persönlichen Schuld des Fideikommißbesitzers die Widerspruchsklage erheben können, entspricht der herrschenden Lehre [3]. Nur wird allgemein versucht, ein die Veräußerung hinderndes Recht für den Fideikommißanwärter zu konstruieren, da eben noch das Dogma herrscht: Die Widerspruchsklage setzt ein die Veräußerung hinderndes Recht begrifflich voraus. Das Reichsgericht versucht in den zitierten Entscheidungen die Konstruktion in der Weise, daß es das Obereigentum der Familie als das die

---

[1] Vgl. Kretzschmar, Das Reichsges. über die Zwangsverst. u. die Zwangsverw. (1904) S. 264. A. M. Reichel a. a. O. S. 123 ff.; Raape, Das gesetzl. Veräußerungsverbot des B.G.B. (1908) S. 112; Planck zu § 883, 3 c.

[2] Vgl. Kretzschmar a. a. O.

[3] Thiele S. 82; Weismann, Lehrb. 2. Bd., S. 104; Schmidt, Lehrbuch S. 1034; Gaupp-Stein zu § 771 sub II 1a; Seuffert zu § 771 sub 2b; Petersen-Anger-Remelé zu § 771 sub 6b; Struckmann-Koch zu § 771 sub 2; das Reichsgericht (V. C.S., 10. Dezember 1892; Entsch. Bd. 30, S. 385 ff. Vgl. auch die schon erwähnte Entscheidung des VII. C.S. vom 28. Juni 1907, wo allerdings dem Fideikommißbesitzer selbst die Widerspruchsklage zugestanden wird; — über diese Frage s. unten S. 169 f.), und L. G. Freiberg 1. Dezember 1891, Sächs. Arch. Bd. 2, S. 325.

Veräußerung hindernde Recht hinstellt. Der Gerichtshof beruft sich dabei auf § 73 A.L.R. II. 4. Diese Bestimmung ist aber, da rein theoretisch, nicht bindend. Die herrschende Lehre geht vielmehr mit Recht dahin, daß Eigentümer der Fideikommißbesitzer allein ist[1]. Sein Eigentum ist aber beschränkt. Er kann das Gut nicht frei veräußern und verschulden. Für seine Schulden dürfen nur die Früchte des Gutes gepfändet werden[2]. Eine Zwangsvollstreckung in die Substanz des Gutes wegen persönlicher Schulden des Besitzers erscheint den Anwärtern gegenüber als unzulässig. — So erscheint die Sachlage in diesem Falle ganz genau so wie im § 773: Die Anwärter haben, wie der Nacherbe, noch kein Recht[3], nur eine Anwartschaft. Diese ist u. a. geschützt durch den Rechtssatz, der die Zwangsvollstreckung in das Gut wegen persönlicher Schulden des Besitzers für unzulässig erklärt. Und deshalb müssen sie nach Analogie von § 773 die Widerspruchsklage erheben können[4]. So bedarf es der künstlichen Konstruktion eines die Veräußerung hindernden Rechtes gar nicht, um zu dem sachlich gerechten Ergebnis zu gelangen.

b) Gleichfalls aufs nächste mit dem Rechte des Vorerben verwandt erscheint das dominium revocabile des § 161 B.G.B. Insbesondere gelten für Zwangsverfügungen in beiden Fällen genau dieselben Sätze (§ 161, Abs. 1 Satz 2 und § 2115 B.G.B.). Eine analoge Anwendung des § 773 auch auf diesen Fall erscheint daher geradezu als Postulat, so daß sich der Rechtssatz ergibt: Der unter einer aufschiebenden Bedingung Berechtigte (bzw. der unter einer auflösenden Bedingung Verfügende: 161, 2 B.G.B.) kann gegen eine zwangsweise Veräußerung oder Überweisung des Gegenstandes, über den bedingt verfügt worden ist, die Widerspruchsklage erheben, wenn die Veräußerung oder Überweisung im Falle des Eintritts (bzw. des Ausfalls) der Bedingung ihm gegenüber unwirksam ist.

---

[1] Stobbe, Handbuch des deutschen Privatrechts, 2. Bd., 3. Aufl., neu bearbeitet von Lehmann, 2. Halbbd. S. 533 ff.

[2] Stobbe-Lehmann a. a. O. S. 541.

[3] also auch kein die Veräußerung hinderndes Recht (vgl. oben § 5 II a. E. S. 137).

[4] So bestimmt es für Sachsen das Sächs. Gesetz über die Familienanwartschaften vom 7. Juli 1900 § 31.

Dieser eben aufgestellte Rechtssatz ist allerdings, wie sich aus den Motiven zum B.G.B.[1] ergibt, absichtlich nicht in das Gesetz aufgenommen worden, um dadurch der Gefahr vorzubeugen, daß durch bedingte Rechtsgeschäfte Gegenstände des Vermögens beliebig der Zwangsvollstreckung entzogen werden. Ist aber durch den Ausspruch der Motive die von uns befürwortete analoge Anwendung des § 773 unmöglich geworden? Dies wird niemand behaupten wollen. Wenn wir stärkere Gründe für die analoge Anwendung finden, so können uns selbst die Motive nicht binden. Diese Gründe sehen wir einmal in der im Wesentlichen völlig gleichen Rechtslage, in der sich ein Erbschaftsgegenstand unter dem Vorerben und ein Gegenstand im Schwebezustande des § 161 befindet. Und wenn in dem einen Falle eine später vielleicht unwirksam werdende Zwangsvollstreckung für unzulässig erklärt wird, sollte dies dann in dem anderen, ganz gleichen Falle nicht auch zutreffen? Und würde denn die Verleihung der Widerspruchsklage im Falle des § 161 wirklich die Gefahr einer Entziehung der Vollstreckungsobjekte so sehr vergrößern? Die Motive selbst betonen, daß schon die Bestimmung des § 161 in der Regel ein ungünstiges Versteigerungsergebnis zur Folge haben wird. So ist also schon durch § 161 bewirkt, daß Gegenstände in solchem Schwebezustande der Vollstreckung wenigstens tatsächlich entzogen sind. Praktisch würde es daher gar keine Verschlechterung bedeuten, wenn in diesem Falle auch eine Widerspruchsklage eingeräumt würde. Endlich erscheint es auch nur als gerecht, wenn der Widerspruchskläger sich durch die Klage gegen einen Rechtsverlust schützen kann, der ihm durch einen gutgläubigen Erwerb nach § 161, 3 entstehen kann.

4. Schließlich findet sich im Gesetz eine ganze Reihe von Bestimmungen, die direkt oder indirekt die Unzulässigkeit einer konkreten Zwangsvollstreckung trotz zu Recht bestehenden Vollstreckungsanspruchs und zu Recht erteilter Vollstreckungsklausel aussprechen, ohne daß dabei ein Fehler in der Art und Weise der Zwangsvollstreckung untergelaufen zu sein braucht.

---

[1] Amtliche Ausgabe, 1. Bd., S. 260. — Den Motiven schließt sich an: Schott a. a. O. S. 313 Anm. 9 u. S. 331.

a) In erster Linie ist hier zu nennen § 865 Abs. 2 Satz 1 Z.P.O. Danach können Zubehörstücke eines Grundstückes oder eines Schiffes, auf die sich die Hypothek bzw. das Schiffspfandrecht erstreckt, nicht gepfändet werden. Mag also in das übrige Vermögen des Grundstückeigentümers die Zwangsvollstreckung durchaus gerechtfertigt sein, — die Zwangsvollstreckung in das Zubehör ist unzulässig.

Es haben daher diejenigen, in deren Interesse diese Bestimmung getroffen ist, das sind die Hypothekengläubiger, eine Widerspruchsklage gegen die Pfändung von Zubehör. Diese Auffassung entspricht im Erfolge auch der herrschenden Lehre [1] und ist, wie uns scheinen will, auch sachlich durchaus gerecht. Schwierigkeit machte bisher nur die Begründung der Ansicht. Denn da man die Widerspruchsklage nur auf ein die Veräußerung hinderndes Recht stützen zu dürfen glaubte, so mußte ein solches auf jeden Preis konstruiert werden, wenn man zu einem sachlich befriedigenden Ergebnis kommen wollte. Man mußte auch die Augen davor verschließen, daß der Hypothekengläubiger gar kein Recht an dem Gegenstande der Zwangsvollstreckung, nämlich dem Zubehör, sondern nur ein Recht an dem Grundstücke hat [2]. Und auch dann war die Schwierigkeit noch nicht beseitigt. So muß das Reichsgericht

[1] Seuffert zu § 771 sub 2b; Petersen-Anger-Remelé zu § 771 sub 6b und zu § 865 sub 5; Falkmann S. 429, 379. Das Reichsgericht: V. C.S. 24. Juni 1903 (Entsch. Bd. 55, S. 207 ff., auch in Seuff. Arch. Bd. 59, S. 189); VII. C.S. 12. Juni 1906 (Entsch. Bd. 63 S. 371 ff.); VII. C.S. 11. Januar 1907 (Soergel 1907, S. 732 Nr. 5). Die Oberlandesgerichte: Jena, 23. November 1898 (Seuff. Arch. 55 Nr. 183); Königsberg, 9. Januar 1901 (Recht 1901, S. 289), und 14. Januar 1903 (Seuff. Arch. Bd. 58, Nr. 127); Naumburg, 14. Januar 1903 (Recht 1903, S. 364 f.); Posen, 11. Februar 1903 (Recht 1903 S. 343) und das Landgericht Bromberg, 30. Juni 1900 (Soergel 1900/01 S. 482 sub n). — Alle bisher Genannten lassen neben der Widerspruchsklage in diesem Falle die Einwendungen nach § 766 zu. Über diese Frage haben wir uns nicht zu äußern. — Im Gegensatz dazu gewähren dem Hypothekengläubiger lediglich den Rechtsschutz des § 766: v. Schrutka S. 146; Struckmann-Koch zu § 865 sub 3; Gaupp-Stein zu § 865 sub V, und das O.L.G. Dresden 1. Oktober 1903 (Sächs. Arch. Bd. 14, S. 578).

[2] Vgl. oben S. 97.

in der angezogenen Entscheidung vom 24. Juni 1903 (Entsch. Bd 55 S. 207 ff.) unter „Veräußerung" die Veräußerung im Wege der Zwangsvollstreckung verstehen[1] und muß schließlich in dem Rechte des Hypothekars ein Hindernis für diese Veräußerung deshalb zu erkennen glauben, weil diese Veräußerung „zur Vernichtung des hypothekarischen Rechts führt". Danach will es uns aber gerade scheinen, als ob das hypothekarische Recht gar kein Hindernis für die Veräußerung bedeute.

Wir müssen daher alle Versuche, hier ein die Veräußerung hinderndes Recht zu konstruieren, von der Hand weisen und glauben, daß man auf dem von uns gewählten Wege viel einfacher zum Ziel kommt.

b) Nicht zum Zubehör gehören Miet- und Pachtzinsforderungen. Auf sie erstreckt sich aber die Hypothek[2]. Es gilt daher für sie § 865, 2 Satz 2 Z.P.O. Danach ist die Pfändung dieser Forderungen nicht unter allen Umständen unzulässig, sondern nur, wenn ihre Beschlagnahme im Wege der Zwangsvollstreckung in das unbewegliche Vermögen erfolgt ist. Dies ist bei der Zwangsversteigerung der Fall nicht schon bei der Beschlagnahme des Grundstücks (§ 21, 2 Z.V.G.), sondern erst, wenn der die Zwangsversteigerung betreibende Gläubiger die Forderungen nach §§ 828 ff. Z.P.O. hat pfänden lassen. Nur bei der Zwangsverwaltung ergreift schon die Grundstücksbeschlagnahme auch diese Forderungen (§ 148 Z.V.G.). Wenn nach diesen Vorschriften die Beschlagnahme der Miet- oder Pachtzinsforderungen im Wege der Immobiliarvollstreckung erfolgt ist, dann erscheint dem Beschlagnahmegläubiger gegenüber eine Pfändung dieser Forderungen im Wege der Mobiliarvollstreckung auf Grund des § 865, 2 Satz 2 als unzulässig — er kann daher die Widerspruchsklage erheben.

c) Indirekt nennt die Zivilprozeßordnung in den §§ 736—748 (mit Ausnahme der §§ 738, 742, 744 u. 746) eine Reihe von Fällen, in denen die gesuchte Unzulässigkeit der Zwangsvollstreckung gegeben ist. In den genannten Paragraphen werden

[1] Vgl. oben S. 55 f. — Daß der freiwilligen Veräußerung von Zubehörstücken durch den Eigentümer in der Hypothek kein Hindernis entgegensteht, braucht nur gesagt zu werden.

[2] § 1123 B.G.B.

die Voraussetzungen für die Vollstreckung in bestimmte Vermögensmassen geregelt. Nur, wenn die Voraussetzungen eingehalten sind, ist die Vollstreckung „zulässig“ (§§ 737, 739, 743, 748, 2); die Erfüllung der Voraussetzung erscheint als „erforderlich“ (§§ 736, 740, 745, 747). Daraus folgt: Solange die Voraussetzungen nicht gegeben sind, ist eine Zwangsvollstreckung in das betreffende Vermögen „unzulässig“ [1]. Es kann daher derjenige, der ein Interesse daran hat, diese Unzulässigkeit geltend zu machen, eine Widerspruchsklage erheben. — Im einzelnen brauchen wir nicht sämtliche Fälle aufzuzählen; wir heben nur hervor:

aa) Den Gesamtberechtigten konnten wir oben [2] zwar grundsätzlich ein die Veräußerung hinderndes Recht an den einzelnen Gegenständen zusprechen. Wir haben aber die Frage noch offen gelassen, unter welchen Umständen ein Gesamtberechtigter zur Erhebung der Widerspruchsklage berechtigt ist. Die Lösung bietet sich jetzt: die §§ 736, 740 [3], 747 bestimmen für die drei reichsgesetzlichen Fälle der Gesamtberechtigung die Voraussetzungen für die Zulässigkeit der Zwangsvollstreckung in das Gesamtgut. Ist danach eine gegen einen oder einige Gesamtberechtigte erfolgte und an sich diesen gegenüber zulässige Zwangsvollstreckung den oder dem anderen Gesamtberechtigten gegenüber unzulässig, so können die letzteren die Widerspruchsklage erheben: also z. B. nach § 736 die nicht verurteilten Gesellschafter, wenn auf Grund einer Verurteilung nur eines Gesellschafters in das Gesellschaftsvermögen vollstreckt werden soll, oder nach § 740 der Ehemann, wenn nur die Ehefrau verurteilt ist, und nunmehr Vollstreckung in das Gesamtgut erfolgt [4].

---

[1] Die Zwangsvollstreckung wird auch nicht dadurch nachträglich zulässig, daß die Voraussetzungen nachträglich geschaffen werden: O.L.G. Cöln, 5. März 1907 (Recht 1907 S. 517 Nr. 1067).

[2] S. 107.

[3] hierzu § 745.

[4] Im Resultat derselben Ansicht: Gaupp-Stein zu § 740 sub II a. E. — Abweichend hiervon will Seuffert, Gruch. 43 S 140 dem Ehemanne die Widerspruchsklage nur dann zubilligen, „wenn die betreffende Verbindlichkeit der Ehefrau keine Gesamtgutsverbindlichkeit ist“. — Zu beachten

Die Frage, ob in concreto die Widerspruchsberechtigten ein „die Veräußerung hinderndes Recht" haben, bleibt hier gänzlich außer Betracht. Ist es der Fall (wie z. B. stets bei der Erbengemeinschaft: § 2040 B.G.B.), so kann die Widerspruchsklage ja auch auf diesen Umstand gestützt werden. Umgekehrt aber hilft es der Ehefrau nichts, daß der Ehemann eine Reihe von Verfügungen über Gesamtgut nur mit ihrer Genehmigung vornehmen darf (§§ 1443 ff. B.G.B.), und daß insofern ihr Anteilsrecht als ein die Veräußerung hinderndes Recht erscheint: ihr gegenüber ist vielmehr, wenn nur der Mann verurteilt ist, die Zwangsvollstreckung zulässig. Denn ein gegen den Mann ergangenes Urteil ist nicht nur erforderlich, sondern auch genügend: § 740 Z.P.O.

bb. Nach § 739 Z.P.O. ist zur Zwangsvollstreckung in das eingebrachte Gut der Ehefrau die Verurteilung des Mannes zur Duldung der Zwangsvollstreckung erforderlich. Daraus folgt: Mag auch der Ehefrau gegenüber — z. B. in ihr Vorbehaltsgut — eine Zwangsvollstreckung völlig rite vorgenommen werden können, dem Manne gegenüber erscheint die Zwangsvollstreckung in das Eingebrachte solange als unzulässig, als er selbst nicht zur Duldung verurteilt ist, mag er auch materiell zur Duldung verpflichtet sein. Er hat daher in diesem Falle die Widerspruchsklage[1].

cc. Aus § 741 Z.P.O. ergibt sich, daß dem Ehemanne der uxor mercatrix gegenüber eine Zwangsvollstreckung unzulässig ist, die auf Grund eines gegen die Ehefrau ergangenen Urteils in das Gesamtgut oder in das eingebrachte Gut vorgenommen

---

ist für die §§ 736 u. 747, daß die Widerspruchsklage ausgeschlossen ist, wenn alle Gesellschafter bzw. Erben verurteilt sind. Daß auch gegen alle vollstreckt wird, ist nicht erforderlich. Wenn daher z. B. alle Miterben verurteilt sind, aber nur gegen einen von ihnen in den Nachlaß vollstreckt wird, so haben diejenigen, die nicht Vollstreckungsschuldner sind, die Widerspruchsklage nicht: Beschluß des L.G. Leipzig (III. Z.K.) vom 15. Mai 1907 (Sächs. Archiv f. Rechtspflege, 2. Jahrgang 1907, S. 348).

[1] Im Resultat ebenso die herrschende Lehre: Jolly, Archiv für zivilistische Praxis Bd. 93, S. 466; Gaupp-Stein zu § 739 sub IV. Abweichend auch hier Seuffert a. a. O. S. 136, der die Widerspruchsklage dem Manne nur bei nicht bestehender Duldungspflicht geben will.

wird, solange sein Einspruch gegen den Geschäftsbetrieb oder der Widerruf seiner Einwilligung im Güterrechtsregister eingetragen ist. Er hat daher gegen eine solche Zwangsvollstreckung die Widerspruchsklage[1].

d) Das Anfechtungsrecht ist, so haben wir oben[2] gesehen, kein die Veräußerung hinderndes Recht. Es begründet daher auch nicht die Widerspruchsklage des § 771.

Allein man bedenke: Wenn der Konkursverwalter (oder außerhalb des Konkurses der einzelne Gläubiger[3]) einen Vollstreckungsakt als relativ unwirksam anficht, was bedeutet das anderes, als die Geltendmachung der den Konkursgläubigern (oder dem einzelnen Gläubiger) gegenüber bestehenden Unzulässigkeit der Zwangsvollstreckung?

Wir stehen daher nicht an, die Anfechtungsklage in diesem Falle für eine Widerspruchsklage zu erklären.

Praktisch kommen wir so zu demselben Ergebnis wie das Reichsgericht[4], und nur in theoretischer Beziehung weichen wir von der Auffassung des höchsten Gerichtshofs ab, da wir uns aus den oben ausgeführten Gründen nicht dazu entschließen können, in der Anfechtungsklage die Geltendmachung eines die Veräußerung hindernden Rechts zu erblicken. Insofern stimmen wir mit den Gegnern des Reichsgerichts überein[5].

Diesen gegenüber kann aber nicht oft genug hervorgehoben werden, daß der Beweis, daß die Konkursgläubiger oder der einzelne anfechtende Gläubiger kein die Veräußerung hinderndes Recht an dem Gegenstande der angefochtenen Vollstreckungs-

[1] Dieser Fall ergänzt also den des § 774, wo es sich gerade um eine nach § 741 formell ordnungsmäßig vorgenommene Zwangsvollstreckung handelt. (Vgl. oben S. 139.) Praktisch ist es daher gleichgültig, ob man mit Gaupp-Stein (zu § 774 sub a) und mit Geib (Arch. f. ziv. Pr. Bd. 94, S. 342) den im Text besprochenen Fall unter § 774 einbezieht, oder ob man ihn, wie wir es tun, davon ausnimmt.

[2] § 4 IV A 2c, S. 88 ff.

[3] Über die Anfechtung von Vollstreckungsakten nach dem Anfechtungsgesetz vgl. Jaeger, Anfechtungsgesetz zu § 1 Anm. 39 und zu § 6 Anm. 3.

[4] S. oben S. 92 f. Anm. 4.

[5] S. oben S. 93 f.

handlung haben[1], — daß dieser Beweis nicht entfernt zu dem Schlusse zwingt, daß die Anfechtungsklage keine Widerspruchsklage sei.

B. Das Interesse des Klägers als Grund für seine Aktivlegitimation. Insbesondere das Widerspruchsrecht des Besitzers, des Rückforderungsberechtigten, des begrenzt Berechtigten und des Fideikommißbesitzers.

Klagberechtigt ist, wie wir gesehen haben, derjenige, der an der Geltendmachung der konkreten Unzulässigkeit der Zwangsvollstreckung besonders interessiert ist. Wer jedesmal in erster Linie klagberechtigt ist, wurde bei Besprechung der einzelnen Fälle schon gesagt. Außer den bisher Genannten aber gibt es noch bestimmte Personen, die an der Geltendmachung der konkreten Unzulässigkeit der Zwangsvollstreckung in so hohem Maße interessiert sind, daß wir es für gerecht halten, auch ihnen die Widerspruchsklage zu gewähren.

Wir heben folgende Fälle hervor:

1. Wenn die Unzulässigkeit der Zwangsvollstreckung nach § 771 durch ein die Veräußerung hinderndes Recht eines Dritten verursacht wird, so ist, wie der Wortlaut von § 771 ergibt, und wie es der Vernunft der Dinge entspricht, der Dritte klagberechtigt. Neben ihm aber glauben wir noch vierte Personen zu erblicken, denen die Geltendmachung der Unzulässigkeit der Zwangsvollstreckung nicht versagt werden kann: dies sind der Besitzer, der Rückforderungsberechtigte und der Inhaber eines begrenzten Rechts an dem Gegenstande der Zwangsvollstreckung. Besitz, Forderungsrecht und begrenzte Rechte sind keine die Veräußerung hindernde Rechte. Das haben wir oben gesehen[2]. Sie begründen daher auch nicht die Widerspruchsklage des § 771. Aber, wenn einmal die Rechtslage des § 771 gegeben ist, wenn ein Gegenstand gepfändet wird, der einem Dritten (ganz oder zu einem Bruchteile)

---

[1] Vgl. insbesondere Jaeger, Leipziger Zeitschr., 2. Jahrgang 1908 S. 611 f.

[2] § 4 IV A 1, 2b und 3 (S. 78 ff.).

gehört (oben S. 97 ff.), dann wird auch ein vierter Besitzer, ein Rückforderungsberechtigter[1] oder der Inhaber eines begrenzten Rechts durch sein Interesse für legitimiert zu erachten sein, die Unzulässigkeit dieser Zwangsvollstreckung im Wege der Widerspruchsklage geltend zu machen.

Hier schlagen nun die oben (S. 83) angegebenen Gründe durch, die für das Widerspruchsrecht des Rückforderungsberechtigten vorgebracht worden sind: das Interesse des Klagberechtigten und die Analogie mit § 43 K.O.

Praktisch gelangen wir damit annähernd zu demselben Ergebnis, wie die herrschende Lehre[2].

Wir glauben aber doch, zur Präzisierung unserer Auffassung folgendes nachdrücklich hervorheben zu müssen:

Die herrschende Lehre sieht in dem Besitz, den Rückforderungsrechten und den begrenzten Rechten „die Veräußerung hindernde" Rechte, und daher entspringt für sie die Widerspruchsklage des Besitzers dem Besitz, die des Deponenten seinem Anspruche aus dem Hinterlegungsvertrage usw. Nach unserer Anschauung entspringt die Widerspruchsklage dagegen in diesen Fällen der durch die Nichtzugehörigkeit des Vollstreckungsgegenstandes zum Schuldnervermögen hervorgerufenen Unzulässigkeit der Zwangsvollstreckung (s. oben), und Besitz, Forderungsrecht usw. kommen für die Klagerhebung nur insofern in Betracht, als sie den Grund zur Aktivlegitimation ergeben (vgl. § 43 K.O.).

So vermeiden wir die Schwierigkeit, die sich für die herrschende Lehre ergibt, wenn der Gegenstand der Zwangsvollstreckung dem Schuldner gehört[3]. Dieser Gedanke führt uns auf den zweiten Gegensatz, in dem wir zur herrschenden Meinung stehen:

---

[1] Der aus einem Verschaffungsanspruch Berechtigte und der Anfechtungsberechtigte (oben S. 80 f. u. S. 89 ff.) kommen hier nicht in Betracht. Denn ihr Recht setzt gerade voraus, daß der Gegenstand der Zwangsvollstreckung dem Schuldner, und nicht einem Dritten gehört.

[2] Vgl. oben § 4 IV A 1, 2b und 3 (S. 78 ff.).

[3] Vgl. oben § 4 IV A 2b (S. 87).

Nach dieser begründen Nießbrauch (abgesehen von Grundstücken und Folienrechten) und Pfandrecht (mit Ausnahme des Falles des § 805) die Widerspruchsklage unter allen Umständen, mag der Vollstreckungsgegenstand, an dem das betreffende begrenzte Recht besteht, körperlich oder unkörperlich sein, mag er dem Schuldner gehören, oder nicht[1]. Wir dagegen haben eben nur den Fall behandelt, daß der Gegenstand der Zwangsvollstreckung dem Schuldner nicht gehört, und halten es in diesem Falle allerdings für gleichgültig, ob der Vollstreckungsgegenstand körperlich oder unkörperlich ist. Für den Fall aber, daß der Gegenstand dem Schuldner gehört, glauben wir, daß die Widerspruchsklage lediglich dann dem Inhaber des begrenzten Rechts zusteht, wenn der Gegenstand unkörperlich ist, also lediglich in dem oben unter II A 1e dieses Paragraphen[2] behandelten Falle.

Diese Abweichung von der herrschenden Lehre bedarf aber einer näheren Begründung. Wir haben also darzutun, daß a) weder das Pfandrecht an beweglichen Sachen (auch außerhalb des Rahmens des § 805), noch b) der Nießbrauch an beweglichen Sachen die Widerspruchsklage zu begründen imstande sind, — immer aber —, im Gegensatz zu oben, angenommen, daß der betreffende Vollstreckungsgegenstand dem Schuldner **gehört.**

a) Daß ein pfandberechtigter Dritter, der sich im Besitze der gepfändeten Sache befindet, die Widerspruchsklage erheben könne, scheint allerdings durch den Wortlaut des § 805 vorausgesetzt zu werden. Denn danach kann ein Dritter, der sich nicht im Besitze der Sache befindet, auf Grund eines Pfandrechts nicht widersprechen, — also kann er widersprechen, wenn er sich im Besitze der Sache befindet, so scheint diese Gesetzesstelle implicite zu sagen. Heißt aber „widersprechen" dasselbe wie: „die Widerspruchsklage erheben"? Wir werden unter „widersprechen" wohl einen weiteren Ausdruck zu verstehen haben, zumal es Fälle des Widerspruchs gibt, die nicht als Wider-

[1] Vgl. oben S. 94 ff.

[2] S. oben S. 155 f. (Vgl. auch den oben S. 152 f. unter c angeführten Fall: Dort besteht aber der Nießbrauch nicht an dem Gegenstande der Zwangsvollstreckung.)

spruchsklage erscheinen. Einen solchen Widerspruch einfachster Art erhebt der Dritte, wenn er nach § 809 Z.P.O. erklärt, zur Herausgabe nicht bereit zu sein: und diesen Widerspruch kann der pfandberechtigte Dritte, wenn er sich im Besitze, d. h. wenn die Sache sich in seinem Gewahrsam befindet[1], erheben[2]. So nötigt uns auch der Wortlaut des § 805 nicht dazu, dem besitzenden pfandberechtigten Dritten gegen die Pfändung der Pfandsache die Widerspruchsklage einzuräumen.

Aber ohne jeden Schutz außer dem der §§ 809 u. 766 will man den besitzenden Pfandgläubiger doch nicht lassen. Wir möchten daher dafür eintreten, auch ihm die Klage des § 805 zu gewähren. Man lese den Wortlaut von § 805 nur genau! Dort ist nur gesagt, daß der nichtbesitzende Pfandberechtigte nicht widersprechen kann: daß der besitzende widersprechen kann, und zwar widersprechen kann in dem Sinne, in dem wir dies Wort hier zu verstehen haben, folgt aus § 809. Daß der besitzende, wenn die Pfändung ohne seine Einwilligung oder trotz seines Widerspruchs erfolgt, die Klage des § 805 nicht habe, ist an dieser Gesetzesstelle nicht ausdrücklich gesagt. Das Gesetz hat nur diesen Fall, der naturgemäß selten sein wird, nicht erwähnt. Wenn der Fall aber doch eintritt, so wäre die Klage des § 805 die allein angemessene. Die Widerspruchsklage würde weit über das Ziel hinausschießen. Der Pfandberechtigte will ja doch nur Befriedigung seiner Forderung, an der Sache ist ihm nichts gelegen. Ich möchte daher — im Gegensatz zur herrschenden Lehre — für eine Ausdehnung des § 805 in der angegebenen Richtung eintreten.

b) Dagegen fehlt für die Zulassung des Nießbrauchs zur Begründung der Widerspruchsklage jeder, auch nur scheinbare Anhalt im Gesetz. Im Gegenteil: man bedenke, daß die Widerspruchsklage die Unzulässigkeit der Zwangsvollstreckung geltend macht. Ist aber die Pfändung einer Sache deshalb unzulässig, weil ein Dritter einen Nießbrauch[3] hat? Die Sache

---

[1] Vgl. den Wortlaut in den §§ 805, 808, 809.

[2] Vgl. Schmidt, Lehrb. S. 972 f.

[3] Das Folgende läßt sich auch in bezug auf ein Pfandrecht des Dritten sagen.

kann doch sehr gut salvo usufructu versteigert werden, so daß der Nießbraucher gar nicht geschädigt wird. Und ob die Versteigerung in einer Weise geschehen wird, die den Nießbrauch nicht berücksichtigt[1], das steht zur Zeit der Pfändung der Sache noch gar nicht fest. Jura vigilantibus sunt scripta. Der Nießbraucher mag sich rühren und mag dafür sorgen, daß bei der Versteigerung sein Recht berücksichtigt werde. Und wenn dennoch seine dahingehenden Anträge keine Berücksichtigung finden sollten, so steht ihm die Einwendung des § 766 zur Verfügung. Will doch Seuffert selbst a. a. O. die Widerspruchsklage dann zulassen, „wenn die Vollstreckung in einer Weise erfolgt, die mit seinem (des Dritten) Recht kollidiert.“ Sollte damit nicht selbst von gegnerischer Seite eingeräumt werden, daß der Nießbraucher sich nur über die Art und Weise der Zwangsvollstreckung (gegebenenfalls) beschweren könne, daß er also auf § 766 angewiesen ist?

2. Schließlich sei nochmals die epochemachende Entscheidung des Reichsgerichts vom 28. Juni 1907[2] erwähnt. Hier wird dem Fideikommißbesitzer selbst die Widerspruchsklage gegen eine Vollstreckung in das Fideikommißgut wegen seiner eigenen persönlichen Schulden zugestanden. Der Schuldner erhebt die Widerspruchsklage! Allerdings bemüht sich das Reichsgericht, darzutun, daß der Fideikommißbesitzer die Widerspruchsklage in seiner Eigenschaft als Vertreter der Gesamtfamilie erhebe und insofern als „Dritter“ das Obereigentum der Familie geltend mache. Wie aber, wenn wir der Theorie des Reichsgerichts vom Obereigentum nicht folgen, wenn wir uns, wie schon oben[3], zu der Anschauung bekennen, daß der Fideikommißbesitzer allein Eigentümer ist?

Sollen wir dann lediglich aus theoretischen Bedenken eine Entscheidung verwerfen, die in so hohem Maße die Überzeugungskraft des praktisch Richtigen in sich trägt? Ich glaube, wir können auch von unserem Standpunkte zum Ziele kommen, wenn wir sagen: die Beschränkungen des Eigentums des Fidei-

[1] so daß also ein gutgläubiger Dritter die Sache frei vom Nießbrauch erstehen kann.

[2] J. W. 1907, S. 522 f., Recht 1907, S. 1078 Nr. 2618.

[3] S. 158.

kommißgutes dienen zu allererst seinen Interessen. Er lebt jetzt, er genießt jetzt den Besitz des Gutes, und um zuerst ihm und dann seinen Nachkommen das Gut zu erhalten, ist der „gefestigte Grundbesitz" geschaffen. So erscheint auch ihm gegenüber die Zwangsvollstreckung in das Fideikommißgut als unzulässig. Er kann daher die Widerspruchsklage erheben. Für die Vollstreckungsgegenklage ist kein Raum, da der Fideikommißbesitzer den Vollstreckungstitel unberührt läßt und eine Vollstreckung in sein sonstiges Vermögen nicht für unzulässig erklärt haben will.

So kommen wir zu demselben Resultat wie das Reichsgericht, nur, daß wir den „Dritten" preisgegeben haben. Sind deshalb unsere Auseinandersetzungen falsch? Wer die Literatur über die Widerspruchsklage ansieht, dem möchte es allerdings wohl so scheinen. Denn da steht unsichtbar auf jeder Seite geschrieben: im Anfang war der Dritte. Dieses Dogma ist mit Rücksicht auf den Wortlaut des § 771 sehr zu verstehen. Und die Klage des § 771 kann natürlich auch nur von einem Dritten erhoben werden. Auch sind die Fälle selten, in denen der Schuldner selbst die Widerspruchsklage erheben kann. Aber schon der § 93 Z.V.G. sollte uns lehren, daß es für das Wesen der Klage gleichgültig ist, wer sie erhebt. Und für das Wesen der Klage kommt es auf weiter nichts an, als daß ohne Anfechtung des Vollstreckungstitels oder Bemängelung der Zulässigkeit der Erteilung der Vollstreckungsklausel eine in ihrer Art und Weise korrekte Zwangsvollstreckung als unzulässig bekämpft wird. Wo dieses der Fall ist, halten wir die Widerspruchsklage für gegeben, mag nun der, der die Unzulässigkeit geltend zu machen berufen ist, ein Dritter oder der Schuldner sein[1].

---

[1] Diese Erkenntnis gibt uns den Mut zu der Frage, ob nicht in folgenden drei Fällen der Schuldner gleichfalls die Widerspruchsklage erheben kann:

1. wenn er Eigentümerhypothekar ist, und entgegen der Vorschrift des § 865, 2 Z.P.O. Grundstückszubehör gepfändet wird;

2. wenn er Konkurs macht und während der Dauer des Konkursverfahrens in sein konkursfreies Vermögen eine Zwangsvollstreckung vorgenommen werden soll (§ 14 K.O.; vgl. oben § 5 I C 2b);

III. Schlußbemerkung.

Das Anwendungsgebiet der gesamten Widerspruchsklage.

Bei Besprechung der einzelnen gesetzlichen Fälle der Widerspruchsklage haben wir bereits Gelegenheit genommen, darzutun, warum wir glauben, daß sie — mit Ausnahme natürlich des § 93 Z.V.G. — von dem ganzen Gebiete der Individualvollstreckung ausgeschlossen sind. Dasselbe gilt unseres Erachtens aber auch von den außergesetzlichen Fällen der Widerspruchsklage. Zwar läßt sich manche Individualvollstreckung denken, die sich durch eine solche Unzulässigkeit auszeichnet, wie sie sonst die Widerspruchsklage begründet. Dennoch aber bleiben wir aus den oft angeführten Gründen bei unserer Meinung: Hauptsächlich bestimmt uns dazu die fast in allen Fällen der Individualvollstreckung vorliegende praktische Unmöglichkeit für die Erhebung der Widerspruchsklage innerhalb der oft auf einen Augenblick beschränkten Dauer des Vollstreckungsaktes. Daher ist auch, soweit wir sehen, in praxi noch niemals eine Widerspruchsklage gegen eine Individualvollstreckung vorgekommen.

Dagegen nehmen wir in Übereinstimmung mit der herrschenden Lehre die Zulässigkeit der Widerspruchsklage beim Arrest [1],

---

3. wenn gegen ihn unter Verletzung der Kompetenzvorschriften der §§ 811, 850 Z.P.O. vollstreckt wird.

Insbesondere im letzten Falle ist die ganze Literatur darüber einig, daß der Schuldner sich nur mit dem Rechtsmittel des § 766 wehren kann. Es scheint uns aber doch sehr die Frage, ob hier wirklich nur die „Art und Weise der Zwangsvollstreckung oder das bei derselben vom Gerichtsvollzieher“ beobachtete „Verfahren“ gerügt wird. Es wird nicht nur eine äußerliche Unstimmigkeit, sondern die materielle Ungerechtigkeit der Zwangsvollstreckung geltend gemacht. Und wäre es nicht dem Schuldner zu gönnen, daß er die Befolgung der Bestimmungen, die ihn vor höchster Not schützen sollen, auch im ordentlichen Klagewege verlangen kann?

[1] Nessel I, S. 175; Frommhold S. 246; v. Schrutka S. 37; Frantz S. 22 Anm. 36; Gaupp-Stein zu § 771 sub II, 2; Petersen-Anger-Remelé zu § 771 sub 1 und 7; Struckmann-Koch zu § 771 sub 8; das Reichsgericht: II. C.S. 5. April 1887 (J. W. 1887, S. 205 Nr. 7); III. C.S. 4. Juli 1890 (J. W. 1890, S. 275 Nr. 5); O.L.G. Karlsruhe 14. Juni

der einstweiligen Verfügung[1] und bei der sogenannten Vorpfändung (§ 845 Z.P.O.)[2] an.

1880 (ZZ. 3 S. 499); O.L.G. Marienwerder 22. März 1907 (J. W. 1907, S. 267 f. Nr. 32). — Abweichend: L.G. Hall 28. Oktober 1882 (Württ. Gerbl. 21, 1883, Nr. 8 S. 149 f.).

[1] Reichsgericht IV. C.S. 31. März 1898 (Entsch. Bd. 41, S. 393 ff.).

[2] Gaupp-Stein a. a. O.; O.L.G. Mannheim 11. Februar 1905 (ZZ. 35, S. 463); O.L.G. Karlsruhe 17. Juni 1905 (Recht 1905, S. 533).

Nachtrag.

Unmittelbar vor Abschluß der Drucklegung wird mir die grundlegende Arbeit von Raape, Das gesetzliche Veräußerungsverbot des Bürgerlichen Gesetzbuchs, Berlin 1908, bekannt. Ich habe dies Werk leider nur einmal berücksichtigen können (S. 157 Anm. 1), möchte aber doch nicht unterlassen, hervorzuheben, daß auch Raape das in § 23 Z.V.G. erwähnte Veräußerungsverbot als ein gesetzliches auffaßt (Raape S. 93; vgl. oben S. 128 f.), und daß er gleichfalls energisch polemisiert gegen die beliebte Wendung: der Fiduziar sei allen andern, aber nicht dem Fiduzianten gegenüber Eigentümer (Raape S. 42 f.; vgl. oben S. 115).

Piererschc Hofbuchdruckerei Stephan Geibel & Co. Altenburg.

FSC
www.fsc.org
MIX
Papier | Fördert gute Waldnutzung
FSC® C083411

Kolibri 360 GmbH
Ferdinand-Jühlke-Straße 7
99095 Erfurt, Deutschland
produktsicherheit@kolibri360.de

Druck:
CPI Druckdienstleistungen GmbH
im Auftrag der
Kolibri 360 GmbH
Ferdinand-Jühlke-Str. 7
99095 Erfurt